Copyright © Packt Publishing 2021. First published in the English language under the title- Building Industrial Digital Twins –(9781839219078)
Chinese Simplified Character rights arranged through CCA Beijing China.

北京市版权局著作权合同登记　图字：01-2023-1603。

图书在版编目（CIP）数据

数实共生：工业化数字孪生实战 /（美）希亚姆·瓦兰·纳特（Shyam Varan Nath），（澳）彼得·范·沙克维克（Pieter van Schalkwyk）著；黄刚译. —— 北京：中国科学技术出版社，2023.9

书名原文：Building Industrial Digital Twins: Design, develop, and deploy digital twin solutions for real-world industries using Azure Digital Twins

ISBN 978-7-5236-0229-4

Ⅰ.①数… Ⅱ.①希…②彼…③黄… Ⅲ.①工业化—数字技术—研究 Ⅳ.① F403

中国国家版本馆 CIP 数据核字 (2023) 第 086069 号

策划编辑	申永刚　任长玉
责任编辑	任长玉
版式设计	蚂蚁设计
封面设计	北京潜龙
责任校对	焦　宁
责任印制	李晓霖

出　　版	中国科学技术出版社
发　　行	中国科学技术出版社有限公司发行部
地　　址	北京市海淀区中关村南大街 16 号
邮　　编	100081
发行电话	010-62173865
传　　真	010-62173081
网　　址	http://www.cspbooks.com.cn

开　　本	710mm×1000mm　1/16
字　　数	236 千字
印　　张	17.5
版　　次	2023 年 9 月第 1 版
印　　次	2023 年 9 月第 1 次印刷
印　　刷	河北鹏润印刷有限公司
书　　号	ISBN 978-7-5236-0229-4/F・1152
定　　价	89.00 元

（凡购买本社图书，如有缺页、倒页、脱页者，本社发行部负责调换）

工业化数字孪生实战

数实共生

[美] 希亚姆·瓦兰·纳特（Shyam Varan Nath）
[澳] 彼得·范·沙克维克（Pieter van Schalkwyk）
著

黄 刚
译

中国科学技术出版社
·北 京·

关于作者

希亚姆拥有印度坎普尔理工学院（IIT Kanpur）的本科学位，以及佛罗里达大西洋大学（Florida Atlantic University）的理学硕士学位（计算机科学）和MBA（工商管理硕士）学位，目前是英国德勤（Deloitte）会计师事务所的分析和认知专家。在此之前，他曾在甲骨文（Oracle）、通用电气（GE）、国际商业机器公司（IBM）和哈利伯顿（Halliburton）等公司工作，其主要著作有《工业数字化转型》（Industrial Digital Transformation）和《构建工业互联网》（Architecting the Industrial Internet）。他的专长涉及工业物联网（IIoT）、云计算、数据库、人工智能/机器学习（AI/ML）和业务分析。他曾在多家大公司致力于推动数字化转型。他是名为AnDOUC（前身为BIWA）的分析用户组的创始人，也是世界物联网解决方案大会（IoTSWC）程序委员会的成员，还是大型技术活动的定期演讲人。

彼得拥有机械工程学士学位和信息技术硕士学位，目前是XMPro公司首席执行官，现任数字孪生体联盟（DTC）自然资源工作组的主席，曾任工业物联网联盟（IIC）数字孪生体互操作性任务组的主席。他是一位经验丰富的工程师和技术专家，善于帮助企业使用基于事件的实时数字孪生体来强化态势感知，在不中断运营的情况下提高流程效率，做出明智决策。他被公认为工业数字化转型的思想领袖，他曾就数字孪生体、工业物联网、人工智能/机器学习和工业区块链应用等主题著书立说并多次演讲。2019年2月，彼得获得了IIC技术创新奖。他将自己描述为企业家、技术爱好者、团队建设者，并渴望成为铁人三项运动员。

审读专家

约瑟夫·菲利普（Joseph Philip）

菲利普是 PSOTS 有限公司的董事，自 2013 年以来一直为能源领域的数字孪生体业务提供咨询服务。多年来，菲利普一直在为石油和天然气、化工、能源和石化行业提供操作员培训系统（Operator Training System，OTS）和数字孪生体系统（DT 系统）。这些系统已交付给英国石油公司（BP）、壳牌（Shell）、道达尔公司（Total）等世界各地的主要公司。菲利普在日本横河电机株式会社澳大利亚分公司（Yokogawa Australia）工作期间，还负责向澳大利亚和亚洲提供发电厂模拟器。2001 年，他移居英国并开始在艾斯本技术（AspenTech）公司工作。2004 年，他开始在霍尼韦尔（Honeywell）公司工作，然后于 2007 年加入英维思［Invensys，现已被施耐德电气（Schneider Electric）公司收购］，为欧洲、美国、中国和中东地区提供 OTS 和 DT 系统。

贾延德拉·甘古利（Jayendra Ganguli）

甘古利在航空航天和汽车行业的设计（CAD/CAE/PLM）、制造和运营反馈领域拥有超过 20 年的经验。他在全球三大航空航天公司中的其中两家公司领导了公司范围内的生命周期管理（Product Lifecycle Management，PLM）、制造执行系统（Manufacturing Execution System，MES）、MRO 模式（Maintenance，Repair & Operations）和数字主线/孪生体解决方案的架构和实施计划。甘古利还负责内部和外部标准机构（如 ISO）互操作性和标准的架构。他目前与主要的 PLM 和数据供应商就数字主线和孪生体接口进行合作，为航空航天领域开发数字主线、数字孪生体模型以及具备可追溯性、互操作性和数据驱动的架构。

丹·艾萨克（Dan Isaacs）

艾萨克拥有加利福尼亚州立大学电子工程专业计算机工程学位和亚利桑

那州立大学地球物理学学位，是数字孪生体联盟（DTC）的首席技术官，负责新成员的技术指导、联络合作伙伴和业务发展支持。他在汽车、军用/航空和消费类公司（包括福特、日本电气、LSI Logic 和休斯飞机公司）拥有 25 年的工作经验，曾担任赛灵思（Xilinx）战略营销和业务发展总监，负责自动驾驶和 ADAS 系统等业务的开发，以及新兴技术人工智能/机器学习（AI/ML）和工业物联网的生态系统战略的开发。艾萨克还是国际顾问委员会的成员，经常在世界论坛和全球会议上发表主题演讲，并担任过研讨会小组成员和主持人。

卓娅·阿列克谢耶娃（Zoya Alexeeva）

阿列克谢耶娃博士是一位经验丰富的数字化转型和战略主管，专长包括工业物联网业务案例、战略定义、IT（信息技术）和 OT（操作员培训，Operator Trarining）系统及其集成、复杂的解决方案交付以及市场和技术分析。她曾在制造、过程自动化、汽车和智能电网领域工作，并担任过数字和 IT 战略总监、数字解决方案组合经理和解决方案架构师等职务。

推荐序

本书作者希亚姆·瓦兰·纳特（Shyam Varan Nath）和彼得·范·沙尔克维克（Pieter Van Schalkwyk）是工业互联网、物联网和数字孪生体社区领域公认的专家。他们曾经将操作技术/信息技术（OT/IT）任务组转换为工业物联网联盟（以前称为工业互联网联盟）的数字孪生体互操作性任务组。他们还领导了工业应用数字孪生体（Digital Twins for Industrial Applications）白皮书的开发工作组。

希亚姆是Packt出版社出版的一本关于工业数字化转型图书的作者。彼得目前是数字孪生体联盟（Digital Twin Consortium）自然资源工作组的主席，他正在积极开发数字孪生体能力框架和可组合的数字孪生体开发方法。

在本书中，希亚姆和彼得将逐步引导你创建自己的第一个数字孪生体原型。他们通过一个示例项目演示了数字孪生体是什么、为什么要使用它以及如何实现它，该项目涵盖了在Azure Digital Twins（ADT）平台上开发数字孪生体原型的整个生命周期。

两位作者在开发和部署实际工业数字孪生体项目方面具有丰富的知识和经验，这在他们提供的实用指南和丰富的工具库（如精益数字孪生体画布）中可见一斑。他们关于设置ADT服务的建议简单而有效，在ADT服务上创建数字孪生体模型和实例的分步演示清晰明了，可使你在短时间内掌握创建数字孪生体原型的方法。

对任何想要创建自己的数字孪生体项目的人来说，本书都是非常宝贵的资源，因为它不仅讨论技术内容，还给出了使用数字孪生体解决现实世界业务问题的明确指导。

丹·艾萨克（Dan Isaacs）
数字孪生体联盟首席技术官

译者序

2050年5月9日（星期一），又是一个阳光明媚的清晨，你从香甜的睡梦中醒来，身边的手机声音适时地响起，提示你当前的心率和体温等健康指标。等等！你的手机为什么能如此准确地知道你已经醒来？那是因为你此前服用过一枚胶囊，这枚胶囊中包含了纳米机器人，这些机器人通过血液循环进入并驻留在你的身体的各个部位，扫描你的身体信息，将数据以无线方式传输到相应的手机应用程序中。手机应用程序在接收到这些信息之后，就可以通过数据分析生成一个数字化的你，术语称为"数字孪生体"。纳米机器人的数据传输是实时的，所以你的数字孪生体第一时间就知道你这个"物理本体"已经醒了。

数字孪生体的功能无疑是强大的，它不但可以扫描你身体的各个部位，实时监控血压、心率和体温等状态，还可以通过数据分析及时发现病灶，报告异常信号，进行疏通血管等"日常维护工作"，甚至还可以根据你的需要，轻松帮助你减肥，为你定制健康食谱，针对你体内可能出问题的器官进行"预测性维护"等。

当然，目前人体的数字孪生体实现仍停留在初级阶段（如心脏起搏器的数字孪生体实验），因为这可能涉及物化人类之类的伦理问题和数据隐私之类的法律问题，但是工业设备或系统的数字孪生体却已经是振翅欲飞的新兴技术了。简单来说，数字孪生体就是在某个设备或系统的基础上，创造出一个数字版的孪生体，因此它也被称为数字映射或数字镜像。相比于设计图纸，数字孪生体最大的特点在于：它是对物理实体的动态模拟。也就是说，它不但有来自物理实体的设计模型，还有物理实体上传感器反馈的数据，以及实体运行的历史数据。换言之，物理实体的实时状态和外界环境条件等都会反映到数字孪生体上。

数字孪生体还有一项很大的优势，那就是如果需要做出系统设计之类的修改，或者想要知道系统在特殊外部条件下的反应，则可以在数字孪生体上进行"实验"。这样既避免了对物理实体的影响，又可以提高效率、节约成本。

由此可见，"数字孪生体"虽然是一项新兴技术，但它在概念上却并不新鲜。它主要涉及数据采集和接口、数据处理和分析、机器学习、数据可视化等技术，而这些技术在近年来可谓相当成熟了，这也为数字孪生体的实现打下了坚实的基础。

本书不但详细阐释了数字孪生体的概念，还介绍了它可能带来的经济和社会价值、预期的业务成果和实现数字孪生体的技术需求等。从实用性出发，本书演示了如何创建你的第一个数字孪生体，包括具体的项目规划阶段、敏捷开发方式、数字孪生体开发的业务流程、评估和筛选数字平台、配置云服务、使用数字孪生体定义语言编写数据接口和模型、创建应用程序以更新数字孪生体原型、试点运行和部署数字孪生体等。虽然本书提供的数字孪生体原型（风力涡轮机）未必是你所熟悉的领域，但是它对于你创建自己的数字孪生体原型仍然有很好的启示意义。

在翻译本书的过程中，为了更好地帮助读者理解和学习，本书以中英文对照的形式保留了大量的术语，这样的安排不但方便读者理解书中的代码，而且也有助于读者通过网络查找和利用相关资源。

本书由黄刚翻译，马宏华、黄进青、熊爱华等也参与了部分内容的翻译工作。由于译者水平有限，错漏之处在所难免，在此诚挚欢迎读者提出任何意见和建议。

黄刚

前言

数字孪生体对产品的制造过程以及对在其整个生命周期内操作的改善吸引了越来越多 IT 人员及专业操作人员的关注。本书将通过构建风力涡轮机原型作为可再生能源领域的工业资产的例子来普及数字孪生体的概念。

在本书中,你将了解到如何为数字孪生体完成技术选择,然后学习如何评估数字孪生体的可能业务成果,从而分析其投资回报。本书还将提供使用 Azure Digital Twins 服务构建数字孪生体的实战教程,并讨论如何将工业数字孪生体融入整个可再生能源发电生态系统。

本书读者

本书的受众包括 IT 领导者、业务线(Line of Business,LOB)领导者和主题专家(Subject Matter Expert,SME),以及所有和他们一样正在寻求使用数字孪生体来推动数字化转型,从而为工业运营提供可量化的价值的人。

本书面向处于职业生涯中期的主题专家或业务技术专家(例如工程师和运营经理),通过构建风力涡轮机数字孪生体的第一个原型,帮助他们了解如何在现实世界的数字孪生体设计、开发和部署阶段评估数字孪生体的资源需求和能力。

内容介绍

本书分为三篇,共 8 章。内容介绍如下。

第一篇:定义数字孪生体,包括第 1 章和第 2 章。

第 1 章"数字孪生体简介"介绍了数字孪生体的简要发展史,并提供了数字孪生体的定义（以形成对该概念的共同理解），以及一些行业示例以加深读者对数字孪生体应用的理解。

第2章"数字孪生体规划"，制定了使用数字孪生体应对特定行业挑战或机遇的关键标准，并讨论了实现数字孪生体的先决条件和要考虑的组织因素。

第二篇：构建数字孪生体，包括第3章~第7章。

第3章"确定第一个数字孪生体"，讨论了如何为原型选择数字孪生体候选者，每个候选者都可以从评估数字孪生体示例的组织类型的角度来选择。本章还介绍了敏捷宣言的价值观和Scrum开发方法，后者是最常用的敏捷开发过程。

第4章"从第一个数字孪生体开始"，解释了项目规划框架、如何验证问题陈述和预期结果并探索了开发数字孪生体的建议业务流程。本章还介绍了可用于创建风力涡轮机的第一个数字孪生体原型的不同类型技术平台。

第5章"设置数字孪生体原型"，为在云平台上选择和设置基础设施提供了实用的分步指导，为下一章构建数字孪生体原型做准备。

第6章"构建数字孪生体原型"，描述了在微软Azure Digital Twins平台上构建真实数字孪生体原型的端到端过程。本章涵盖了完整的开发过程，包括测试、技术评估和业务验证等步骤。

第7章"部署和价值跟踪"，指导你完成数字孪生体原型的功能测试，并评估不同的部署模型，以将原型扩展到可操作的生产解决方案上。本章进一步提出了价值跟踪方法，这些方法可以向工业企业中的不同利益相关者展示数字孪生体解决方案的价值。

第三篇：增强数字孪生体，即第8章。

第8章"强化数字孪生体"，描述了超越第一个数字孪生体原型的可能性。本章着眼于数字孪生体"可能的艺术"以及数字孪生体的一些新兴机会，以提供更安全、更环保、更负责任的工业运营，并为所有利益相关者带来积极的价值回报。本章还深入探讨了数字孪生体在可再生能源发电中的应用。

充分使用本书

如果你对 JSON 和 Azure Functions 等编程概念有基本的技术熟练程度,那么你将从本书中获得最大收益。当然,这些技能不是阅读本书的先决条件。

本书的示例可能成为数字孪生体在你的组织中的一项潜在应用,但你完全可以在阅读本书之后发现其他潜在应用。

本书涵盖的软硬件和操作系统需求见表 1。

表 1 本书涵盖的软硬件和操作系统需求

本书涵盖的软硬件	操作系统需求
在 Azure 云平台上的 Azure Digital Twins——可免费订阅试用	无,解决方案基于网页浏览器
JSON	

下载示例代码文件

本书随附的代码可以在 GitHub 仓库中找到,如果代码有改动,那么我们也将及时在该 GitHub 仓库中更新代码。

下载彩色图像

我们还提供了一个 PDF 文件,其中包含本书中使用的屏幕截图 / 图表的彩色图像。

↗ 本书约定

本书中使用了许多文本约定。

（1）在文本中表示代码中的单词、数据库表名、文件夹名、文件名、文件扩展名、路径名、虚拟URL、用户输入和Twitter账号名等。以下段落就是一个示例：

数字孪生体的货币化（Monetization）即以货币价值的形式衡量数字孪生体，既可以基于单个数字孪生体，也可以基于孪生体生态系统，例如Twin2Twin（T2T）生态系统。

（2）有关代码块的设置如下：

```
html, body, #map {
    height: 100%;
    margin: 0;
    padding: 0
}
```

（3）要突出代码块时，相关内容将加粗显示：

```
[default]
exten => s,1,Dial(Zap/1|30)
exten => s,2,Voicemail(u100)
exten => s,102,Voicemail(b100)
exten => i,1,Voicemail(s0)
```

（4）任何命令行输入或输出都采用如下所示的粗体代码形式：

```
$ mkdir css
$ cd css
```

（5）术语或重要单词采用中英文对照形式，在括号内保留其英文原文。示例如下：

智能制造（Smart Manufacturing）或智能工厂（Smart Factory）是一个广义术语，指的是通过应用数字孪生体、物联网（Internet of Things，IoT）和增材制造（Additive Manufacturing，也称为 3D 打印）等数字技术来改进制造业。

（6）对于界面词汇、英文文献或专有名词将保留英文原文，在括号内添加其中文翻译。示例如下：

可以将 Assign access to（分配访问权限）选项保留为默认的 User, group, or service principal（用户、组或服务主体）设置。在 Select（选择）下拉字段中选择或键入 Azure 免费账户用户名。

（7）本书还使用了以下两个图标：

🛈 表示警告或重要的注意事项；

💡 表示提示或小技巧。

目录

第一篇 定义数字孪生体

第 1 章　数字孪生体简介 ……………………………………………003

1.1 数字孪生体的历史 ……………………………………………………004
　　1.1.1　数字孪生体概念的起源 ………………………………………005
　　1.1.2　数字孪生体的定义 ……………………………………………008
　　1.1.3　数字孪生体的类型 ……………………………………………011
　　1.1.4　数字孪生体的特征 ……………………………………………015
　　1.1.5　模型和数据 ……………………………………………………017
　　1.1.6　数字主线 ………………………………………………………018

1.2 数字孪生体的行业用途 ………………………………………………020
　　1.2.1　数字孪生体利益相关者 ………………………………………020
　　1.2.2　行业数字孪生体应用 …………………………………………022

1.3 数字孪生体的价值主张 ………………………………………………025
　　1.3.1　降低复杂性以增强理解 ………………………………………025
　　1.3.2　转型价值 ………………………………………………………028
　　1.3.3　潜在价值 ………………………………………………………029

1.4 识别机会 031
1.5 小结 034

第 2 章 数字孪生体规划 035

2.1 关键标准 036
2.2 预期的业务成果 038
 2.2.1 制造业 038
 2.2.2 供应链管理 045
2.3 实现数字孪生体的先决条件 047
2.4 组织因素 050
 2.4.1 数字技术和人才 052
 2.4.2 生态系统和联盟 052
 2.4.3 组织结构和文化 053
 2.4.4 组织敏捷性的成果 053
2.5 技术需求 054
 2.5.1 框架和模型 054
 2.5.2 连接性 055
 2.5.3 数据采集和存储 056
 2.5.4 边缘计算 057
 2.5.5 算法和分析 057
 2.5.6 平台和应用 058
 2.5.7 可视化 058
 2.5.8 信息和行动 058
 2.5.9 反馈 059

  2.5.10 软件开发范式和低代码·······059
2.6 小结·······060
2.7 思考题·······060

第二篇 构建数字孪生体

第 3 章　确定第一个数字孪生体·······063

3.1 评估数字孪生体候选者·······064
  3.1.1 工业集团·······064
  3.1.2 单一行业领域的大型企业·······069
  3.1.3 公共部门实体·······071
  3.1.4 大型软件公司或云服务提供商·······072
  3.1.5 独立软件供应商·······073
  3.1.6 大型系统集成商·······074
  3.1.7 小型服务公司·······074

3.2 角色和职责·······075
3.3 试验和交互·······080
  3.3.1 敏捷宣言·······080
  3.3.2 版本·······082
  3.3.3 史诗·······082
  3.3.4 故事·······083

- 3.3.5 冲刺 ⋯⋯⋯⋯⋯⋯⋯⋯⋯⋯⋯⋯⋯⋯⋯⋯⋯⋯⋯⋯⋯⋯⋯⋯⋯⋯ 084
- 3.3.6 每日例会 ⋯⋯⋯⋯⋯⋯⋯⋯⋯⋯⋯⋯⋯⋯⋯⋯⋯⋯⋯⋯⋯⋯⋯ 084
- 3.3.7 测试用例 ⋯⋯⋯⋯⋯⋯⋯⋯⋯⋯⋯⋯⋯⋯⋯⋯⋯⋯⋯⋯⋯⋯⋯ 086
- 3.3.8 演示和用户验收 ⋯⋯⋯⋯⋯⋯⋯⋯⋯⋯⋯⋯⋯⋯⋯⋯⋯⋯⋯ 086
- 3.3.9 迭代 ⋯⋯⋯⋯⋯⋯⋯⋯⋯⋯⋯⋯⋯⋯⋯⋯⋯⋯⋯⋯⋯⋯⋯⋯⋯⋯ 087

3.4 最终候选者 ⋯⋯⋯⋯⋯⋯⋯⋯⋯⋯⋯⋯⋯⋯⋯⋯⋯⋯⋯⋯⋯⋯⋯⋯⋯⋯ 087

3.5 小结 ⋯⋯⋯⋯⋯⋯⋯⋯⋯⋯⋯⋯⋯⋯⋯⋯⋯⋯⋯⋯⋯⋯⋯⋯⋯⋯⋯⋯⋯⋯ 088

3.6 思考题 ⋯⋯⋯⋯⋯⋯⋯⋯⋯⋯⋯⋯⋯⋯⋯⋯⋯⋯⋯⋯⋯⋯⋯⋯⋯⋯⋯⋯ 089

第 4 章 从第一个数字孪生体开始 ⋯⋯⋯⋯⋯⋯⋯⋯⋯⋯⋯⋯⋯ 091

4.1 规划框架 ⋯⋯⋯⋯⋯⋯⋯⋯⋯⋯⋯⋯⋯⋯⋯⋯⋯⋯⋯⋯⋯⋯⋯⋯⋯⋯ 092
- 4.1.1 项目规划框架 ⋯⋯⋯⋯⋯⋯⋯⋯⋯⋯⋯⋯⋯⋯⋯⋯⋯⋯⋯⋯ 092
- 4.1.2 解决方案规划框架 ⋯⋯⋯⋯⋯⋯⋯⋯⋯⋯⋯⋯⋯⋯⋯⋯⋯ 099

4.2 验证问题陈述和预期结果 ⋯⋯⋯⋯⋯⋯⋯⋯⋯⋯⋯⋯⋯⋯⋯⋯⋯ 101

4.3 探索数字孪生体开发的业务流程 ⋯⋯⋯⋯⋯⋯⋯⋯⋯⋯⋯⋯⋯ 102

4.4 考虑技术因素 ⋯⋯⋯⋯⋯⋯⋯⋯⋯⋯⋯⋯⋯⋯⋯⋯⋯⋯⋯⋯⋯⋯⋯ 103
- 4.4.1 资产管理壳 ⋯⋯⋯⋯⋯⋯⋯⋯⋯⋯⋯⋯⋯⋯⋯⋯⋯⋯⋯⋯⋯ 104
- 4.4.2 数字孪生体定义语言 ⋯⋯⋯⋯⋯⋯⋯⋯⋯⋯⋯⋯⋯⋯⋯ 108

4.5 探索数字孪生体的数字平台 ⋯⋯⋯⋯⋯⋯⋯⋯⋯⋯⋯⋯⋯⋯⋯ 113
- 4.5.1 物联网平台 ⋯⋯⋯⋯⋯⋯⋯⋯⋯⋯⋯⋯⋯⋯⋯⋯⋯⋯⋯⋯⋯ 113
- 4.5.2 业务流程管理平台 ⋯⋯⋯⋯⋯⋯⋯⋯⋯⋯⋯⋯⋯⋯⋯⋯⋯ 115
- 4.5.3 分析和数据平台 ⋯⋯⋯⋯⋯⋯⋯⋯⋯⋯⋯⋯⋯⋯⋯⋯⋯⋯ 116
- 4.5.4 应用平台 ⋯⋯⋯⋯⋯⋯⋯⋯⋯⋯⋯⋯⋯⋯⋯⋯⋯⋯⋯⋯⋯⋯ 117

4.6 小结 ⋯⋯⋯⋯⋯⋯⋯⋯⋯⋯⋯⋯⋯⋯⋯⋯⋯⋯⋯⋯⋯⋯⋯⋯⋯⋯⋯⋯ 118

4.7 思考题···118

第 5 章 设置数字孪生体原型···119

5.1 确定数字孪生体平台···119
5.1.1 资产所有者的视角···120
5.1.2 所需的物联网功能···121
5.1.3 构建与购买功能···123

5.2 为数字孪生体评估公共云、物联网和专业平台···124
5.2.1 微软 Azure Digital Twins···125
5.2.2 AWS 物联网平台···127
5.2.3 甲骨文公司的物联网应用···129
5.2.4 PTC ThingWorx···131
5.2.5 XMPro···132

5.3 配置和设置···134
5.4 Azure 数字孪生体的数据考量···146
5.5 解决方案架构···148
5.6 小结···149
5.7 思考题···149

第 6 章 构建数字孪生体原型···151

6.1 技术要求···152
6.2 数字孪生体的开发过程···152
6.2.1 作为数字孪生体原型的风力涡轮机···152

6.2.2 风力涡轮机的基础知识和高级数据模型……153
6.2.3 使用本体定义数字孪生体模型……156
6.2.4 将模型上传到 Azure Digital Twins 实例……165
6.2.5 为风电场和风力涡轮机配置数字孪生体实例……166

6.3 测试框架……171
6.3.1 创建应用程序以通过代码更新数字孪生体原型……171
6.3.2 以低代码方式创建应用程序并更新数字孪生体原型……176

6.4 技术评估注意事项……180

6.5 业务验证和理解……182

6.6 小结……185

6.7 思考题……185

第 7 章 部署和价值跟踪……187

7.1 数字孪生体的功能测试……188
7.1.1 测试数字孪生体基础设施……188
7.1.2 测试数字孪生体应用程序……191

7.2 试点运行……195
7.2.1 试点实施范围……198
7.2.2 试点阶段的成功标准……199
7.2.3 试点解决方案的时间表和阶段……200
7.2.4 展示试点结果……203

7.3 全面部署……207
7.3.1 全面实现方法……208
7.3.2 大爆炸方法……208

  7.3.3 分阶段方法 ··············· 209

7.4 价值主张和跟踪 ··············· 215
7.5 小结 ··············· 216
7.6 思考题 ··············· 217

第三篇 增强数字孪生体

第 8 章 强化数字孪生体 ··············· 221

8.1 定义孪生体的孪生体 ··············· 222
  8.1.1 标准的作用 ··············· 224
  8.1.2 设定发展愿景 ··············· 226
8.2 评估整个系统中的第一个数字孪生体 ··············· 226
  8.2.1 分阶段方法的理由 ··············· 228
  8.2.2 收益量化 ··············· 229
8.3 识别相关的数字孪生体 ··············· 231
8.4 规划复合孪生体 ··············· 233
  8.4.1 水电数字孪生体 ··············· 235
  8.4.2 太阳能发电厂的数字孪生体 ··············· 237
  8.4.3 太阳能光伏和风力涡轮机混合发电厂 ··············· 241
  8.4.4 可再生能源发电的创新 ··············· 242

8.5 增强功能和后续步骤 …………………………………………………… 244
　　8.5.1 企业级数字孪生体解决方案推广所涉及的主要系统 …………… 244
　　8.5.2 数字孪生体卓越中心 ……………………………………………… 246
8.6 小结 ……………………………………………………………………… 247
8.7 思考题 …………………………………………………………………… 247

附录 ……………………………………………………………………… 249

　　联实数字公司首席执行官威廉的数字孪生体主题专访记录 …………… 249
　　通用电气可再生能源公司的数字服务首席技术官安瓦尔·艾哈迈德的
　　数字孪生体主题专访记录 ………………………………………………… 252

DIGITAL TWIN

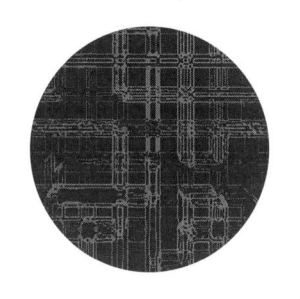

第一篇

定义
数字孪生体

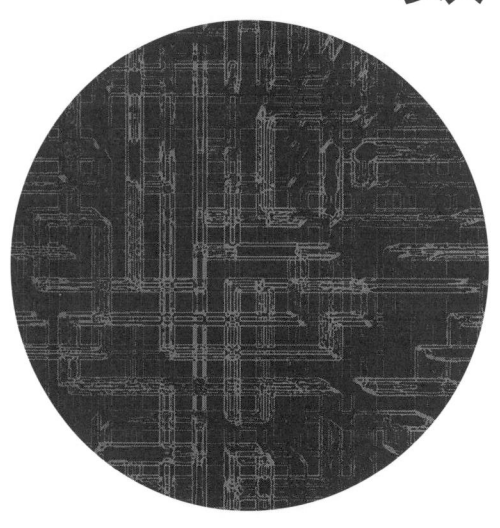

DIGITAL TWIN

本篇介绍数字孪生体的概念，阐释我们为什么需要数字孪生体，以帮助你了解使用数字孪生体的目的和好处。

▶ **本篇包括以下章节：**
第 1 章　数字孪生体简介
第 2 章　数字孪生体规划

CHAPTER 1

第一章

数字孪生体简介

数字孪生体（Digital Twin，也称为数字孪生）是一个最近广受欢迎的概念。许多分析师、供应商和客户都认为，随着它的价值得到实现和认可，特别是在行业环境中，数字孪生体技术已呈现出一种全面爆发的态势。

本书旨在帮助你构建你的第一个数字孪生体原型或最小可行数字孪生体。在开始研究数字孪生体的具体技术之前，你必须了解数字孪生体是什么，它是如何形成的，以及数字孪生体的商业价值。此外，你可能还希望知道数字孪生体的理想前景是什么，尤其是在你只是初步接触的情况下。

本章内容介绍数字孪生体的一般概念、特征和原则，但并不关注数字孪生体的任何特定技术。在后面的章节中，我们将专注于讨论数字孪生体的技术开发示例，以演示如何创建你的第一个数字孪生体原型。本章将带你了解数字孪生体本身、它们的特征以及对如何应用它们的普遍理解，以便于你在后面的章节中，更好地配置你的第一个数字孪生体。

本章将首先简要介绍数字孪生体概念的发展历史，特别是有关数字孪生体的行业应用部分。通过了解其历史脉络，我们将了解为什么要使用数字孪生体，以及最初的思想领袖和创造者在描述第一个数字孪生体时的想法。

在此之后，我们将定义术语"数字孪生体"，本书使用该定义作为你将要创建的数字孪生体的指南。目前市场上有各种定义，但我们必须对本书所说的数字孪生体有一个共同的理解。我们将扩展该定义，使其包含一些我们认为是必需或可选的特征。

本章还将提供一些行业应用示例，并阐释这些示例将如何应用于数字孪生体实体的整个生命周期。这些用例会为你提供一些关于将数字孪生体应用于特定环境或业务的思路，并有助于你进一步深入理解针对不同需求的数字孪生体的价值主张。最后，我们还会提供一些初步指导，以帮助你找出数字孪生体在行业环境中的潜在应用。

本书后面的章节侧重于介绍如何构建你的第一个数字孪生体。我们从数字孪生体的规划开始，为你的第一个数字孪生体确定合适的候选者，然后提供设置、构建和部署等方面的指导，并验证你的数字孪生体原型成果。不过，在此之前我们要做的是先建立对数字孪生体概念、定义和价值的共同理解，并了解其来龙去脉。

本章包含以下主题：

- 数字孪生体的历史
- 数字孪生体的行业用途
- 数字孪生体的价值主张
- 识别机会

1.1 数字孪生体的历史

本节将探讨数字孪生体概念的起源和发明者的意图，然后对本书所指的数字孪生体下定义并确定其关键特征。

数字孪生体的最初目标是提供与物理孪生体所拥有的信息相同或更好的信息，这与基于假设情景（what-if scenarios）预测行为的模拟和建模是不一样的。

1.1.1 数字孪生体概念的起源

2002年10月，密歇根大学（University of Michigan）的迈克尔·格里夫斯（Michael Grieves）博士在制造工程学会（Society of Manufacturing Engineering）的一次演讲中首次描述了数字孪生体的概念。格里夫斯最初将其命名为镜像空间模型（Mirrored Spaces Model，MSM），但后来该名称发生了演变，他将"数字孪生体"一词的诞生归功于美国国家航空航天局（National Aeronautics and Space Administration，NASA）的约翰·维克斯（John Vickers），后者曾与格里夫斯一起研究复杂系统的产品生命周期管理。

格里夫斯和维克斯观察到，物理产品和实体的技术进步使得系统更加复杂。新技术还带来了物理（机械和电子）产品无法拥有的新能力，例如通信和计算。这些能力增加了系统的复杂性，所以需要提供有关物理产品或实体的改进信息来降低系统的复杂性。正是物理产品和虚拟产品的结合催生了数字孪生体的概念，如图1.1所示。

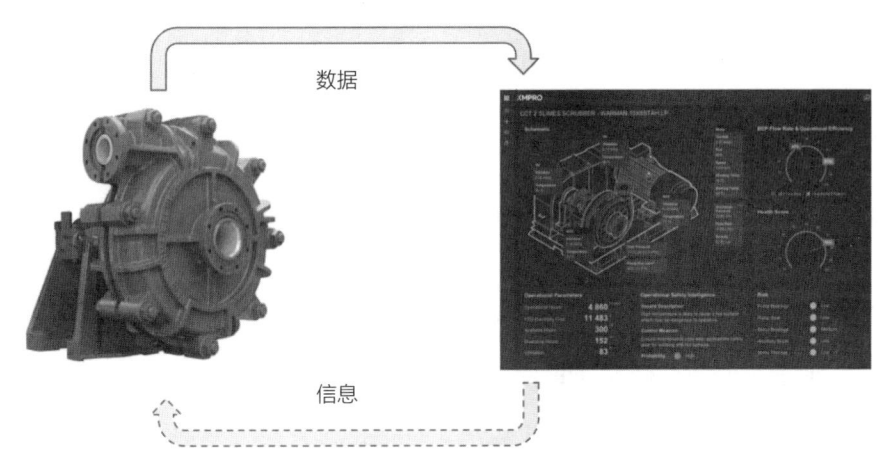

图1.1 物理产品和虚拟产品的结合催生了数字孪生体的概念

镜像空间模型（MSM）是格里夫斯提出的方法，其思路是让数字孪生体通过数据流获得一个物理孪生体的"镜像"，实现从物理产品到数字实例的虚拟化，然后再将这些信息发送回物理孪生体。

> "数字孪生体是物理孪生体的信息结构,它可以提供与物理孪生体所拥有的信息相同或更好的信息。此处的关键假设是,数字孪生体中包含的信息类型、粒度和数量是由用例驱动的。"
>
> ——迈克尔·格里夫斯(2019).虚拟智能产品系统:数字和物理孪生体(*Virtually Intelligent Product Systems: Digital and Physical Twins*).

这些早期的数字孪生体包含以下 3 个关键概念。

- 数字孪生体原型(Digital Twin Prototype,DTP):这是物理孪生体的"类型"或模型表示。它也被描述为"包含所有变体的设计版本"。例如,某离心泵的 DTP 是泵的特定型号的单一描述和信息模型。虽然只有一种 DTP 或型号,但多台泵可能使用相同的型号说明,这正是数字孪生体可以发挥作用的地方。

- 数字孪生体实例(Digital Twin Instance,DTI):这是基于 DTP 的每个物理实体的每个实例。比如,我们可能有 150 个泵,每个泵可能代表一个独特的实例,所有这些实例都基于该特定泵型号的通用 DTP。当然,也可以只有一个基于单个模型的实例。例如,建筑物就是这种配置的典型,我们可以只有一栋建筑(DTI),并且只有一种 DTP 模型。值得注意的是,对 DTP 进行了任何更改之后,都需要更新 DTI 以保持实例对原型的保真度。

- 数字孪生体聚合(Digital Twin Aggregate,DTA):这是各个 DTI 以及其他 DTA 的组合,也包括查询它们的机制。建筑物和其他复杂产品等物理实体通常不能用单个 DTI 来描述,而需要用不同实例的集合或组合来描述,以构成整体定义。格里夫斯和维克斯通过引入实例聚合的概念解决了这一问题。DTI 可以独立于其他实例而存在,而 DTA 则不能。例如，单个离心泵的 DTI 可以单独存在，而一组泵的聚合则依赖于实例的集合。DTA 可以提供有关聚合行为的额外信息，而这在实例级别是无法实现的。例如，我们可以监控特定加工区域的泥浆泵的压差，这将使我们获得采矿加工厂整体运行情况的额外信息，而这从单泵 DTI 收集的信息中是看不到的。

图 1.2 说明了基于物理实体的 DTP 模型的演变，它们将实例化为各个物理实体的 DTI（这些 DTI 有相同的数字孪生体原型），最后组合构成 DTA。

数字孪生体原型　　物理实体　　数字孪生体实例　　数字孪生体聚合
DTP　　　　　　　　　　　　　　DTI　　　　　　　　DTA

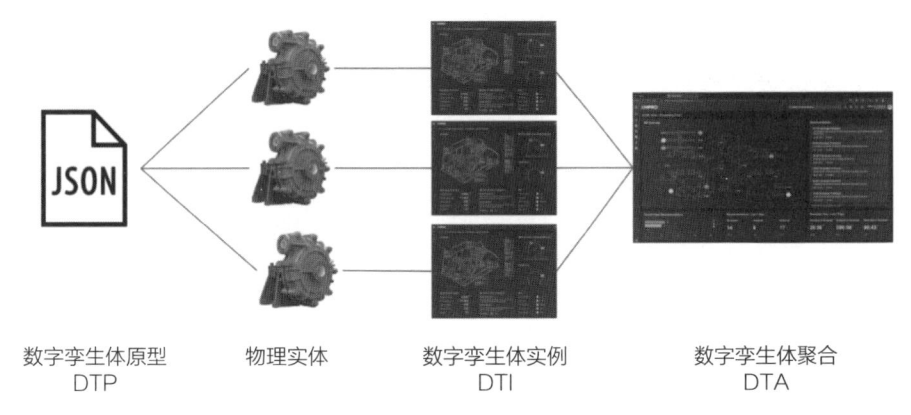

图 1.2　数字孪生体的 3 个关键概念之间的关系

请务必注意，DTP 及其相应的 DTI 与计算机辅助制图（Computer Aided Drafting，CAD）文件是不一样的。CAD 文件可以描述组件的物理尺寸，但它缺少基于 CAD 文件捕获、存储和维护所有组件属性的文件结构。DTP 和 DTI 通常基于 JavaScript 对象表示法（JavaScript Object Notation，JSON）或可扩展标记语言（Extensible Markup Language，XML）等文件结构来管理数字孪生体的扩展元数据。

多年来，许多供应商、分析师和研究机构基于格里夫斯和维克斯的初步工作对数字孪生提出了其他描述和定义，比如，2012 年，美国国家航空航天局将数字孪生描述为：充分利用物理模型、实时传感器数据、运行历史数据，基于概率集成多学科、多物理量、多尺度的高保真模拟过程，在虚拟空间中完成映射，从而反映相对应的实体装备的全生命周期过程。

1.1.2 数字孪生体的定义

数字孪生体联盟对数字孪生体的定义从高层次上描述了数字孪生体的内容、时间、原因和方式。

> 数字孪生体以指定的频率和保真度同步表示现实世界实体和流程。
>
> 数字孪生体可以代表过去和现在，并模拟预测的未来。
>
> 数字孪生体系统可以通过加速整体理解、最佳决策和有效行动来改变业务。
>
> 数字孪生体以结果为导向，针对用例量身定制，由集成提供支持，基于数据构建，并在IT/OT系统中实施。

本书提出了一个更狭义的数字孪生体定义，它包含你的第一个数字孪生体的必要元素和共识：

> 数字孪生体是一个数字模板或模型的同步实例，它代表了实体生命周期中的实体，足以满足一组用例的需求。

我们的定义指明了数字孪生体的关键元素，有利于在本书后续章节中演示如何创建我们的第一个数字孪生体。它强调了对物理实体的原型或模板模型的要求，并且暗示了可能有多个实例代表同一类型的多个资产。它还强调了数字孪生体应解决特定业务挑战或用例的要求，并且它们可以处于实体生命周期的任何阶段。

> **注意** 本书将区分实体的生命周期和数字孪生体的生命周期。这一区别将在本章后面详细介绍。

实体（Entity）不限于有形资产，国际标准化组织（International Organization for Standardization，ISO）对实体做了如下描述：

> 实体是可识别的以不同形式存在的项目，例如人员、组织、设备、子系统或一组此类项目。
>
> ——国际标准化组织（ISO）24760-1：2011

对实体的这种描述使我们能够抛开数字孪生体的传统实物资产视角，将流程、供应链、组织和政府等的数字孪生体包括在实体的范围内。数字孪生体还可以用于紧急响应用例中的极端示例，例如飓风或丛林大火等，我们将在 1.2 节 "数字孪生体的行业用途" 中做更详细的介绍。

格里夫斯和维克斯的定义的一个重要元素是数字孪生体与物理实体同步。这意味着仅提供模拟而没有实物资产输入的数字模型不符合数字孪生体的条件，尽管模拟可用于启动创建数字孪生体的过程，但它还需要同步实例和数据才能成为数字孪生体。这里所说的数字模型包括二维和三维计算机辅助设计、建筑信息模型（Building Information Modeling，BIM）、规划模拟模型和基于设计参数的 AR 可视化等。

实体生命周期与数字孪生体开发生命周期

物理实体、产品和资产都具有生命周期，通常是从规划和设计到制造或建造，再到操作、维护，最后是报废或清理。资产生命周期代表物理孪生体的开发和使用阶段。数字孪生体基于软件的数字化，包括模型、数据、连接、分析和操作。数字孪生体的创建需要软件工程方法，而物理孪生体则基于诸如产品生命周期管理之类的工程管理实践。

需要注意的是，我们将区分实体生命周期/物理孪生体和数字孪生体开发生命周期，如图1.3所示。本书将会引用这两个生命周期，因此请牢记这一区别。

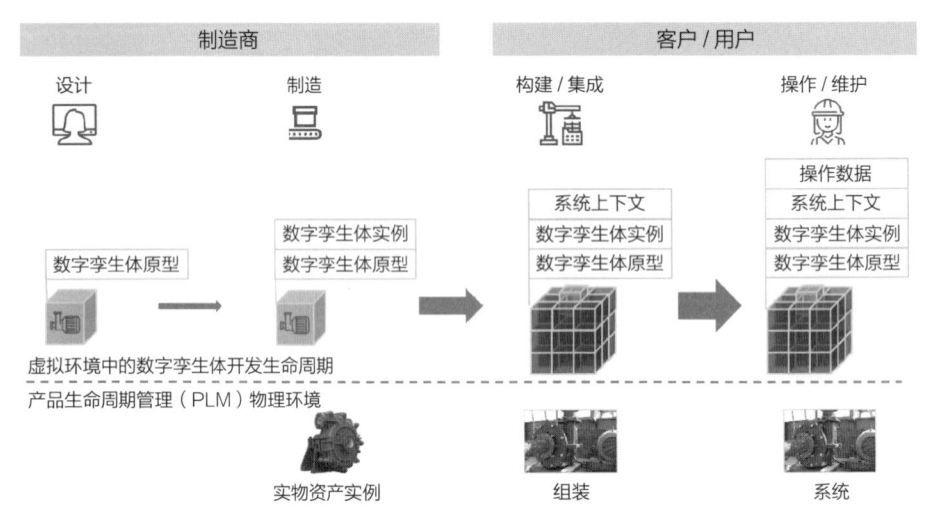

图1.3　数字孪生体开发生命周期与产品生命周期的关系

开发数字孪生体需要协调传统工程和软件开发实践。操作技术（Operational Technology，OT）和信息技术（Information Technology，IT）的这种融合对于数字孪生体来说是一个积极的发展，因为它创造了对物理和数字需求的共同理解。

本书的目的不是为物理孪生体提供产品生命周期管理指南，也不是为企业组织的数字开发方法提供指导，而是讨论数字孪生体开发生命周期。

对于本书中的第一个最小可行数字孪生体，我们采用了敏捷开发的方式，如果你更熟悉其他方法，例如V-Model和瀑布（Waterfall）模型，则也可以使用这些软件工程方法。

（虽然V-Model方法在设计和制造航空和军事领域的复杂系统时很受欢

迎，但这超出了本书的讨论范围）

1.1.3 数字孪生体的类型

以下介绍的数字孪生体类型强调了数字孪生体的类型随用例的不同而改变，并不是数字孪生体的完整分类或正式分类体系。

离散与复合

数字孪生体的范围和规模将根据它所解决的用例或问题而有所不同。选择你的数字孪生体时的一个关键因素是考虑你的用例所需的复杂程度。复合数字孪生体通常由不同的离散数字孪生体组合而成，如图1.4所示。

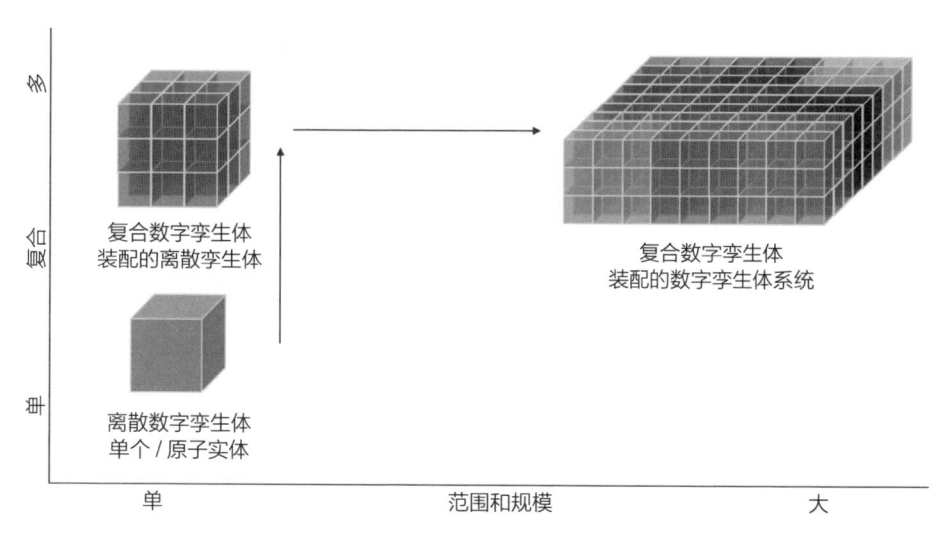

图 1.4 离散和复合数字孪生体关系

离散数字孪生体（Discrete Digital Twin）是足以满足特定用例要求的最低抽象级别。它通常是单个或原子[①]实体，它不需要分解为组件或零件（例如采矿中球磨机的齿轮箱或电机），因为它的状态是在这个实体级别被监控

---

① 此处意为不可拆分。——编者注

并报告的。

复合数字孪生体是离散数字孪生体的组合，代表由多个单独组件组成的实体。复合数字孪生体可以是装配孪生体，例如采矿中的球磨机，也可以是包含多个装配孪生体的系统孪生体，例如加工和精炼厂。复合数字孪生体是具有更复杂生命周期管理问题的系统。

离散数字孪生体通常是一个独立的组件或资产，可以独立运行以解决特定的用例。电动离心泵及其电动驱动器就是离散数字孪生体的典型示例，因为监控和报告是在此级别完成的。离散泵数字孪生体的一个使用案例是基于预测分析模型预测泵是否会发生故障。

复合数字孪生体是若干个离散数字孪生体的集合，它可以创建新的功能性复合资产。例如，将多个离散泵数字孪生体与离散高压釜数字孪生体相结合，即可创建黄金加工厂的复合数字孪生体，以用于生产的优化。

复合工厂数字孪生体的预测性维护用例比离散泵数字孪生体的预测性维护用例更多。

本书设计和开发的数字孪生体原型（DTP）将遵循离散数字孪生体模式。泵和黄金加工厂之间的差异导致我们需要对数字孪生体进行第二类分类，即产品与设施的区别。

产品与设施

基于物理实体的行业数字孪生体有以下两种突出的用例：

- 产品的数字孪生体，例如泵、电动机、手钻、X光机、汽车或其他任何基于资产的实体。数字孪生体的主要目标是监控该特定实体的使用、故障或不当操作的迹象。
- 由单个产品组成的生产设施的数字孪生实体。此类数字孪生体设施将由一组独特的产品孪生体组成，主要用于提供设施操作的信息。

离散产品数字孪生体在复合设施数字孪生体中可以按两种不同的方式使用：

- 作为制造产品所用设施的一部分，例如装配线上的机械臂。
- 作为产品中制造出来的一部分，例如制造设施中的电动机、喷气发动机或风力涡轮机等。

以智能制造（Smart Manufacturing）为例，它可以使用产品和设施数字孪生体的组合，在生产线上使用数字孪生体产品来确定机器设置、工具和零部件要求等。

产品数字孪生体目前主要用于制造场景，制造商在产品发货后无法看到产品的使用情况。但是，随着越来越多制造商使用数字孪生体，这种情况也可能会改变。

产品制造商热衷于将产品的数字孪生体访问扩展到制造点之外。制造商提供数字孪生体解决方案，使他们能够收集产品的操作和使用数据，以改进新产品和服务。

数字孪生体可以提供有关产品使用方式的信息，并且可以将其反馈到产品设计中，从而使制造商能够开发和制造用途更广、质量水平更高的产品。

制造商的新商机是在提供产品的基础上，向客户提供围绕产品的维护服务。访问运行中的产品的数字孪生体将为制造商提供必要的信息，以预测何时可能发生故障，或产品何时需要维修或更换。这为许多制造商开辟了一种只有在数字孪生体技术的指导下才可行的新商业模式，使他们能够开发新的收入来源。

模拟与操作

在产品或资产生命周期的早期阶段，数字孪生体用例更侧重于模拟场景。相比之下，产品后期的用例则更多地关注操作和维护问题。

我们可以将数字孪生体大致分为模拟（Simulation）和操作（Operation）孪生体。这并不是说模拟不能用于操作，而是说它主要的应用是管理操作。在设计阶段，主要用例将模拟不同的场景以确定产品或设施的理想设计，如图 1.5 所示。

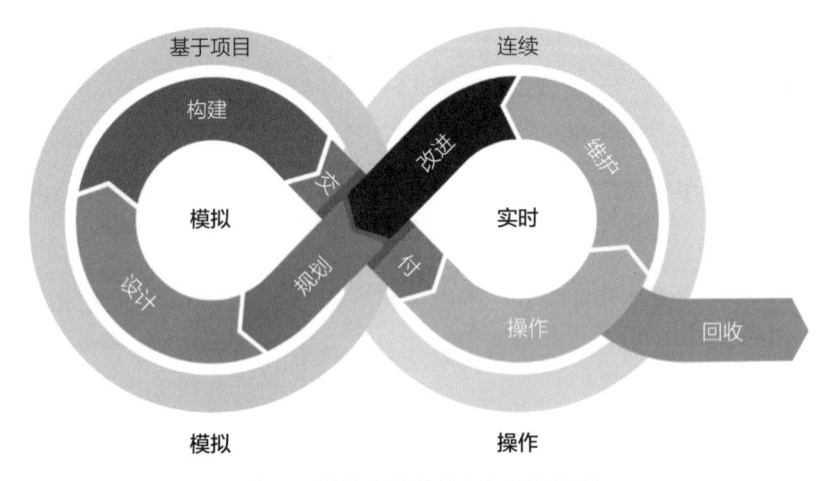

图 1.5　模拟和操作数字孪生体类型

模拟往往更加基于项目，而操作用例在实体的操作和维护生命周期中则是连续的。如图 1.5 所示的循环模型就很好地体现了这一点：规划、设计、构建和交付阶段通常是基于项目的模拟孪生体，同步或孪生的速率非常慢。

操作、维护和改进阶段是操作孪生体的连续应用（对于瑕疵品或老化产品有一个单独的回收或报废过程），并且通常是实时的。来自改进阶段的建议可能要求我们对产品进行修改，从而重新进入规划和基于项目的设计制造周期。注意，这不是一个正式的分类标准，而是使用行业数字孪生体时的典型模式。

基于分析与基于物理

代表实体的数字模型既可以使用基于分析的算法，也可以使用基于物理的算法。这些算法可以使用历史和实时数据来模拟和预测实体当前和未来的状态或行为：

- 基于分析的算法（Analytics-based Algorithm）是用于根据历史数据预测实体行为的统计技术或数学技术。其模型通常基于人工智能（Artificial Intelligence，AI）或机器学习（Machine Learning，ML）技术。基于分析的算法的典型示例是，使用回归模型预测设备（如离心泵）的剩余使用寿命。
- 基于物理的算法（Physics-based Algorithm）是指基于物理定律、使用状态的公式和材料特性，提供产品当前状态的信息或对未来状态进行预测。例如，计算流体动力学（Computational Fluid Dynamics，CFD）可以使用设计参数或实时数据来深入了解离心泵在特定条件下的行为。有限元分析（Finite Element Analysis，FEA）则是基于物理的算法的另一个示例，它可用于在模拟或实时条件下提供关于产品结构完整性的信息。

模拟和操作孪生体既可以使用基于分析的算法，又可以使用基于物理的算法，以进行模拟或操作分析和预测。

1.1.4 数字孪生体的特征

本书描述的特征集中在你开发第一个数字孪生体原型（DTP）时所需的关键元素上。在其他更复杂的用例中可能还有其他特征，但图 1.6 所示的特征已经可为数字孪生体评估提供一个很好的起点。图 1.6 提供了数字孪生体特征的可视化表示。表 1.1 显示了数字孪生体定义的一些关键特征。

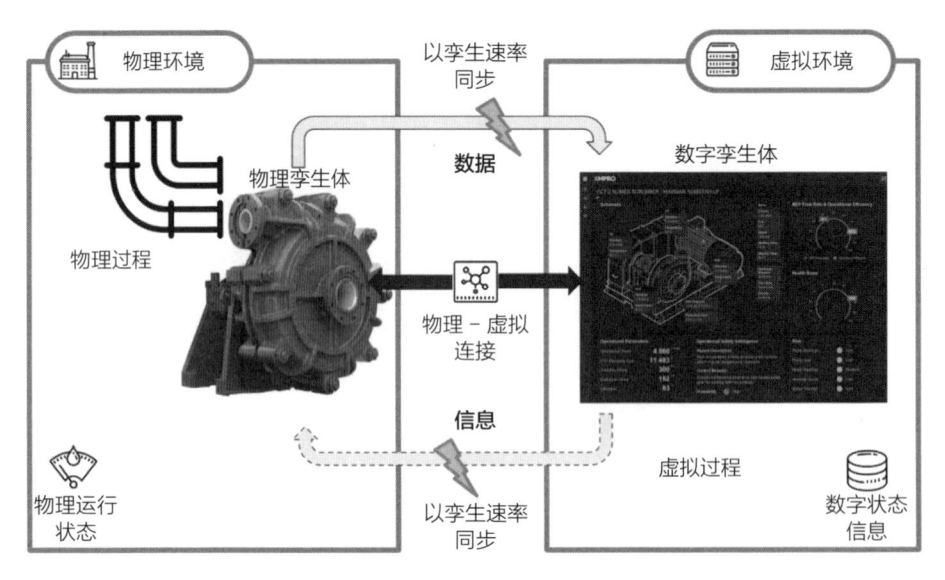

图 1.6 数字孪生体特征

表 1.1 数字孪生体定义的关键特征

特征	描述
物理实体（又称物理孪生体）	实体是可识别的以不同形式存在的项目，例如人员、组织、设备、子系统或一组此类项目。——国际标准化组织（ISO）24760-1：2011
物理环境	物理孪生体所处的真实世界环境，如工厂、油井平台、医院、自然保护区等
虚拟实体（又称数字孪生体）	虚拟数字孪生体原型和实例将以孪生速率和物理实体同步
虚拟环境	虚拟实体所处的基于技术的环境
同步（孪生体）	同步或更新物理孪生体和数字孪生体的状态
孪生速率	同步发生的速率或频率
状态	物理和虚拟孪生体在其环境中的所有参数的值
物理-虚拟连接（双向）	以孪生速率进行通信和数据连接，从而建立状态的同步过程

续表

特征	描述
物理过程	真实世界中的过程，将改变或影响物理孪生体的状态
虚拟过程	虚拟环境中的过程（例如基于分析或基于物理的计算），将改变或影响数字孪生体的状态

与其说数字孪生体保真度（Fidelity）是一个特征，不如说它是模型的复杂性和孪生速率的结果。随着虚拟环境中的计算能力根据摩尔定律呈指数级增长，数字孪生体的保真度也有所提高。

计量不是特征，而是孪生体的基本要求，因为它需要准确测量状态参数，以确保准确表示物理状态。

当我们开始构建本书中的第一个 DTP 时，将继续参考这些特征。当你判断某物理实体是否可以使用数字孪生体技术时，表 1.1 将帮助你确定特定用例或场景是否符合数字孪生体的条件。

1.1.5 模型和数据

虚拟孪生体以数字化格式存在于虚拟环境中，并依靠不同的数据源和模型将数据转化为信息。具有数字孪生体数据功能的数据源和模型种类繁多，本书将它们简化为以下 6 个主要类别：

（1）时间序列（Time Series）数据：此类数据可通过传感器、自动化控制和物联网系统提供物理状态数据的时间戳，并且实时同步。它是通过时间序列数据库、历史数据和物联网平台存储和访问的。

（2）主数据：主数据通常是存储在系统中的变化缓慢的上下文数据。它用于描述资产或实体，例如企业资产管理系统（Enterprise Asset Management System，EAM）和企业资源计划（Enterprise Resource Planning，ERP），以及 Azure Digital Twins 等数字孪生体服务。

（3）事务数据：包括生产记录、维护记录、供应链信息等操作和事务数据，以及与数字孪生体相关的其他业务记录，一般存储在ERP、计算机维护管理系统（Computer Maintenance Management System，CMMS）、制造执行系统（Manufacturing Execution System，MES）、业务流程管理（Business Process Management，BPM）和生产系统中。

（4）物理模型：物理模型和工程计算将使用实时事务数据和主数据来描述或预测物理实体的状态。其示例包括有限元方法（Finite Element Method，FEM）和计算流体动力学，以及其他自然定律，例如热力学定律。

（5）分析模型：这些是虚拟环境中的数学和统计模型，使用前面描述的数据源来预测物理孪生体及其环境的当前和未来状态。这包括用于预测性维护和操作用例的人工智能和机器学习算法。

（6）可视化模型：这些是数字化的可视化建模能力，例如计算机辅助设计、增强现实（Augmented Reality，AR）、虚拟现实（Virtual Reality，VR）、建筑信息模型、地理信息系统（Geographic Information System，GIS）和地球物理模型等。这些模型通常用于降低系统复杂性并提供对不同数据源的可视化分析。

所有这些不同数据源的异构性质揭示了一个事实，即在创建数字孪生体时，集成是一项重大挑战。当后续章节开始构建DTP时，我们将会再次提到这一点。

集成和互操作性会消耗数字孪生体项目中的大部分资源，因此，了解数据要求、掌握解决数字孪生体特定业务问题所需的物理和分析模型都至关重要。

1.1.6 数字主线

数字主线是一个与数字孪生体同时流行的术语，它有时会与数字孪生体混淆或相关联。数字主线可以在没有正式的数字孪生体的情况下存在，但数字孪生体是建立在数字主线信息之上的。

数字主线是从产品生命周期管理（PLM）演变而来的，PLM捕获了从设计到制造物理产品的整个过程。数字主线使用每个复合实体或产品及其所有组件的实际数据创建可追溯的唯一出生记录。它可以捕获其整个生命周期直至报废的所有交互和事务，并将生命周期记录从PLM的重点扩展到操作、维护和处置。

数字孪生体在生命周期阶段的重点是解决特定用例，而数字主线则是所有生命周期阶段的数据聚合器。数据主线可为产品的设计迭代、制造过程、测试和质量检测提供可追溯性，它通常包括特定组件的制造商信息、存储温度和湿度等环境元数据。数字主线还可能包括组件之间关系的信息，包括物料清单（Bill Of Material，BOM）结构和维护记录。

模型、分析和实时传感器数据等数字孪生体组件可以重复使用，但即使一些数字孪生体可能会超出单个阶段或混合阶段（例如操作和维护），通常也没有一个数字孪生体可以跨越产品的所有生命周期阶段。

数字主线集成了来自多个设计、制造和操作数据源的数据。它们可能不会复制来自CAD、MES、EAM和ERP系统的信息，但会保留对产品和组件"从出生记录到死亡证明"的源数据的引用。

例如，飞机机队的数字孪生体可用于优先维护单个飞机，其中飞机的数字主线将在出现组件故障时协助进行故障模式和影响分析（Failure Mode and Effects Analysis，FMEA）以及根本原因分析（Root Cause Analysis，RCA），以提供对组件的设计、制造和维护的深入见解。此外，数字孪生体还可以帮助识别可能具有相同故障组件的飞机。

图1.7显示了数字主线在实体的整个生命周期中的可视化表示，其中的数字孪生体用例可解决一个或两个生命周期阶段内的特定挑战。接下来让我们看看该图在实践中的应用。

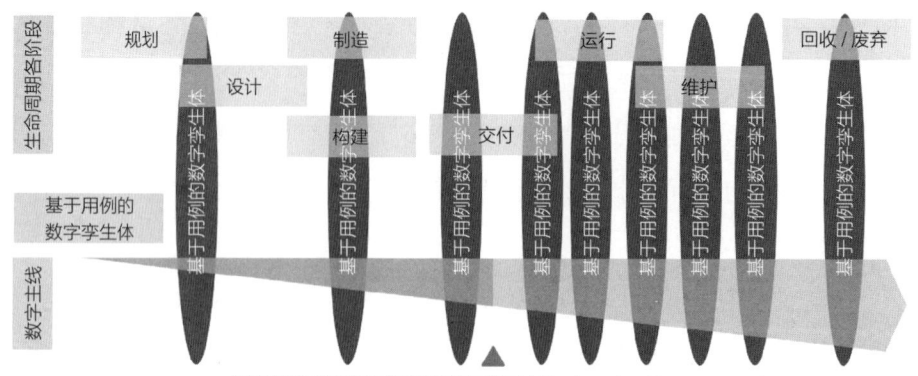

将所有权从制造商或工程采购与施工（Engineering Procurement Construction，EPC）承包商转让给所有者/运营商

图 1.7　数字孪生体与数字主线的关系

1.2 数字孪生体的行业用途

在创建你的第一个行业数字孪生体之前，我们还需要了解一下对数字孪生体的价值以及用途感兴趣的主要利益相关者。

1.2.1 数字孪生体利益相关者

在行业应用中使用数字孪生体时，可区分两种不同的高级应用场景。

第一种应用场景是：数字孪生体的资产是最终用户使用的独立产品。在这里，产品可能是电动汽车（Electric Vehicle，EV）的特定型号，例如特斯拉 Model 3，消费者是最终用户，而车辆制造商则是原始设备制造商（Original Equipment Manufacturer，OEM）。

第二种应用场景是：数字孪生体的资产是生产设施，例如生产电动汽车的智能工厂。数字孪生体就是工厂本身，它在智能工厂的生命周期阶段有不同的用例和应用。该生产设施也可以是金矿、石油钻井平台、配电微电网或核电站等。

对于这种应用场景，利益相关者包括所有者/经营者、工程、采购、施工和制造（Engineering, Procurement, Construction, and Manufacture，EPCM）承包商、原始设备制造商、操作和维护服务提供商以及技术服务提供商。

所有者/经营者将委托 EPCM 承包商设计和建造这些生产设施，原始设备制造商为设施提供设备，所有者/经营者还经常使用操作和维护服务提供商提供的服务，而后者代表他们操作和维护这些设施。

传统上，原始设备制造商（OEM）在产品离开工厂后就无法访问其产品和使用数据了，但现在却有越来越多的 OEM 为其产品提供数字孪生体，并在此过程中跟踪访问产品的实时使用数据。因此，OEM 数字孪生体的影响力已经开始超出 OEM 自己的工厂范围。

数字孪生体的服务提供商将在产品和设施的数字孪生体的整个生命周期中扩展其能力，这包括连接、计算、存储、集成、建模、分析、可视化和工作流。图 1.8 显示了利益相关者在产品生命周期各阶段的典型角色。

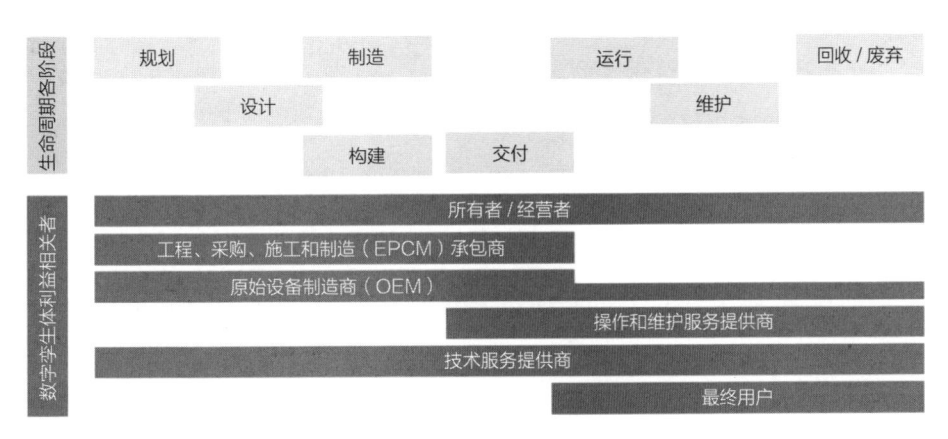

图 1.8　产品生命周期中的主要利益相关者

覆盖产品或设施生命周期的某个阶段的所有利益相关者都从数字孪生体中获益。而随着数字孪生体用例开始跨越多个阶段的多个利益相关者，利益相关者之间的信息或数字孪生体共享也会增加。这显著提升了数字孪生体的商业价值，但也增加了复杂性并导致互操作性问题。这些问题将在本书后续章节详细讨论和解决。

1.2.2 行业数字孪生体应用

如前文所述，数字孪生体存在于资产和产品的整个生命周期中。接下来我们将讨论一些数字孪生体在不同行业的用例，以展示数字孪生体可以解决哪些问题，希望对你构建自己的数字孪生体原型提供一些启发。

离散制造（Discrete Manufacturing）

- 在操作期间实时优化整体设备效率（Overall Equipment Effectiveness，OEE）。
- 运营期间的预测性质量改进，以减少废品率和返工。
- 利用来自操作和维护数据的信息来提升产品设计。

流程制造

- 将基于批次的流程管理实时转变为黄金批次（Golden Batch），以提高产品质量和流程优化。
- 使用基于实时操作数据的机器学习模型和基于历史故障数据的模型预测设备故障。
- 实时监控设备运行期间对机密设备的安全和法规要求的遵守情况。

能源电力

- 通过操作–规划数字孪生体模型中的动态机器学习模型预测每位消费者的能源需求。
- 利用基于分布式能源（Distributed Energy Resources，DER）实时数据的仿真模型改进电网分布和管理。
- 例如，通过检测指示面板的异常行为来改进太阳能电池板的维护。
- 对风电场进行预测性维护，以提高首次修复率并减少上门服务和现场服务团队携带的库存备件。

油气平台

- 执行实时有限元方法，根据天气和海洋数据确定海上石油平台的结构完整性。
- 使用钻井和勘探数据更新地下储层模型以支持投资决策。
- 实时监控旋转设备（例如泵和压缩机），以基于状态和预测性的维护，提高设备可用性和资产绩效。

冶金采矿

- 提高冶金工矿企业在黄金回收或洗煤等操作期间的回收率。
- 实时监控尾矿和其他环境废物，并根据业务规则提供建议。
- 根据实时工艺参数和冶金（物理）模型为高炉操作员提供实时铸造指导。

汽车工业

- 车辆的数字孪生体向制造商提供反馈，使制造商将使用数据纳入设计改进中。
- 汽车数字孪生体中的实时遥测使制造商及其服务代理能够根据状态监测和预测分析提供维护服务。
- 自动驾驶汽车的数字孪生体为拼车运营商等服务提供商开辟了新的商业模式。

生命科学与医学

- 通过端到端供应链的实时数字孪生体降低库存和物流的风险。
- 通过实时调节监控和故障预测，减少昂贵的高效液相色谱（High

Performance Liquid Chromatography，HPLC）系统的停机时间。
- 患者的数字孪生体可提供整体视图以提高医疗质量和疗效（尽管目前这个项目面临隐私和安全问题的挑战）。

基础设施

- 通过更新设计数字孪生体中的尺寸、结构数据，以及建造和交付阶段的增材制造（Additiving Manufacturing，AM，也称为3D打印），实现场外和现场预制。
- 在自然灾害和恶劣天气事件期间提供实时信息和态势感知。
- 提供零售基础设施（如商场和购物中心）实时的客流量。

航空航天

- 跟踪和溯源数字孪生体可提供有关航空制造中材料和供应链管理的实时信息。
- 飞机起落架[①]的预测性数字孪生体可延长部件的使用寿命并降低维护成本。
- 机场数字孪生体可通过改进实时飞机移动提高停机位利用率，从而增加收入。

国防安全

- 通过状态监测和预测性维护数字孪生体提高军用基础设施和设备的可靠性和可维护性。
- 基于实时态势数据的战略冲突数字孪生体为战术指挥提供规划方案。

---

① 起落架：飞机下部用于起飞、降落或地面（水面）滑行时，支撑飞机并用于地面（水面）移动的附近装置。——编者注

- 单一动态数据集的空间数字孪生体以足够的分辨率代表物理世界，作为需要任务数据的所有系统的参考点。

其他应用

数字孪生体概念越来越多地用于建模和管理不太有形的实体，例如：

- 地球形态的数字孪生体
- 组织的数字孪生体
- 丛林大火的数字孪生体

以上例子展示了数字孪生体各种各样的应用，它们都对物理孪生体或实体的利益相关者具有明确且可衡量的价值。除此之外，数字孪生体技术还有更多潜能。

1.3 数字孪生体的价值主张

数字孪生体系统通过提供有助于整体理解、最佳决策和有效行动的信息来改变实体事物或业务。

1.3.1 降低复杂性以增强理解

格里夫斯和维克斯最初的目标是使用更简单但具有代表性的虚拟实例来管理日益复杂的资产和系统。与物理实体同步的数字孪生体可以提供态势感知，并且针对特定问题提供量身定制的操作洞见。

对实时和模拟行为的更全面洞见有助于你更快地做出更正确的决策——来自数字孪生体的洞见通常比在多个企业系统中搜索数据的传统方法更可靠。数字孪生体的数据集成方法提供了更可靠、更全面的洞察力，提升了基于该数据做出的决策的质量。数字孪生体的结构化信息方法也适用于自动化决策，而不仅仅是支持决策。

有了这种更全面的理解力和更细微的洞察力，数字孪生体可在以下两个关键的操作角度提供价值：

- 提高情境意识。
- 改善业务成果。

提高情境意识

企业越来越被迫实时或接近实时地工作。每时每刻，公司都会接触到越来越多需要实时响应的内部和外部事件。这些事件可能来自：

- 企业中人员的行为。
- 竞争对手、客户、监管层、供应商或供应链的行为。
- 设备故障、流程故障和天气事件。
- 业务应用程序的实时情报，以及网络服务近乎实时的数据。
- 物联网平台中基于传感器或智能设备的机器源源不断提供的海量数据。

实时态势感知（Real-Time Situational Awareness）是美国空军在训练战斗机飞行员预测敌方战斗机行动时提出的概念。它在军事术语中被描述为包以德（观察–定向–决定–行动，Observe – Orient – Decide – Act，OODA）循环，意为基于收集有关当前状态和环境的信息，从信息中获取洞见，并预测未来状态以创建相应的动作。

数字孪生体可能不需要采用与军用喷气式战斗机相同的精确到毫秒的响应时间，但代表实物资产的数字孪生体需要实时同步以获得推动关键决策的关键态势感知。决策支持信息可以通过预测模型、基于物理和分析模型的数据进行扩充，从而为运营商提供全面的决策支持。数字孪生体创造了一个机会，允许决策自动化，通过将规则与决策信息相结合以满足规范化要求并采取自主行动，从而允许决策自动化。

无论是决策支持还是决策自动化，它们的基础和重点都是通过数字孪生体获得的态势感知来提供更好的业务成果。

改善业务成果

数字孪生体能够以各种方式改善业务成果，但我们关注的重点是工业数字孪生体的影响，此类数字孪生体代表实物资产或实体，例如电机驱动器、生产工厂或制造车间等。

数字孪生体的业务影响可以根据4个主要影响类别来衡量，如表1.2所示。

表1.2 数字孪生体对业务的影响

增加收益	● 提高生产效率 ● 延长机器正常运行的时间 ● 开拓数字信息和服务收入渠道（业务模式创新）
降低成本	● 减少机器或设备故障 ● 优化库存，强化供应链管理 ● 改进质量并减少返工
改善客户和员工体验	● 为客户和企业用户提供实时态势感知 ● 在数字孪生体中嵌入业务规则，通过模拟、分析和虚拟现实提供决策支持 ● 资产及其运行环境的全方位可视化
增强合规性并降低风险	● 实时监控健康、安全和环境方面的合规性 ● 提高操作使用和资产维护方面的透明度，尤其是压力容器、减压阀等分类设备（保险和资产完整性检查服务） ● 自动遵守业务关键绩效指标（Key Performance Indicator，KPI）和平衡计分卡[①]的运营（Operational Excellence，OE）

---

① 平衡计分卡：常见的绩效考核方式之一。——编者注

上述每个类别都代表一个业务价值驱动因素，其中数字孪生体可以作为影响整体业务成果的杠杆。

1.3.2 转型价值

数字孪生体在行业应用中的转型价值主要集中在对业务转型的影响，以及基于业务转型的新产品或改进产品的开发上。

通过数字化转型实现业务转型

数字孪生体是数字化转型的变革推动者，它通常代表围绕业务目标的特定计划或用例。由于数字孪生体的数字性质，此类特定用例或计划通常用于推动特定数字化转型，如图1.9所示。

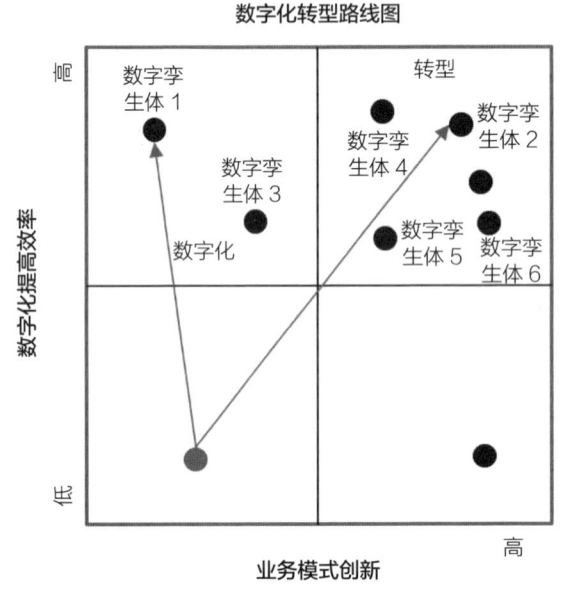

图1.9 数字化转型与数字化

数字孪生体可以通过数字化提高效率或通过启用新的业务模式提供附加值来影响业务转型。图1.9中的四个象限显示了不同数字孪生体的影响，它们可以通过数字化和实时数据提高业务流程的效率，也可以利用实时数据来改变组织的业务模式，通过业务模式创新来增加收入机会。右上角的象限代表了企业可以根据其产品和客户的实时数据销售基于其设备的新服务的机会，例如技术支持和消耗品补充等。

许多组织都更愿意从提高效率的数字化项目（左上角象限）开始，但随着他们在数字孪生体的应用方面逐渐变得成熟，他们会移动到右上角象限并寻找将这些新数字资产货币化的方法。

新产品或改进产品

有多种方法可以将这些新的数字资产货币化，包括向运营商和用户出售操作和维护的能力。设备制造商还可以使用这些信息，根据从实时数据收集到的状态做预测以提供持续的服务。

原始设备制造商（OEM）还可以反馈其设备在现场的使用情况和性能的信息，以帮助改进其产品和服务的设计。行业环境中资产的实际使用为设计数字孪生体（Design Digital Twins）提供了丰富的信息，以帮助设计者基于物理模型进行更好的模拟。

1.3.3 潜在价值

世界经济论坛（World Economic Forum，WEF）的潜在价值（Value At Stake）框架为评估基于技术方法的数字化转型（如数字孪生体模型）的影响提供了参考。

潜在价值框架可以根据行业或企业的经济价值以及对社会的影响来评估其价值。在世界经济论坛网站上有一个简单的演示文稿，介绍了数字化转型的潜在价值。如果你需要向业务主管和其他利益相关者解释数字化转型的潜在价值，其内容大致如下。

行业的数字价值基于以下两个要素：

- 价值转移，代表收入如何在竞争对手、客户和其他行业参与者等利益相关者之间转移。这与本章前面描述的商业模式的创新机会相一致。
- 增值，代表常规业务运营中的机会，例如增加收入和降低成本。

数字化对社会的价值主要体现在以下 3 点：
- 在传统经济措施方面，可以为客户和员工节省成本和时间并提高效率。
- 在社会效益方面，可以创造就业机会、发展新技能、减少交通拥堵和实现更安全的工作环境。
- 在环境影响方面，可以减少二氧化碳排放及改善采掘业的尾矿管理。

图 1.10 显示了数字孪生体的潜在价值，是对上述两种潜在价值影响的总结，它简单而强大地描述了数字孪生体的价值主张。

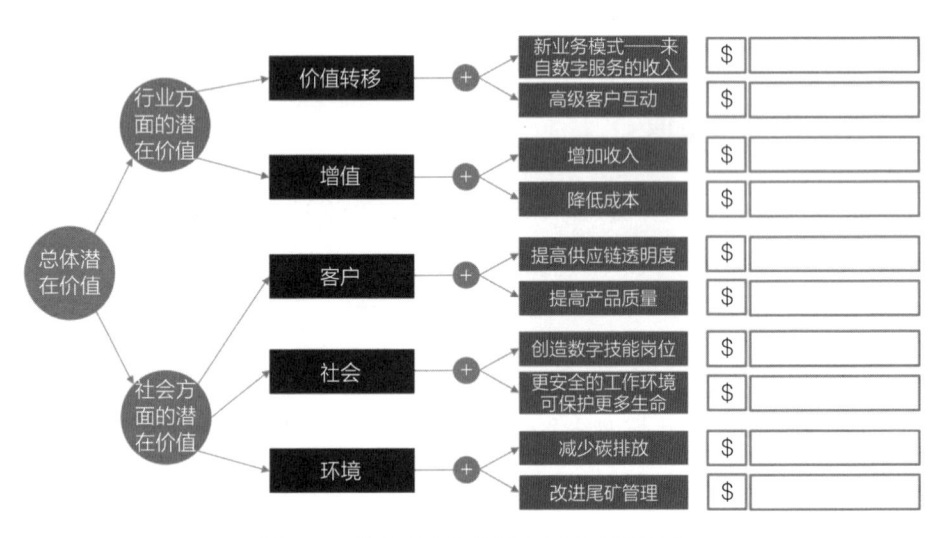

图 1.10 数字孪生体的潜在价值分析示例

在理解了数字孪生体的价值之后，接下来的关键步骤就是确定你业务中数字孪生体的理想候选者。

1.4 识别机会

数字孪生体专注于解决特定的业务问题或利用新的市场机会（详见 1.3 节"数字孪生体的价值主张"），这些问题和机遇为识别数字孪生体在行业应用中的机会提供了指导。这部分内容将在第 4 章"从第一个数字孪生体开始"中详细介绍。

本书的其余部分将重点介绍如何选择和构建你的第一个数字孪生体，但在这里我们将首先提供一个指导原则的摘要，以帮助你从候选者库中识别潜在的试点。

- 开发提高资产绩效、减少停机时间以及提高产量或吞吐量的数字孪生体的理想起点是识别当前的"表现糟糕者"。这种方法基于使用当前的故障数据、生产损失信息或有关先前停机事件的故障模式分析等。应用帕累托法则（Pareto Principle）将帮助你确定导致大量停机时间的实体的初始候选名单。

> **注意** 帕累托法则指出，对于许多结果，大约 80% 的后果来自 20% 的原因（即"重要的少数"）。该法则也称为 80/20 法则（80/20 Rule）。

- 开发新收入机会的数字孪生体通常更具战略性，并且有很详细的业务案例可供参考。其技术可行性通常也是设计新服务时的一个因素。数字孪生体的实时数据访问、传感器信息和其他功能是从一开始就构建的。

上述两种应用场景的下一步是根据数字孪生体的技术可行性对业务影响进行排名。技术可行性通常是由基础设施、连接、数据访问、变革意愿和组织成熟度等因素决定的。

表 1.3 是一个可以在表格中轻松完成的数字孪生体候选者排名，其模板如下。在该示例中，使用了以下技术评估标准：

- 操作技术（OT）复杂性
- 信息技术（IT）复杂性
- 分析
- 系统复杂性
- 项目准备

可以调整技术评估标准以适应业务要求，但在本示例中，该标准适用于典型的行业用例，如图 1.11 所示。

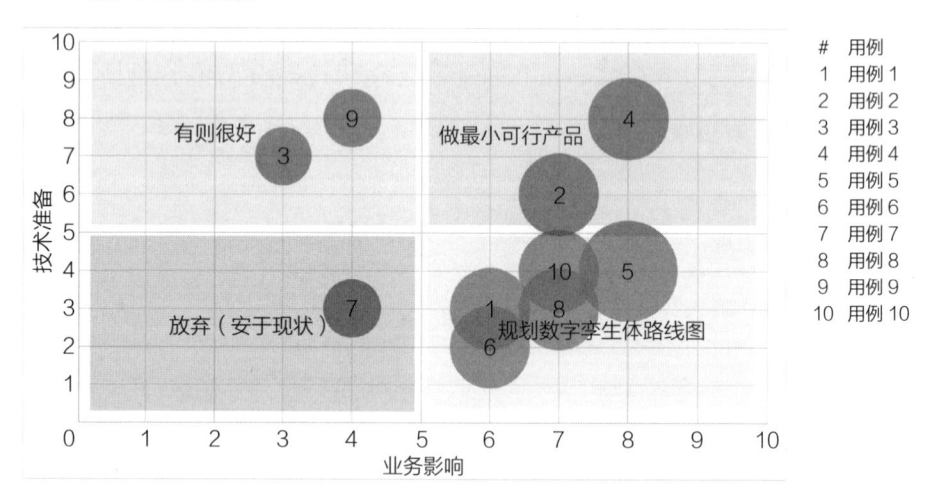

图 1.11　数字孪生体优先级矩阵

图 1.11 在矩阵图中直观地表示了数量级，而业务影响和技术准备是两

表 1.3 业务影响和技术可行性评估

业务价值评估

#	用例/应用场景	安全性	停机时间	业务影响 吞吐量	质量	成本	经济价值/年	自动化	IT系统	技术可行性 分析	环境	项目
1	用例1	中	高	高	高	高	> $10m	高	高	中	高	高
2	用例2	低	低	中	用户满意	高	> $10m	高	高	低	高	高
3	用例3	低	低	低	低	低	> $1m	高	高	低	高	高
4	用例4	低	低	高	低	中	> $1m	高	高	高	高	高
5	用例5	中	中	中	中	低	> $10m	中	高	高	高	高
6	用例6	低	中	中	中	中	> $1m	高	高	高	高	高
7	用例7	低	高	高	高	高	> $1m	高	高	高	高	高
8	用例8	中	中	低	高	低	> $10m	高	高	中	高	高
9	用例9	高	中	高	高	高	> $1m	中	中	高	高	高
10	用例10											

个重要的衡量标准。这些度量中的每一个其加权平均值都已放在图上，该图分为4个象限，每个象限分别代表了每个数字孪生体应用场景的业务准备情况。在做最小可行产品（Do Minimum Viable Product，Do MVP）象限，数字孪生体会产生很大的业务影响并需要高水平的技术准备。最右侧象限的机会气泡最大，这代表所有利益相关者都最有可能获得成功的数字孪生体项目。

这是对你的第一个数字孪生体的候选者进行排名的一种简单方法，在下一章中我们将为你提供有关数字孪生体项目规划的更多指导。

1.5 小结

本章简要介绍了数字孪生体的发展以及该概念背后的初衷。首先，我们讨论了离散数字孪生体和复合数字孪生体之间的区别，确定了某物符合数字孪生体条件所需的元素。然后，我们介绍了数字孪生体生命周期中的几个典型用例，讨论了数字孪生体与数字主线之间的区别，并就如何解释数字孪生体的价值主张提供了指导。最后，我们使用数字孪生体优先级矩阵为你提供了一个评估数字孪生体原型的候选者的框架。

现在你应该了解了什么是数字孪生体、其关键特征以及数字孪生体的价值，并可评估数字孪生体在你的业务中的应用。

本书后续章节将指导你构建你的第一个数字孪生体。我们将从数字孪生体的规划开始，为你的第一个数字孪生体确定合适的候选者，然后提供有关设置、构建、部署和验证数字孪生体原型结果的指导。

CHAPTER 2

第 2 章 数字孪生体规划

在第 1 章"数字孪生体简介"中，详细阐释了行业为什么需要数字孪生体以及如何使用它们来推动特定的业务成果。我们还探索了数字孪生体概念的发展演变，它在各个行业中的应用以及带来的机遇等。

本章将讨论如何在企业环境中规划行业数字孪生体。我们将探讨确定行业数字孪生体是否适用于业务场景的关键标准。此外，我们还将讨论如何开发投资数字孪生体的商业案例。在此之后，本章将分析数字孪生体在企业中实现的先决条件，包括功能性和非功能性需求，从而确定数字孪生体所需的基础数字技术。最后，我们将探讨影响行业数字孪生体计划成功的组织因素。

本章包含以下主题：

- 关键标准
- 预期的业务成果
- 实现数字孪生体的先决条件
- 组织因素
- 技术需求

2.1 关键标准

本节将确定数字孪生体的一些关键标准，以帮助企业评判何时引入数字孪生体是有意义的。数字孪生体可以用于实物资产系统或过程，例如工厂中的制造过程。我们将在本书中建立客观标准以确保数字孪生体将增加业务价值。在这里，商业价值和成果是广义上的，它们可能包括以下内涵：

- 延长资产的使用寿命
- 流程效率提升
- 运营优化或降低运营成本
- 新的数字收入
- 竞争优势
- 提高最终客户满意度
- 提高安全性
- 减少碳足迹等社会公益

一旦确定了关键标准，就很容易评估直接和间接投资，比较机会成本与它所产生的广义业务价值。图 2.1 直观地展示了这一点。

图 2.1 行业数字孪生体的商业利益评估

在第 1 章"数字孪生体简介"中，我们讨论了数字孪生体在行业中的部署带来的商业价值和转型价值，其增加的转型价值通常是新的数字收入。

数字孪生体的货币化（Monetization）即以货币价值的形式衡量数字孪生体，它既可以基于单个数字孪生体，也可以基于孪生体生态系统，例如 Twin2Twin（T2T）生态系统。

T2T 的概念类似于在第 1 章"数字孪生体简介"中介绍过的数字孪生体聚合。当然，T2T 也可以包括不同的孪生体，例如建筑物和空间的孪生体，以及供热通风与空气调节系统（Heating, Ventilation, and Air Conditioning，HVAC）和安全系统的孪生体，以有效地运营商业建筑。这些 T2T 孪生体本质上是不分层的。

原始设备制造商（OEM）可以将单个数字孪生体货币化，即向客户收取使用物理产品的数字孪生体的费用。这样的数字孪生体可以作为物理产品具有特定目的的附件出售，例如资产的预测性维护。

来自价值链中不同利益相关者的数字孪生体可以帮助"创建充满活力的 TWIN2TWIN 经济"。这意味着它将为行业价值链中的不同供应商提供变现机会。

打个比方，云计算服务商在今天已经很常见了，例如阿里云、百度云、腾讯云、华为云和 Oracle 云，它们允许不同的利益相关者创建一个充满活力的云计算服务生态系统，而这些服务都可以货币化。

我们相信类似的数字孪生体生态系统也将会出现，其中生态系统的不同参与者将为系统的数字孪生体或数字孪生体聚合的相互依存部分做出贡献。

对于商业部门，数字孪生体应该推动总体商业价值；而对于公共部门，其驱动因素可能是社会效益，所以数字孪生体应该满足社会的可持续发展需求或改善公民体验。例如，新加坡就正在试验自己的城市数字孪生体，新加坡国家研究基金（National Research Foundation，NRF）创建了 Virtual Singapore（虚拟新加坡），可用于模拟交通情况或紧急情况发生。

因此，数字孪生体的关键标准会因利益相关者而异。

接下来，我们将深入研究商业部门对特定行业的预期业务成果以及公共部门数字孪生体的应用场景。

2.2 预期的业务成果

在 1.2.2 节"行业数字孪生体应用"中，讨论了行业数字孪生体的适用行业细分，现在不妨来看一下在其中一些场景中应用数字孪生体可能获得的更具体的业务成果。

2.2.1 制造业

在处理实物产品时，制造商负责以下事项：

- 产品设计与开发
- 制造/组装
- 将产品发送给上游的企业和分销
- 产品保修和维护声誉
- 提供可选服务合同

在此背景下，让我们进一步研究一下离散制造和流程制造（Process Manufacturing）。

离散制造

所谓离散制造，是指其产品是由离散型的零部件装配而成的，因为这类制成品都是先加工出零件，再将零件装配成产品，所以又将其称为加工-装配式生产。汽车、电视机、洗衣机和飞机等都是典型的离散制造产品。

让我们以飞机制造为例：商用飞机是一种相当复杂的产品，由机身、机翼、两个或四个发动机、起落架和稳定器等组件组成。要将飞机的数字孪生体构建为复合资产，首先需要飞机主要部件的数字孪生体。这些零件可以由不同的原始设备制造商（OEM）制造，例如，机身可能由波音（Boeing）公司制造，但发动机可能来自通用电气公司（General Electric Company，GE）。波音设计的起落架则可能由雷神公司（Raytheon Company）制造。图2.2描绘了一架飞机及其主要部件。

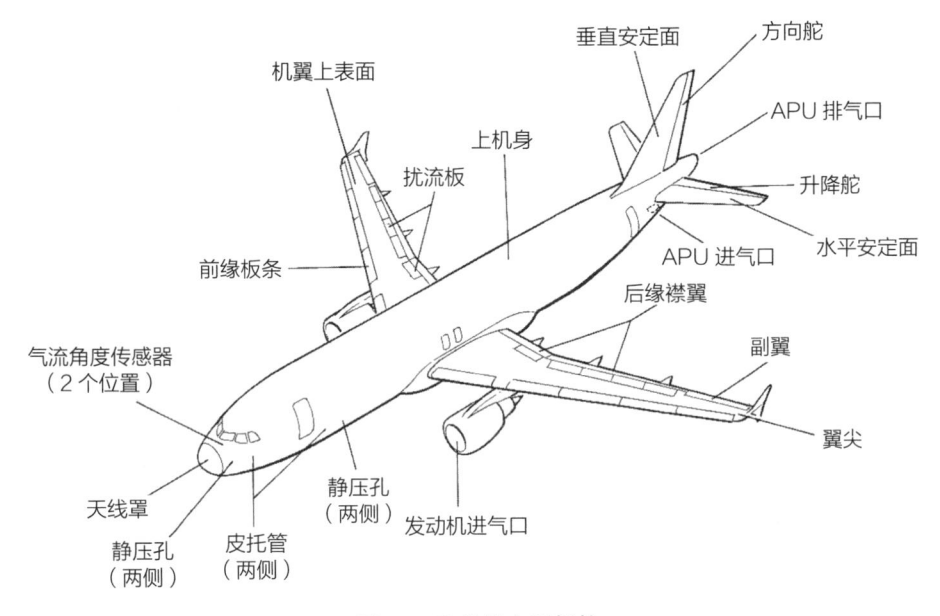

图 2.2 飞机的主要部件

当复合资产（例如飞机）是供应商提供的组件的组装品时，复合数字孪生体将依赖于整个供应链的协作。更进一步地，每个主要的原始设备制造商，例如通用电气和雷神公司，都依赖于更小零部件的若干个供应商。

由于我们正在研究的是航空公司用来运送乘客和货物的商用飞机，因此可以列出以下高级业务成果：

- 飞机制造商：他们为航空公司提供可靠的飞机。
- 飞机服务提供商：制造商也可能是维护服务的提供商，负责确保飞机操作的可靠性、正常运行时间和安全性。
- 飞机所有者或运营商：运营飞机的航空公司负责航班的安全性并为乘客提供准时到达服务。

- 航空公司的乘客：最终客户期望以与其他航空公司相当或更低的航空旅行成本获得及时和安全的航班服务。

在产品是飞机的离散制造的背景下，上述列表包含了非常易于理解的业务成果。这是企业－企业－消费者（Business-to-Business-to-Consumer，B2B2C）商业模式的一个很好的例子：在这种模式中，波音或空客公司等企业向航空公司销售产品，而航空公司则向乘客提供服务，乘客是最终消费者。

在理解了商业航空的简化价值链之后，我们来评估一下飞机的行业数字孪生体如何适合该用例。

如果飞机的数字孪生体帮助制造商制造出更好的飞机或帮助航空公司提供了更好的航班服务，那么它就产生了更好的业务成果。

类似地，如果数字孪生体有助于减少停机时间——尤其是飞机的任何计划外停机时间，并且提高了飞行的安全性和效率，那么它就能带来商业价值。

虽然航空公司乘客没有直接决定使用飞机的数字孪生体，但他们的客户满意度将影响航空公司的业务成果。

类似地，如果飞机的数字孪生体以及作为其中一部分的喷气发动机有助于提高燃油效率或减少碳排放，那么它就会提高监管合规性并促进社会效益。

在上述过度简化的飞机价值链模型中，我们没有考虑其他几个非航空利益相关者，例如机场和地面服务提供商。但是，每个利益相关者其实都受益于基本航空价值链的效率。举例来说，如果使用飞机的数字孪生体可以减少计划外的航班中断，那么机场运营和地面服务提供商自然也会因此受益。

让我们总结一下商用飞机的行业数字孪生体预期的关键业务成果：

- 它将有助于改进飞机当前和未来的模型。
- 它将减少飞机的计划外停机时间——这通常以飞机停航待修（Aircraft On Ground，AOG）来衡量。
- 它将提高燃油效率和减少碳足迹。
- 它将提高飞机的安全性和可靠性并减少运营中的不确定性。

流程制造

所谓流程制造，是指被加工对象不间断地通过生产设备使原材料发生化学或物理变化，最终得到产品。由于物料按一定流程连续不断地通过各个工序，因此称之为流程制造。

在前面的离散制造部分，我们以商用飞机为例。航空业严重依赖燃料，这是其最大的运营成本之一。因此，在讨论流程制造的预期业务成果时，不妨选择石油和天然气行业。

流程制造通常用于石油和天然气、化学、半导体、塑料、金属、制药和生物技术行业以及消费品包装，也可能涉及食品和饮料行业。

流程制造可使用液体和其他形式的成分（通常根据既定配方混合）。例如，丙烷气体是流程制造的产物，尽管最终销售的包装产品可能以离散数量的气瓶来衡量。

石油行业由以下三个主要部分组成。它们包括：

（1）上游产业：涉及油井勘探、钻探和生产原油或天然气。

（2）中游产业：涉及石油产品的储运。

（3）下游产业：涉及石油产品的精炼和分销，以便通过加油站到达最终消费者。

图 2.3 显示了该行业的这三个部分。

上游产业	中游产业	下游产业
● 采矿和钻探 ● 石油生产 ● 天然气	● 运输 ● 贮存	● 精炼 ● 分销

图 2.3　石油和天然气行业的三个部分

现在，让我们来看看数字孪生体在石油和天然气行业的适用性。

油井使用称为防喷器（Blowout Preventer，BOP）的关键设备，用于监测、密封和控制油气井，以防止井喷。当然，防喷器是通过离散制造方式制造的。

在下游产业，炼油厂是流程制造的一部分。石化炼油厂是运输行业（包括飞机）燃料生产的重要组成部分，图 2.4 是一家炼油厂的图片。

图 2.4　一家炼油厂

现在，让我们来看看数字孪生体如何为炼油厂增加价值。

在该用例中，一个常用的术语是数字炼油厂（Digital Refinery），它指的是炼油厂运营的数字化，以提供运营的端到端视图。

这里我们可以举一个具体的例子：原油蒸馏装置（Crude Distillation Unit，CDU）的数字孪生体。2018 年，俄罗斯炼油公司鞑靼石油公司（TANECO）和 ChemTech 公司合作创建了基于生产过程的热力学模型的 CDU

数字孪生体，其业务目标是优化石油分馏过程。

艾斯本技术公司也专注于创建 CDU 的数字孪生体，不过它的目标是减少工厂内的操作风险。

另外，石化行业往往面临着控制排放对环境影响的问题，因此，印度巴拉特石油有限公司（Bharat Petroleum Corporation Ltd）正在与艾斯本技术公司合作开发适用于炼油厂范围排放模型的数字孪生体模型，以帮助控制排放对环境的影响，以及在运营炼油厂时遵守监管准则。

前文我们研究了两个主要行业，即航空业和石化行业。我们还列举了离散制造和流程制造的示例，以及二者如何使用数字孪生体来帮助推动业务成果。

接下来，让我们看看行业数字孪生体在智能制造中的作用。

智能制造

智能制造或智能工厂（Smart Factory）是一个广义术语，指的是通过应用数字孪生体、物联网和增材制造等数字技术来改进制造业。

工业自动化供应商（如西门子、通用电气等）都在专注于提供互联设备，助力智能制造。当然，本章将重点关注机器人供应商，如库卡机器人公司（Kuka，德国机器人公司，已被美的集团收购）和 ABB（Asea Brown Boveri）有限公司。数字孪生体为此类机器人的供应商提供了向其客户提供数字服务的机会，如图 2.5 所示。

当机器人用于离散制造的组装流水线时（例如汽车制造厂的汽车组装流水线），可以将流程的特定阶段数字化以优化该阶段。在该例中，制造商（例如库卡机器人公司）提供的机器人数字孪生体可以数字方式映射装配过程，从而生成仿真模型以优化性能（包括吞吐量和质量）。

这种应用场景允许库卡机器人公司向工厂经营者出售由机器人的数字孪生体驱动的数字服务。工厂经营者可以将其用于智能制造并提高其生产能力和制造的产品的质量。

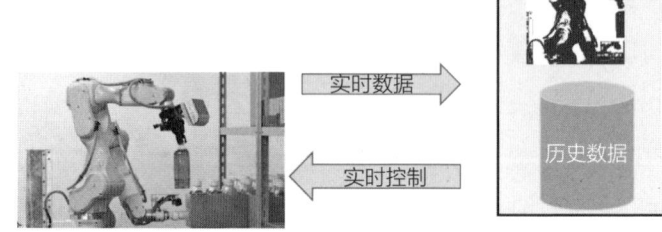

图 2.5 制造机器人的数字孪生体

最后，这些数据可帮助捕捉制造过程的出生记录，为资产的数字主线做出贡献。此类服务也为 ABB 有限公司或库卡机器人公司等的供应商带来了机器人即服务（Robots as a Service，RaaS）的可能性。

如果将人体视为一个生物工厂，那么人类心脏和智能起搏器的数字孪生体就是类似的应用。就像智能机器人可以增强和改善工厂生产一样，智能起搏器也可以在心脏衰弱时改善人体血液循环功能。起搏器试图以机械和电子方式复制人的心脏。起搏器的数字孪生体有助于将实物资产（在本例中为起搏器）个性化到使用该特定起搏器的人的心脏。来自起搏器的信号被捕获之后建模，有助于改善对患者的护理服务。

在该应用场景中，数字孪生体提供了以下可能的结果：

- 起搏器的制造商可以深入了解他们的产品，以便随着时间的推移改进其设计。
- 制造商对起搏器数据及其模式的理解将随着时间的推移而增加，并因此而可以围绕产品向医生或患者提供额外的数据和分析服务。
- 这允许医护人员改进对患者的监测和护理，包括何时更换心脏起搏器中的电池。
- 这使患者可以借助基于智能手机或平板电脑的应用程序自行监测与心

脏相关的活动，实时发现可能的问题。

至此，我们已经探讨了离散制造中的资产优化、流程制造的优化、智能工厂等各种应用场景。这些领域都可以通过采用行业数字孪生体来获得额外的业务成果。图 2.6 以可视化方式总结了数字孪生体如何通过提供对实物资产干预的见解来增加价值。

图 2.6 实物资产和数字孪生体的反馈回路

在现实世界中，对于实物资产的干预不需要是自动的，所以在这个过程中也可以将人员的因素考虑在内。

物理对象（实物资产）的信息是实时传感器数据和资产历史数据的组合。在更高级的应用场景中，其他信息源可能包括第三方数据，例如天气数据或宏观经济数据，以及来自企业 IT 系统的企业数据。

接下来，让我们看看系统的行业数字孪生体，即供应链管理（Supply Chain Management，SCM）。

2.2.2 供应链管理

供应链管理可将原材料供应商与制造商联系起来。在分销时，它又将制造商与企业（即企业与企业，B2B）或与最终用户（即企业与消费者，B2C）连接起来。图 2.7 显示了供应链流程中这些不同实体之间的关系。

第 1 章"数字孪生体简介"的图 1.5 和图 1.8 从实物资产的角度讨论了数字孪生体与数字主线之间的关系。供应链的数字孪生体从系统的角度关注效率，并且独立于正在生产的特定实物资产。

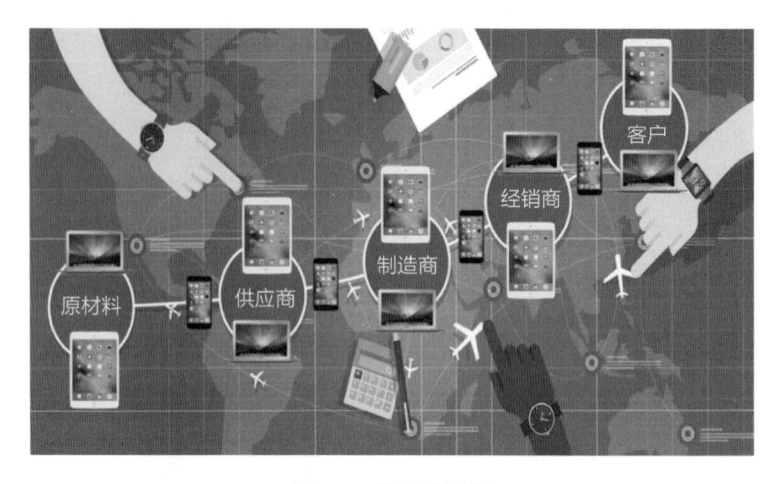

图 2.7 供应链流程

在美国高德纳（Gartner）咨询公司于 2020 年 8 月发布的供应链战略的技术成熟度曲线（*Hype Cycle for Supply Chain Strategy*）中，可以看到数字供应链孪生体正处于创新阶段。

他们对供应链的数字孪生体的这种定位表明，它将在 5 年左右达到其实质生产的高峰期（Plateau of Productivity）[1]，但我们相信在行业的某些领域，数字孪生体将更早地提供可观的商业价值。

> **提示**
>
> 技术成熟度曲线（Hype Cycle）字面意思为炒作周期，是指新技术、新概念在媒体上的曝光度随时间的变化曲线。高德纳咨询公司将该周期分成 5 个阶段，即：科技诞生的促动期（Technology Trigger）、过高期望的峰值（Peak of Inflated Expectations）、泡沫化的底谷期（Trough of Disillusionment）、稳步爬升的光明期（Slope of Enlightenment）和实质生产的高峰期。

---

[1] 实质生产的高峰期：技术成熟度曲线的一个阶段，在此阶段，新科技的潜力与产生的利益被市场实际接受，实质支援此经营模式的工具，方法论经过数代演进，进入了非常成熟的阶段。——编者注

在前文通过行业数字孪生体交付可量化业务成果的不同应用场景中，我们研究了这些业务成果的潜在受益者，这对于决策者而言至关重要，因为他们需要看到数字孪生体投资得到回报的可能性。高德纳等知名分析公司对行业数字孪生体的预期业务成果提供了很好的支持。他们预计，大型工业企业使用数字孪生体将使这些组织的业务效率提高10%。

接下来，让我们看看在企业中实现数字孪生体的先决条件。

2.3 实现数字孪生体的先决条件

为了证明企业对数字孪生体的投资是合理的，我们应该了解数字孪生体的适用性，并在此基础上构建业务问题。让我们以卡车运输行业的燃料成本为例。首先可以尝试找出该用例中的先决条件：

- 业务问题：货运车队的高燃料成本。
- 业务目标：在不对卡车运输业务产生不利影响的情况下降低燃料成本。
- 建议解决方案：构建卡车或卡车运输业务的数字孪生体并优化燃料成本。

基于上述业务问题的简单陈述和涉及数字孪生体的建议解决方案，让我们再来讨论一下实现它的先决条件：

- 模型（Model）：根据第1章"数字孪生体简介"中的描述，我们需要基于物理或基于分析的模型来创建卡车的数字孪生体。
- 框架（Framework）：框架是指可用于实例化此模型并将其应用于资产（在本示例中就是指卡车）的软件或系统。该框架应该能够获取传感器数据和其他上下文数据以创建数字孪生体或使其保持最新。

- 应用程序（Application）：为了实现业务目标（如降低货运车队的燃料成本），需要在框架之上的应用程序为业务用户提供可操作的步骤。在本示例中，该应用程序应该可以定期或实时地指导卡车司机。

综上所述，模型、框架和应用程序是在组织内成功采用数字孪生体的关键先决条件。有多种视角可以定义数字孪生体的构建块，例如 Futurithmic 网站定义了数字孪生体的三个关键组成部分：数据模型；算法或分析；执行控制。

在这个视角中，数据模型也将对应于物理实体的资产模型。简而言之，如果资产具有温度、压力和振动传感器，则数据模型或资产模型将提供传感器数据。这将帮助我们确定哪个时间序列数据流是温度值，以及相应的工程单位是什么（摄氏度或华氏度）。

算法将揭示传感器数据与资产健康状况的相关性。例如，如果资产温度在 10 分钟内增加 5 摄氏度，并且振动水平增加，那么它会发出警报。

在这种情况下，执行控制指的是动作的编排，例如由于温度和振动的快速升高而触发人类动作（相应的干预措施可能是关闭资产），然后响应传感器数据测量到的行为变化（即温度和压力以及这些属性的变化）。

杜拉奥（Durao）、哈格（Haag）、舒泽（Schutzer）和赞库尔（Zancul）撰写的题为《工业 4.0 环境下的数字孪生体要求（*Digital twin requirements in the context of Industry* 4.0）》的论文提供了更详尽的实现数字孪生体的先决条件。表 2.1 按这些先决条件在研究文献中出现的次数降序排列（中英文对应）。

根据这个观察角度，对数字孪生体最重要的是能够处理实时数据，然后是集成和保真度。让我们来具体分析一下。

为了生成数据，资产必须配备适当的传感器。这些传感器可以是资产的一部分，也可以改装到资产的表面或周围。对实时数据的要求是拥有对数字

表2.1 文献中罗列的数字孪生体的先决条件（按出现频率降序排列）

Real-time data from the asset	来自资产的实时数据
Integration	集成
Fidelity	保真度
Interaction	交互
Communication	通信
Convergence	收敛
Automatically updated	自动更新
Autonomy	自治
Connectivity	连接性
Data acquisition	数据采集
Data capture	数据抓取
Data quality	数据质量
Data security	数据安全
Data warehousing	数据仓库
Efficiency	效率
Expansibility	可扩展性
Globally available in real time	全球实时可用
Independently expanded	独立扩展
Interoperability	互操作性
Modularity	模块化
Process planning	流程规划
Real-time location	实时定位
Scalability/scalable	可伸缩性/可伸缩
Stable data acquisition	稳定的数据采集
Stable operation	稳定运行

孪生体所服务的应用程序以有意义的速率收集信息的能力。实时数据将确保对资产当前的行为的监控，并允许设计者及时干预。例如，在飞行过程中，飞机的关键系统（例如喷气发动机）可发送快照或摘要信息，并且可及时处理这些实时信息，以便就飞机的状况做出判断。

在这里，术语"实时"是相对的。在本示例中，飞机数据将应用于其数字孪生体，决策的时间范围可以从几分钟到一小时。但是，在心脏起搏器增强人类心脏功能的示例中，时间粒度可能会更精细。

数据集成，指拼接来自孪生体不同子系统的数据，或者在有一大批资产（如车队或机群）的情况下，集成来自不同资产的数据。

在大多数情况下，一架商用飞机可以有两个或四个发动机，而飞机被设计为在一个发动机在飞行中途发生故障时仍能安全运行。所以，飞行中关闭一台发动机应该对飞机无害，甚至不会被乘客察觉。在这种应用场景中，复合资产的不同组件（即飞机及其发动机）之间的数据集成至关重要。我们不仅需要数据集成，还需要接近实时的数据，以便校正飞机上的姊妹发动机，从而增加产生的推力水平，保证在减少一台发动机的情况下维持飞机的姿态。

正如第 1 章"数字孪生体简介"中所讨论的，数字孪生体保真度通常需要模型有较高的复杂度。保真度使行业数字孪生体类似于实物资产。虽然更高保真度的数字孪生体可用于数字孪生体的更复杂应用，但它也增加了计算复杂性，从而增加了管理整个过程的成本。

现在我们已经对数字孪生体实现的先决条件和要求有了更好的理解。接下来，让我们看看数字孪生体实现的组织和文化因素。

2.4 组织因素

工业巨头所采用的数字孪生体将推动这些公司的数字化转型，使得它们成为某种意义上的软件公司。在过去的 5~7 年中，许多大型工业巨头已经开始此类动作了。我们不妨来看看霍尼韦尔（Honeywell）、通用电气（GE）和西门子（Siemens）等公司的例子：

- 霍尼韦尔：该公司创建了霍尼韦尔互联企业（Honeywell Connected Enterprise，HCE）部门，专注于工业物联网（Industrial IoT，IIoT）软件解决方案等数字技术。2019 年 7 月，霍尼韦尔首席执行官达利斯·亚当奇克（Darius Adamczyk）表示，该公司正在"向一流的软件工业公司迈进，互联软件销售继续以两位数的速度增长"。
- 通用电气：通用电气在 2010 年代中期决定成为一家数字工业公司。通用电气在首席数字官（Chief Digital Officer，CDO）的领导下创建了通用电气数字（GE Digital）集团，以实现这一愿景。GE Digital 是一个类似软件公司的企业单位。目标是创建一个工业互联网平台，该平台可用于创建和维护通用电气公司制造的工业资产的数字孪生体。

同一平台可用于将通用电气的孪生体应用于其他制造商的类似资产，或允许为通用电气客户使用的第三方资产定制数字孪生体。这里的第三方资产可能是一家航空公司使用的除冰机，该机使用由通用电气喷气发动机提供动力的飞机。通用电气数字集团还为此创建了广泛的合作伙伴生态，并在 2014 年出现的工业互联网联盟（Industrial Internet Consortium，IIC）中发挥了关键作用。

- 西门子：按照类似的思路，西门子表达了对全面数字孪生体的愿景，称"我们通过整合虚拟和物理、硬件和软件、设计和制造世界，模糊了行业领域之间的界限"。

物联网和数字孪生体等新兴技术需要在组织中进行一些变革才能得到推行。上述霍尼韦尔、通用电气和西门子等大型工业公司经历的就是这样的变革。我们可以将这些变革因素分组：

- 数字技术和人才：包括物联网、模拟、云计算等领域的技术。
- 生态系统和联盟：为了充分利用工业数字孪生体的优势，企业需要在其运营的生态系统中进行协作，并根据需要建立伙伴关系和联盟。

- 组织结构和文化：敏捷且能够改变其文化和组织结构以适应新计划的公司更有可能成功地从行业数字孪生体中受益。

2.4.1 数字技术和人才

数字孪生体可能涉及物联网平台等新兴技术的组合，以管理来自连接设备或操作的传感器数据。此外，数字孪生体的构建可能涉及用于孪生体建模和可视化的一些技术。

一般来说，物联网平台可能由靠近资产或操作的云端和边缘计算[①]环境中的物联网核心组成。因此从概念上讲，资产的数字孪生体可以驻留在云端或边缘[②]。组织将需要相应的数字技术人才来识别所需技术、完成技术需求和维护已完成的系统。

2.4.2 生态系统和联盟

通常而言，组织必须与内部资源和生态中的参与者合作。前文我们研究了一架飞机，它是由来自供应商的复杂组件组装而成的。例如，波音公司可能会从通用电气或劳斯莱斯购买必要的喷气发动机。在这种情况下，整个飞机的数字孪生体将在很大程度上取决于整个生态的参与。然而，供应链中的不同参与者经常相互竞争，并没有太多合作的动力。这使得行业部门更难促进其价值链中各方之间的协作。

幸运的是，随着工业互联网联盟和数字孪生体联盟（DTC）等行业联盟逐渐成长，IIC 和 DTC 等组织已经能够将行业的利益相关者聚集在一起，共同制定框架和指导原则，以加速物联网和工业数字孪生体等新兴技术的推广。

---

① 边缘计算：为应用开发者和服务提供商在网络的边缘侧提供云服务和 IT 环境服务，目标是在靠近数据输入或用户的地方提供计算、存储和网络带宽。——编者注

② 边缘：此处及下文中的"边缘"一般表示"边缘计算"中的边缘，指的是"非云端"，即边缘设备端，如可进行计算的物联网设备。——编者注

2.4.3 组织结构和文化

我们认为，工业数字孪生体需要主题专家和技术人员之间的密切协调。因此，数字孪生体可能不完全归首席信息官（Chief Information Officer，CIO）领导下的 IT 组织所有。

同样，它也不能完全由业务线领导者（例如制造副总裁）拥有。相反，我们已经看到在大型企业中出现了新的组织和角色，这些组织承担着技术职能责任。首席数字官（CDO）就是这样一个角色。

通常来说，CDO 领导的部门的任务是使计划（例如工业数字孪生体计划）取得成功。在这种情况下，CDO 领导的团队将负责确定相关技术并围绕它建立技术人才库。他们还可能促进公司参与相关联盟，并建立合作伙伴关系，以加速数字孪生体的发展和价值创造。在这一过程中，公司可能还会采用其他新兴技术，正如本书后面的章节将谈到的，将数字孪生体与可再生能源创新结合在一起。

在采用新兴技术时，创新和实验文化是关键。这要求技术人员和职能型中小企业能够跨越部门障碍进行互动和合作。有时，这是通过将此类跨职能专业人员配置在一个部门来实现的，例如，卓越中心（Center of Excellence，CoE）就是这样的部门。在其他情况下，这些小组可能是形式上的，但相较于其他部门，它们内部具有更高程度的沟通和协作。

2.4.4 组织敏捷性的成果

为了验证这种组织和文化变革有助于推动价值增长，不妨来看看前面讨论的一些公司的快速成功案例。

霍尼韦尔资产数字孪生体功能已被伦丁（Lundin）能源公司使用。这家在北海（North Sea）运营的石油和天然气公司使用了 Honeywell Forge 的企业绩效管理（Enterprise Performance Management）软件来监控其海上石油平台的流程和设备，以最大限度地提高人员、流程和资产的生产力。

伦丁公司将霍尼韦尔资产数字孪生体用于创建能量损失（Energy Loss）报告，以帮助公司计算二氧化碳排放量，在能源生产资产层面进行完整的能源核算。

接下来，让我们看看行业数字孪生体的技术需求。

2.5 技术需求

前文全面讨论了行业数字孪生体实现的先决条件和要求。现在让我们来看一下这些要求的技术需求。

这涉及以下技术领域：

（1）框架和模型：工业物联网（IIoT）系统、云端和本地部署。

（2）连接性：从资产到边缘、边缘到云端、云端到云端。

（3）数据采集和存储。

（4）边缘计算。

（5）算法和分析：中央处理器（CPU）和图形处理器（GPU）。

（6）平台和应用。

（7）可视化：仪表板、警报和增强现实（AR）或虚拟现实（VR）。

（8）信息和行动：在回路和现场服务的人员。

（9）反馈：产品反馈、流程/操作和培训。

（10）软件开发范式和低代码。

上述列表并不详尽。其他考虑因素还包括收集数据所需的传感器、传感器在资产中的位置、电源和电池寿命等。

2.5.1 框架和模型

本小节将介绍用于管理数字孪生体上下文的软件系统，以及管理数字孪生体所涉及的资产、流程或系统的元数据。总体来说，工业物联网（IIoT）平台和数字孪生体系统之间存在明显的重叠。

一般来说，数字孪生体系统是工业物联网平台的一部分。常见的讨论数字孪生体系统的一些示例包括：

- Oracle IoTDigital Twin Framework（甲骨文物联网数字孪生体框架）
- Azure Digital Twin
- IBM Digital Twin Exchange
- Ansys Twin Builder
- 通用电气 Predix 平台

在上述列表中，通用电气、微软、甲骨文和 IBM 也因其围绕工业物联网平台提供的产品而闻名。本小节不会详细介绍这些技术系统，但在后面的章节中将进行深入探讨。

2.5.2 连接性

这里所指的连接性可以大致分为以下 4 类：

- 传感器和实物资产之间的连接：传感器可以内置在实物资产中，也可以在维修期间进行安装，或在售后市场安装（例如在实物资产的表面上）。在所有这些情况下，传感器都需要帮助每个实物资产或每个位置与一个中心系统进行通信。但并非所有传感器都可以有线连接，因为并非所有有形资产都有自己的电源，所以有些实物资产可能有自己的电池。比如，在地面上停航待修的飞机其发动机是不用的，因此只能使用地面电源。此处可能需要其他功能，例如协议转换。
- 从资产或传感器到网关／边缘设备：资产可能要连接到网关设备。在这种情况下，它将需要无线通信，例如低功耗蓝牙（Bluetooth Low Energy，BLE）或无线通信技术（Wi-Fi）。此设置允许一个网关设备（或最少数量的设备）管理从一个位置到物联网核心/数字孪生体系统的所有资产的连接，该系统可能位于云端或远程数据中心。这些设备也可能聚合或处理数据。

- 从边缘/网关到云端：假设物联网或数字系统位于公共云或远程数据中心，边缘设备需要连接到核心并以安全的方式发送数据。在此过程中，边缘设备可能会在一定程度上处理或存储一部分数据。诺基亚和博世（Boche）正致力于利用5G技术在一个中心位置集中查看或维护远程资产的数字孪生体。这种连接的数字孪生体系统产生的洞察力，使得资产中系统的驱动将在不久的将来实现。而在当下，工厂或发电厂的资产已经可通过有线网络连接到基于云的系统。

- 从云端到云端：在某些情况下，数据收集和数据处理系统可能不是同一个，并且可能位于不同的云上。在这种情况下，我们可能需要在云端之间通信。当数据存储在异地时，网络安全变得很重要。

前文我们讨论了数据连接需求的不同场景，这些连接场景可用于推进数字孪生体框架的不同架构范式。

2.5.3 数据采集和存储

资产数据需要在数字孪生体系统中被提取、存储和组织。传感器的最常见数据是时间序列数据，这些数据通常存储在历史记录或时间序列数据库中。其他形式的非结构化数据，例如通常被称为大数据的视频或声音文件，可能也存储在此类系统中。一般来说，海杜普系统（Hadoop系统）[1]更适合

---

[1] Hadoop：能够对大量数据进行分布式处理的软件框架。——编者注

这种情况下数据的处理。而元数据或资产数据以及企业数据可以存储在关系型数据库中。

总之，数据存储需求可以通过结构化查询语言（SQL）、非关系型数据库（NoSQL）和海杜普等技术的组合来满足。

2.5.4 边缘计算

通常情况下，数据源自传感器和资产，并通过边缘传输到核心。

在许多情况下，边缘还可能在数据预处理、分析、存储和通信中发挥重要作用。根据要求，数字孪生体系统组件可能分布在边缘系统和核心系统之间。

在地理上分布很分散的资产整体（如车队整体）的数字孪生体只能存在于核心或中央位置，边缘则可用于部署车队中单个资产（车队中的某一辆车）的孪生体。

2.5.5 算法和分析

边缘能够为给定资产近乎实时地运行有限形式的算法和分析。因此，在通用数字孪生体系统中，资产级别的算法和分析模型在理想情况下应该部署在边缘或核心内。根据边缘所需的计算量、性质和速度，它可能使用 CPU 和 GPU。

在处理视频数据时，或在边缘进行处理时，都需要用到 GPU。即使在核心，运行物联网或数字孪生体平台的系统也可能使用虚拟机、裸机服务器或通常配备 GPU 的高性能计算（High-Performance Computing，HPC）[①] 的组合。

此外，在使用包括深度学习在内的复杂人工智能（AI）算法进行学习

---

① 高性能计算：指通常使用很多处理器（作为单个机器的一部分）或者某一集群中组织的几台计算机的计算系统和环境。——编者注

时，也会部署 GPU。有关这方面的更多细节将在本书后面的章节中介绍。

2.5.6 平台和应用

数字孪生体系统构建块的通用功能通常被称为平台（Platform）。这样的平台可以防止一遍又一遍地重建相同的通用功能集合。通用电气的 Predix 平台或微软 Azure 平台属于物联网平台的类别。它们服务于多个行业的各种用例。当然，建立在这些平台之上的应用程序也可以服务于一个特定的目的。

就本书目的而言，同一平台也许能够管理起搏器、飞机或汽车的数字孪生体。但是，这些程序的应用和目标可能有很大的不同。开发者有时可能会采用分层的方法，如在物联网平台之上，开发与特定行业（如航空或医疗保健行业）或特定功能（如资产监控和制造）相关的应用系列。他们在应用程序的一层可能会尝试概括行业中常见的应用需求以及安全性和合规性要求。然后，应用程序的另一层可能是一组特定的资产，例如航空业的喷气发动机或医疗保健/医疗设备领域的心脏起搏器。

2.5.7 可视化

平台可以提供基本的可视化功能，例如数字孪生体的可视化、具有警报功能的资产监控仪表板或资产孪生体的车队视图等。应用程序用户可以复用或自定义这些功能，或构建自己的数字孪生体可视化功能并预测特定结果。

在更复杂的解决方案中，增强现实（AR）或虚拟现实（VR）技术可用于强化与资产数字孪生体的交互。

2.5.8 信息和行动

人类操作员可以通过数字孪生体了解实物资产并采取适当行动，这是很常见的。现场服务专业人员在处理诸如计划外维护之类的情况时，可能会使用 AR/VR 技术来强化他们在现场环境中与资产的交互。

2.5.9 反馈

如前文所述，反馈包括产品反馈、流程/操作和培训。数字孪生体的整体解决方案必须提供反馈回路。这样一来，从数字孪生体中获得的见解就可以帮助产品设计师和工程师改进未来的产品，或者在软件定义产品（例如特斯拉汽车）用例中，提供该领域产品的未来修订版。例如，特斯拉公司使用无线下载技术（Over the Air，OTA）更新其汽车软件，以在汽车生命周期内改进当前产品，如图 2.8 所示。

图 2.8　汽车的 OTA 更新

2.5.10 软件开发范式和低代码

最后，软件开发框架应该是稳定可靠且功能丰富的，以实现敏捷而快速的开发。一些常用的术语包括：

- 云原生（Cloud-Native）或微服务（Microservices）框架。
- 低代码开发（Low-Code Development）平台。
- 软件开发工具包（Software Development Kit，SDK）和应用程序编程接口（Application Programming Interface，API）允许整个生态中不同团队和公司之间的协作。

在了解了行业数字孪生体系统的技术要求之后，即可开始为通过数字孪生体解决特定问题选择技术组件。

2.6 小结

本章研究了行业数字孪生体的规划过程。我们基于数字孪生体应用的性质和预期结果讨论了其关键标准，深入探讨了数字孪生体在企业中成功实现的技术和非技术先决条件。我们列举了来自航空业、石油和天然气行业以及医疗器械行业等不同行业的用例，以提供决策流程提供参考。

因为技术需求基本上是共同的，所以本章介绍的数字孪生体的一般框架与领域无关，你要考虑的只是实现行业数字孪生体的商业理由。

第 1 章 "数字孪生体简介" 和第 2 章 "数字孪生体规划" 分别回答了行业数字孪生体 "是什么" 和 "为什么" 的问题，那么接下来自然要解决 "怎么做" 的问题。因此，在本书的第 2 篇 "构建数字孪生体" 中，我们将讨论如何确定、规划和构建数字孪生体。

在第 3 章 "确定第一个数字孪生体" 中，我们将讨论如何评估数字孪生体的合适候选者：通过探讨在此背景下的不同角色和责任，缩小构建行业数字孪生体原型的最终候选者范围。

2.7 思考题

请你基于对本章内容的理解思考以下问题：

（1）行业数字孪生体的一些预期业务成果是什么？

（2）数字孪生体是否适用于流程制造业？

（3）哪些组织因素可以促成数字孪生体计划的成功？

（4）云计算在数字孪生体中扮演的角色是什么？

DIGITAL TWIN

第二篇

构建
数字孪生体

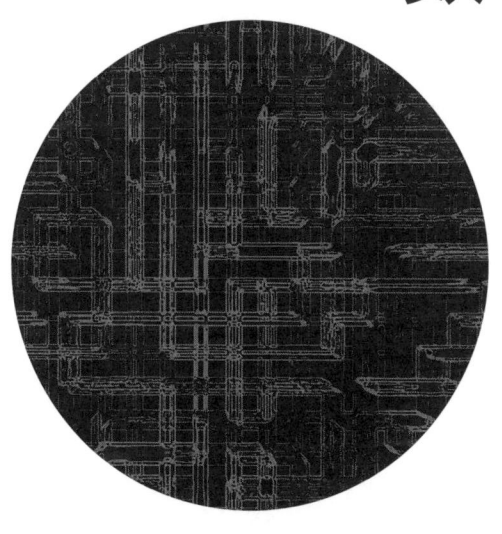

DIGITAL
TWIN

  本篇将介绍如何着手构建你的第一个数字孪生体，然后针对孪生体的预期目标对其进行测试和验证，最后使数字孪生体的运行趋于稳定并规模化这个过程。

▶ **本篇包括以下章节：**

第 3 章 确定第一个数字孪生体

第 4 章 从第一个数字孪生体开始

第 5 章 设置数字孪生体原型

第 6 章 构建数字孪生体原型

第 7 章 部署和价值跟踪

第 3 章 确定第一个数字孪生体

CHAPTER 3 ◁ ◀

第 2 章 "数字孪生体规划"详细阐释了企业中数字孪生体的关键标准及其预期的业务成果。我们从不同行业部门及其生态的角度分析了实现数字孪生体的先决条件,包括组织和文化因素。最后,还讨论了数字孪生体的技术需求。

本章将在广泛的公司背景下讨论数字孪生体的评估过程。这将使你更全面地了解数字孪生体与公司内部和外部机会的相关性。我们将把它与当今公司创建和宣传的实际角色和职责联系起来。

本章包含以下主题:

- 评估数字孪生体候选者
- 角色和职责
- 试验和交互
- 最终候选者

简而言之,本章将介绍根据业务性质和可实现的结果构建第一个数字孪生体的过程。第一个数字孪生体的确认和评估在此过程中显得至关重要。

3.1 评估数字孪生体候选者

本节将确定工业数字孪生体的前景，然后评估我们想要推进的数字孪生体候选者是否可行。此评估必须在你的公司或计划的背景下进行，以便与你的实际需求相关，下文将对多个场景进行评估。

以下是可以评估数字孪生体的一些场景设定：

- 工业集团（Industrial Conglomerate）
- 单一行业领域的大型企业
- 公共部门
- 大型软件公司或云服务提供商
- 独立软件供应商（Independent Software Vendor，ISV）
- 大型系统集成商（System Integrator，SI）或管理咨询公司
- 小型服务公司

接下来，让我们仔细看看这些场景。

3.1.1 工业集团

属于工业集团这一类别的公司包括通用电气、西门子、ABB、日立、霍尼韦尔、江森自控（Johnson Controls）、施耐德电气、博世和艾默生电气（Emerson Electric）。近年来，此类全球化工业公司在其公司内部建立了数字能力中心，旨在加速工业数字化转型。

例如，通用电气数字集团和霍尼韦尔互联企业等。接下来，我们将从企业的数字化能力或业务线这两个方面来评估数字孪生体候选者。先来看看数字化能力的情况。

数字化能力和数字孪生体

数字化能力通常是一个横向业务线,其目标是为不同的业务线服务,以及在某些情况下,直接服务于外部客户,以开发新市场或新的数字化收入流。

当数字化小组评估数字孪生体的候选者时,可考虑以下因素:

- 哪个业务线确定了数字孪生体的一个或多个业务用例?
- 数字孪生体是否会提高业务线的内部效率,是否会被客户采用?
- 业务线是否愿意委托其主题专家与数字小组合作?
- 数字孪生体框架是否可重用于另一个业务线?
- 实物资产数据的当前状态(如数据的可用性和所有权)如何?
- 基于物理或分析的模型的当前状态是什么?这些模型是否需要从头开始为实物资产或流程的数字孪生体做开发?

在列出了数字孪生体的关键考虑因素之后,即可确定候选者了。

让我们以数字化小组与航空和电力业务合作的场景为例。航空业务为飞机制造喷气发动机并为航空公司客户提供服务;电力业务制造供电力公司使用的发电机;公用事业公司从制造商那里购买长期服务合同。基于这些事实,数字化小组正在评估其第一个数字孪生体的三个候选者。它们是:

- 与航空业务线合作,以构建其制造的发动机(Engine)E 的数字孪生体。
- 与电力业务线合作,以构建其制造的燃气发电机(Gas Generator)G 的数字孪生体。燃气发电机是一种燃烧气体来发电的装置。
- 构建与制造商无关的发电机通用数字孪生体——由于商用飞机的发动机供应商很少,通用喷气发动机模型不会很有用。

现在来比较一下表 3.1 中的 3 种情况。

表 3.1　数字化小组评估的 3 个数字孪生体候选者

评估标准	发动机 E 的数字孪生体	燃气发电机 G 的数字孪生体	发电机的通用数字孪生体
第一个客户/用户	是	是	尚无
数字孪生体的可重用性	低	可能用于其他发电机	高
生产力/效率用例	是	是	否，仅用于外部客户
新数字化收入	可能	可能	是
投资	适中	适中	高

表 3.1 展示了数字化小组列出的客观标准，以便从起点开始就确定数字孪生体的优先考虑顺序。该表显示，发动机 E 和燃气发电机 G 的数字孪生体将主要是由业务线驱动的内部用例。这些投资的正确性可以通过使用数字孪生体获得的生产力收益来证明。但是，当数字孪生体的用例仅涉及外部客户时，可能需要更高的初始投资金额。

接下来，让我们从业务线的角度研究一下类似的应用场景。

业务线和数字孪生体

在决定投资数字孪生体计划之前，工业集团的业务线可能以自己的视角做评估。在这种情况下，业务线可能会考虑以下 3 个不同的标准：

- 业务线自身对数字孪生体计划的准备情况，这可能是对其自身业务战略的补充，也可能会分散企业的注意力。
- 量化孪生体提供的生产力或效率。

- 技术方向。

业务线将研究其当前的业务战略，然后看看数字孪生体在哪里是合适的。

例如，航空和发电企业通常会先出售实物资产，然后向其客户出售长期服务。在这种情况下，业务线将愿意投资于数字孪生体，以帮助改进预测性维护服务。由于这些合同是长期的，因此，在引入了使用数字孪生体进行预测性维护之后，总营业收入（Top-Line Revenue）也不太可能发生变化。但是，通过使用数字孪生体，可以大大提高服务的交付和利润。因此，它将与业务线的业务战略相得益彰。

这个数字孪生体的原型是由通用电气和印孚瑟斯（Infosys）技术有限公司构建的，本书的作者之一（Nath）也曾经参与其中。

从定性上讲，对数字孪生体的投资对航空业务线是有意义的，但它可能还需要在定量的意义上构建业务案例。为了做到这一点，业务线必须有足够的信心估计由于正确使用数字孪生体与额外投资而提高的服务合同利润率。尽管这个业务线的目标是长期收益，但它的目标在短期到中期也应该是可衡量的，这样才能确保它朝着正确的方向前进。

最后，业务线还必须考虑技术方面的因素。这可能包括软件平台、实物资产数据和连接的基础设施。业务线必须与资产所有者或运营商合作，以获取用于数字孪生体的数据。如果业务线决定与数字化小组或工业集团合作，那么他们需要确保数字平台能够处理其实体资产的数据并满足建模需求。

如图3.1所示，燃气发电机在固定位置（例如发电厂）工作时，很容易将它们连接到高速网络以收集数据，只要公用事业客户愿意这样做。

图3.2所示的发电厂安装有燃气发电机。一般来说，公用事业公司会从制造商那里购买长期服务合同，以转移维护和停机风险。

图 3.1 燃气发电机

图 3.2 发电厂

公用事业公司通常还会同意制造商收集和共享来自发电机的数据，以获得更好的服务，减少停机时间。

图 3.3 展示了飞机的发动机。飞机通常仅与用于关键数据传输的卫星连接，其带宽非常低，因此，从喷气发动机收集详细数据需要离线机制来收集先前飞行的大量数据。业务线必须确保数字化小组可以提供数字平台，以发动机 E 的数字孪生体收集此类数据。

本小节研究了工业集团对数字孪生体的采用和投资的关键考虑因素，并从业务线的角度讨论了数字化小组的决策过程。

图 3.3　劳斯莱斯飞机发动机和起落架

3.1.2　单一行业领域的大型企业

继续航空和电力的主题，让我们来看看一些以单一行业为主的大型企业。此类公司的典型示例是波音和空客公司，它们是两家最大的飞机制造商，另外还有爱克斯龙（Exelon）公司，它是一家大型能源公司（美国最大的核电力公司）。此类公司可以与我们前面进行业务线评估时提到的工业集团相提并论。

以波音或空客公司为例，他们制造的飞机主要卖给航空公司。当然，"航空公司"的定义随着时间的推移发生了变化，时至今日，诸如联邦快递（FedEx）、美国联合包裹运送服务公司（UPS）、敦豪航空货运公司（DHL）和亚马逊（Amazon）之类的公司也像"航空公司"一样运作，其中 FedEx、UPS 和 DHL 各有超过 250 架飞机。

根据 2018 年 9 月的一篇文章，波音公司的首席执行官声称他们能够利用数字孪生体资产开发模型，将飞机子系统和部件的首次质量（first-time quality）[1] 提高 40%。

---

[1]　首次质量：也称"首次通过率"（first-time yeild），是质量检测中的常用指标，它是在一个工艺步骤中生产出合格品的数量（经过修理变为合格的也算在内），除以投入该工艺步骤的总数量。——编者注

飞机制造商在做出投资决定之前必须评估如何通过数字孪生体变现，他们可能会考虑以下 3 点：

- 使用数字孪生体进行模拟并将其作为数字主线的一部分，以此在制造过程中提高产品的质量。
- 在考虑与通用电气、劳斯莱斯和霍尼韦尔等大型零部件供应商关系的同时，改进向商业航空公司和货运公司提供的维护、修理和大修（Maintenance, Repair, and Overhaul，MRO）服务。
- 将基于数字孪生体的产品作为新收入来源，这甚至可以包括国防客户。

上述因素将有助于飞机制造商决定在航空业中优先考虑实现哪种类型的数字孪生体。

爱克斯龙等能源公司从事发电、输电和配电业务，它们通常会从其他制造商那里购买大部分设备（包括发电机）。因此，它们将不得不决定是去制造商那里获得他们设备（例如通用电气公司的发电机）的数字孪生体，还是构建一个可以在不同制造商的发电设备上使用的通用模型。

此外，爱克斯龙公司还必须在内部考虑一个优先级的问题，即究竟是发电效率重要，还是因减少输配电造成的任何中断更重要。最终，爱克斯龙公司选择了与西门子和本特力系统（Bentley Systems）软件公司合作，为输配电提供数字服务。

在该用例中，爱克斯龙公司采用了 OpenUtilities Digital Twin 服务并在其基础上构建了供自己使用的资产和网络。

如果可再生能源发电是爱克斯龙公司的优先事项，那么它们可能会从风力涡轮机或整个风电场的数字孪生体开始。风电场通常位于沙漠中部或山顶，因此连接性是关键考虑因素。替代方案可以是在风电场部署资产和机群的数字孪生体。

最后，让我们来看一家大型医疗设备制造公司是如何使用数字孪生体的。2020年，由于新冠疫情大流行，人们开始重新关注医疗器械和生命科学公司。这些大型医疗器械公司包括美敦力（Medtronic）、赛默飞世尔（Thermo Fisher）、强生（Johnson&Johnson，J&J）和雅培（Abbott）等。美敦力生产起搏器等医疗设备，虽然用于起搏器等复杂设备的数字孪生体似乎是一个很好的起点，但美敦力已经谈到了2020年其供应链的数字孪生体。

作为行业数字化转型的一部分，供应链的数字孪生体有助于美敦力的运营和决策过程更加敏捷，这在2020年以后的发展战略中是绝对需要的。

3.1.3 公共部门实体

公共部门通常要考虑的不是赢利能力或竞争优势，而是公民的感受。因此，公共部门的领导者可能会考虑使用数字孪生体来改善其辖区的公共健康、安全和便利。所以对于公共卫生部门来说，人类数字孪生体的概念越来越受欢迎。

这是一个与行业实物资产的数字孪生体不同的概念，在这里人体就是"资产"。

欧洲甚至已经考虑过城市的数字孪生体。这样的城市数字孪生体可用于分析公共政策变化、交通状况和空气质量等。中国信息通信技术研究院也在城市数字孪生体的架构上做了大量工作。

公共部门可能必须根据来自更高级别政府机构的资金和赠款以及其他非技术考虑来优先制订其与数字孪生体相关的计划。但是，它并不限制市县寻求公私合作伙伴关系，并在初始阶段发挥创意来试验数字孪生体。

美国海军等联邦和国防机构也在探索数字孪生体的使用，例如用于海军舰艇的数字孪生体。图3.4显示了美国海军舰艇的数字孪生体。

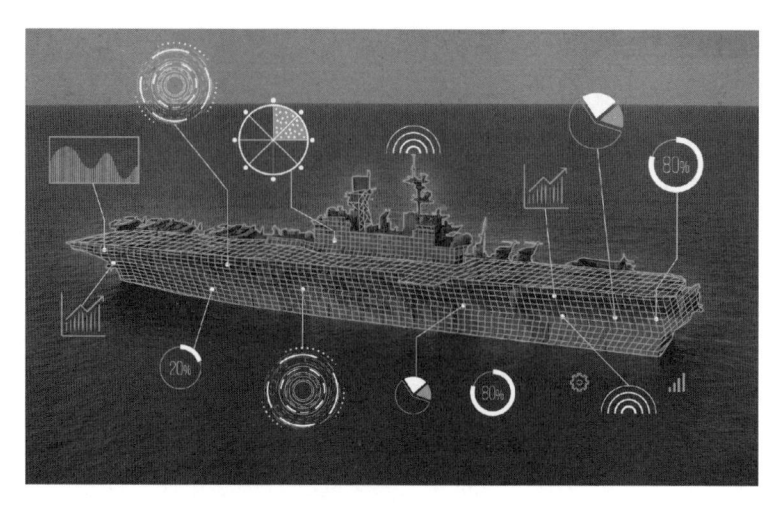

图 3.4 美国海军舰艇的数字孪生体

以上列举了一些在公共部门使用数字孪生体的例子。接下来，让我们看看软件和云服务提供商对数字孪生体和其相关功能的采用情况。

3.1.4 大型软件公司或云服务提供商

我们将在这里介绍两大类软件提供商。这些是：

- 业务应用软件提供商，例如甲骨文、思爱普（SAP）和 Saleforce。
- 云服务提供商，例如 Amazon–AWS、Microsoft–Azure、Google–GCP、Oracle–OCI、IBM 和阿里云。

甲骨文和思爱普等业务应用程序提供商拥有大量使用企业资源规划（Enterprise Resource Planning，ERP）、人力资本管理（Human Capital Management，HCM）、客户关系管理（Customer Relationship Management，CRM）和相关软件的企业客户群。这些企业也经常向其业务应用程序提供商寻求新兴技术解决方案。因此，当他们考虑数字孪生体时，可能经常联系和咨询这些提供商，以了解他们是否拥有数字孪生体产品以及这些产品与他们当前的业务应用程序产品的集成程度。

甲骨文和思爱普等公司已投资物联网平台，并围绕该平台构建了数字孪生体的功能。甲骨文和思爱普等公司不太可能将数字孪生体用于内部，他们主要关心的是提供一个能够让客户构建一个行业数字孪生体的框架。在此过程中，他们可能会提供数字孪生体示例，以帮助客户更快地开发自己的数字孪生体；他们可能还会提供将数字孪生体与企业软件（如ERP）集成的用例，重点是制造和供应链管理（Supply Chain Management，SCM）模块。

现在，让我们来看看云服务提供商的情况。云服务提供商专注于云基础架构，包括基础设施即服务（Infrastructure as a Service，IaaS）、平台即服务（Platform as a Service，PaaS），以及在某些情况下的软件即服务（Software as a Service，SaaS）。

大多数大型企业都会在公共云上运行他们的软件系统。因此，这些企业经常关注他们所选择的云平台中可用的物联网和数字功能，试图减少为其信息技术和操作技术解决方案提供云服务的提供商的数量。因此，云服务提供商已开始将物联网和数字孪生体功能添加到他们的云平台中。微软的Azure数字孪生体和甲骨文数字孪生体框架就是这样的例子。

云服务提供商同样专注于为客户提供构建数字孪生体的工具和功能，而不是将数字孪生体用于他们自身的运营。当然，云服务提供商可能会在数据从边缘流向云端时提供安全框架。

3.1.5 独立软件供应商

艾斯本技术、剑维软件（AVEVA，2018年被施耐德电气收购）和本特力系统等公司都属于独立软件供应商。该类别的公司将与其他大型软件提供商（无论是云服务提供商还是类似公司）合作，为最终用户或运营公司提供数字孪生体解决方案。

在3.1.2节"单一行业领域的大型企业"中谈到了本特力系统正在与思

爱普合作，为爱克斯龙公司提供数字孪生体解决方案。同样，艾斯本技术公司正在与他们的伙伴埃奎诺克斯（Equinox）合作，帮助阿布扎比国家石油公司（AbuDhabi National Oil Company，ADNOC）为沙阿（Shah）天然气厂实现数字孪生体。

可以看到，独立软件供应商正在与其他软件和服务提供商保持共生关系，将数字孪生体产品引入企业。独立软件供应商倾向于围绕数字孪生体构建可复用的软件产品，他们通常会首先在一小部分行业尝试，并且依靠最初的几个试点客户来帮助丰富他们的产品。

3.1.6 大型系统集成商

大型系统集成商和管理咨询公司，如爱尔兰埃森哲（Accenture）、英国德勤、印度塔塔咨询服务（Tata Consultancy Services，TCS）、印孚瑟斯和凯捷咨询（Capgemini）公司等，专注于为工业4.0提供战略和实施方面的咨询服务。他们的客户群通常是大型企业。

一般来说，大型系统集成商不会构建任何可重复使用的软件产品，而是选择与物联网平台和数字孪生体系统的技术提供商合作。当然，他们可能会投资于咨询员工的教育和培训，以及构建数字孪生体的原型，以帮助宣传他们的服务。

例如，飞机起落架的数字孪生体就是印孚瑟斯公司在通用电气的帮助下建造的。在该用例中，印孚瑟斯是通用电气的大型系统集成商合作伙伴，负责提供领域知识和工业物联网平台。

3.1.7 小型服务公司

由于数字孪生体仍然是一项新兴技术，许多专业服务提供商和小型服务公司都在这个领域耕耘。例如C3.ai、Uptake和XMPro等。

我们将越来越多地看到此类小型服务公司提供的专业产品，它们的服务往往是基于云服务提供商的云平台实现的。

不同类型的数字孪生体在高德纳的 2020 年新兴技术成熟度曲线中占有突出地位。我们将看到越来越多的初创企业进入这一领域，围绕数字孪生体技术建立新业务。

本节探讨了在不同业务环境中评估数字孪生体价值的不同方式。接下来，让我们看看不同组织中通常负责数字孪生体的人员和角色。

3.2 角色和职责

本节将确定作为数字孪生体计划的一部分的人员和角色。确定角色和职责的标准方法之一是使用 RACI 矩阵（RACI Matrix）。缩写词 RACI 来自以下四大责任人划分：

- 执行者（Responsible）
- 负责人（Accountable）
- 顾问专家（Consulted）
- 知情者（Informed）

上述 4 项的所有权级别是逐级递减的，如表 3.2 所示。

表 3.2　对 RACI 矩阵的描述

		RACI 矩阵的定义	
R	谁执行	被分配到执行该任务的团队或个人，即具体干活的人或团队	
A	谁批准	做出最终决定并拥有最终所有权的团队或个人，即最终拍板定案者或批准者	
C	咨询谁	在决定或行动之前必须咨询的团队或个人，即业内专家	
I	告知谁	在决定或行动之前必须知情的团队或个人	

现在让我们为工业集团示例构建一个示例 RACI 矩阵，如表 3.3 所示。

表 3.3　为工业集团示例构建一个示例 RACI 矩阵

类别	CDO/CTO	业务线领导	架构师	开发人员
数字孪生体创意	RA	C	I	
验证创意	A	RA	C	
数字孪生体原型	R		RA	C
测试/验证	I		A	R
产品/市场准备	R	A	C	I

该示例 RACI 矩阵根据公司的具体情况提供了一些角色指导。通常而言，一旦业务线领导者决定从销售产品转变为捆绑销售产品和服务，那么他们就会开始关注数字孪生体并成为推动者。

这个阶段通常被称为产品的服务化（Servitization）。公司的首席执行官和董事会可以确定公司的服务化方向，也可以将其委托给首席数字官等角色。在某些组织中，首席技术官可能会取代首席数字官牵头与业务线领导合作。

一般来说，技术计划由首席信息官推动，但是，根据我们的经验，数字孪生体计划主要由大型企业中的其他技术人员领导，他们将与业务线领导者密切合作。而首席信息官的团队通常会在做出技术、平台和基础架构决策时参与其中。

一篇关于首席信息官在数字孪生体环境中可能扮演的角色的有趣文章引入了工程技术（Engineering Technology，ET）的概念。

表 3.4 总结了该文章中的信息。

表 3.4　公司首席信息官在数字孪生体环境中可能扮演的角色

序号	数字孪生体特性	所有者/用户	用例	首席信息官的角色
1	物理属性模型	工厂工程师，产品设计师	工厂维护人员加快新产品的原型开发工作	提供高性能计算和产品生命周期管理功能

续表

序号	数字孪生体特性	所有者/用户	用例	首席信息官的角色
2	电子属性模型	设施负责人，电气工程师	降低功耗	数据中心战略
3	化学或热力学性质模型	工厂工程师，流程工程师	替代产品和流程	模拟和产品系统的集成
4	流程操作模型	流程操作工程师	在操作中更快地提出问题解决方案和提高效率	将不同的系统（如ERP、MES）和工厂操作绑定在一起
5	可靠性模型	维护工程师	降低维护成本，确保更长的正常运行时间	将维护系统和时间序列数据绑定在一起
6	经济模型	首席财务官/财务团队	更好的经济绩效	集成财务规划和盈利能力系统

虽然数字孪生体的概念已经存在了近二十年，但对它的应用仍然是一个新兴领域。创新和再发明是应该由在该领域工作了很长时间的专业人士还是由来自不同领域的人来完成，这是一个非常重要的问题。在同一领域工作了数十年的专业人士非常了解该领域，并构建了今天以某种方式工作的产品和解决方案。但是，有时要求他们以不同的方式重新发明和思考是非常困难的。

让我们以飞机在跑道上着陆为例，在该示例中，通用电气向亚航提供了一个节油小提示。一架有两个或四个喷气发动机的商用飞机只需要一个发动机来滑行，而不同航空公司的大多数飞行员出于习惯在着陆后不会立即关闭其他发动机。

但是，亚洲航空公司（Air Asia）通过要求飞行员在着陆时关闭其他发动机，使得每次航班能够节省约9升燃油。这将每次飞行的二氧化碳排放量减少了28公斤。

上述示例表明，当我们讨论任何数字孪生体计划的角色和职责时，组建一个由内部人员和外部人员组成的团队非常重要。外部人员可能是指不属于同一领域的个人，而不一定是指来自公司外部的人。

我们对明确提到数字孪生体相关技能的招聘职位描述进行了一个简要调查。表3.5是截至2020年12月的一些示例。

表3.5　和数字孪生体相关技能的招聘职位描述

公司	规模	角色	职位描述
特斯拉	4800	高级虚拟调试工程师	特斯拉正在寻找积极进取的工程师以担任高级虚拟调试工程师职位，该职位将专注于开发代码，以及数字制造设备及其子组件的测试和模拟。该职位的任务重点是工业虚拟调试、数字孪生集成、工业PC/PLC软件模拟/仿真、使用结构化文本/面向对象编程的代码开发和自动测试
诺基亚	98000	镜像X贝尔实验室（Mirror X Bells Labs）暑期实习生	机器人、混合现实设备、基础设施和其他传感器将提供实时创建物理世界的镜像世界/数字孪生体所需的近端传感数据。这样的数字孪生体将成为企业数字化的关键要素
美国爱达荷国家实验室（Idaho National Lab）	2200	数字孪生体研究科学家	美国爱达荷国家实验室数字和能源、环境、科学和技术理事会的软件工程小组正在寻求有远见的专业人士，欢迎有兴趣在该实验室进行数字孪生体研究的科学家加入
强生公司	130000	博士后科学家	我们招聘的博士后科学家将领导构建Janssen上游平台流程的数字孪生体模型的协作项目。该项目的目标是创建准确的、基于基因组的模型（它们将作为大规模生产反应器的数字表示），并使用该模型指导上游流程开发
美国参数技术公司（PTC）	6000	物联网和增强现实销售区域总监	PTC技术可帮助企业通过物联网、AR、3D打印、数字孪生体和工业4.0快速获得在物理世界和数字世界的融合中创造的价值

续表

公司	规模	角色	职位描述
欧特克（Autodesk）公司	10000	项目经理	快来加入 Autodesk 的 Autodesk TandemTM 团队！我们的使命是创建数字孪生体技术和解决方案，以转变建筑物的设计、构建和运营方式
原理动力（Principal Power）公司	2600	高级架构师	这是一份与数字孪生体相关的全球绩效工程和分析工作，例如：数字孪生体软件的比例模型测试设计和规划、验证和确认（对比数值模型和资产绩效）
Rivian 电动车公司	100	高级虚拟工程师	定义数字孪生体交付的整体路线图，使数字模型实时更新
Bright Machines 机器人自动化公司	330	高级软件工程师——3D 图形	你将加入的是一个软件工程师团队，我们将构建 Bright Machines 微型工厂的数字孪生体。该数字孪生体软件将作为一个虚拟的 3D 环境，用户可以在其中设计、编程开发、调试和测试自己的微型工厂——一个出错成本很低且可以快速迭代的环境
IBM 公司	346000	数字孪生体架构师	负责客户的数字孪生体解决方案的设计和交付，帮助客户通过数字孪生体、增强现实和物联网解决方案实现其业务和运营的转型，向 C 级客户高管展示 IBM 的数字孪生观点，为售前和提案团队提供技术指导，开发 IBM 在数字孪生体和物联网方面的新技术并形成技术优势

上述职位描述涵盖从公共部门到私营企业以及 IBM 等咨询服务公司的职位招聘。因此，不同的公司正在通过招聘此类人才以及在内部培养自己的工程师来解决他们与数字孪生体相关的人才短缺问题。对于那些想在职业生涯中探索新方向的人来说，这是一个好消息。然而与数字孪生体相关的产品可能会蚕食现有的业务和服务，你需要未雨绸缪。

在下一节中，我们将讨论可用于构思、开发和验证数字孪生体创意的方法，我们的目标是加快决策周期和数字孪生体产品的上市时间。

3.3 试验和交互

新兴技术通常需要大量的试验和从旧产品迭代中学习的能力。图 3.5 显示了快速试验和迭代，从而产生了一组较小的成功案例的过程。

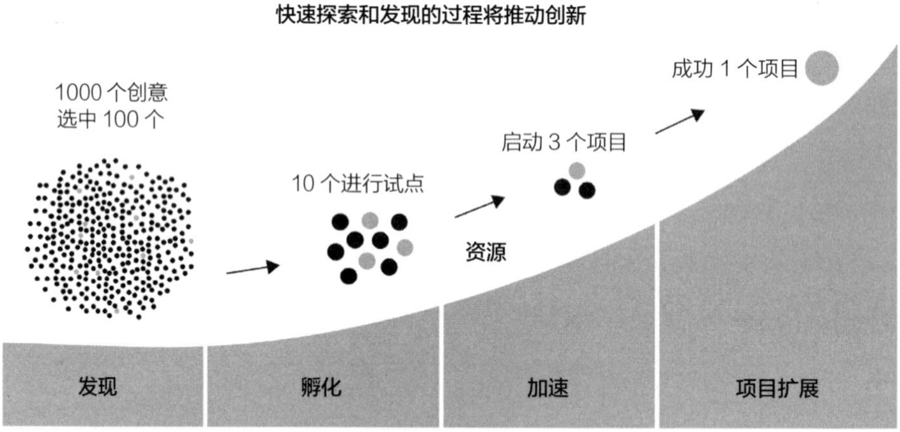

快速探索和发现的过程将推动创新

1000 个创意 选中 100 个 → 10 个进行试点 → 启动 3 个项目 → 成功 1 个项目

资源

发现 | 孵化 | 加速 | 项目扩展

图 3.5　数字孪生体候选者的快速探索和发现

3.3.1 敏捷宣言

敏捷宣言（Agile Manifesto）[①] 是指解释敏捷软件开发的价值观和原则的文档。它于 2001 年首次发布，如图 3.6 所示是其核心价值。

---

① 2001 年 2 月 11 日到 13 日，17 位软件开发领军人物齐聚美国犹他州。经过两天的讨论，"敏捷"（Agile）这个词为全体聚会者所接受，用以概括一套全新的软件开发价值观。这套价值观通过一份简明扼要的《敏捷宣言》传递给世界，宣告了敏捷开发运动的开始。——编者注

敏捷软件开发宣言
- 个体和互动高于流程和工具
- 工作的软件高于详尽的文档
- 客户合作高于合同谈判
- 响应变化高于遵循计划

图 3.6 敏捷宣言

敏捷方法为开发软件的传统瀑布式开发[①]方法提供了一种替代方法，非常适合数字孪生体计划的快速试验。

图 3.6 总结的是敏捷方法的价值观，它揭示了较小的迭代会实现较大的成果，同时降低风险。它将开发工作分为以下几部分：

- 版本（Release）
- 史诗（Epic）
- 故事（Story）
- 冲刺（Sprint）
- 每日例会（Daily Standup）
- 测试用例（Test Case）
- 演示和用户验收（Demo and User Acceptance）
- 迭代（Iteration）

图 3.7 按自然顺序直观地展示了另一种看待工作中的敏捷方法的方式。

产品订单（Product Backlog）是根据版本、史诗和故事来定义的。所谓史诗和故事，就是一种通过不断拆解项目使所有项目参与者统一认知的项目描述方法，它通过不断对同一核心概念进行拆解，逐渐明确需要工作的条目。

---

① 瀑布式开发：严格遵循预先计划的需求，按分析、设计、编码、测试的步骤顺序进行，是一种传统的开发方法。

第二篇　构建数字孪生体　　081

图 3.7　迭代式增量开发过程（Scrum）

故事和史诗是在冲刺期间完成的，通常短至 1~2 周。在计划会（Sprint Planning Meeting）上可以提出计划以及产品增量（Product Increment），以便将史诗和故事映射到冲刺订单（Sprint Backlog）中。

一旦开发人员完成了以故事点衡量的分配任务，他们的工作就需要进行冲刺评审和回顾（Sprint Review and Retrospective）或给业务用户演示。这将以迭代方式处理产品订单。

我们可以使用一个现实中的例子来进一步解释这个术语。全球知名的硬盘厂商西部数据公司（Western Digital Corporation，WDC）介绍了他们为期 12 周的数字孪生体试验，可访问其官网获取详细信息。

他们将其称为快速学习周期（Rapid Learning Cycle），目标是创建自主机器人车辆（Autonomous Robot Vehicle，ARV）。

3.3.2 版本

版本（Release）被定义为可以分发给业务用户或控制组的应用程序。这可以是测试版软件或试用产品，也可以是软件产品的普遍可用版本。

在西部数据公司的案例中，该版本将包含在数字孪生体过程的帮助下开发的 ARV 应用程序的某个版本。版本通常根据产品路线图（Roadmap）上的功能来定义。这些功能可以被称为史诗。

3.3.3 史诗

史诗是开发的工作单元，它在逻辑上对应用程序用户社区的相关请求或需求组。史诗可以帮助团队估算对工作进行逻辑分组所需的时间和精力。它应该以业务用户在周期结束时可以轻松理解和验证的方式编写。

在西部数据公司的案例中，该史诗可以说是"使用数字孪生体的ARV试验产品"。史诗被分解成多个故事，然后可以更精确地评估并分配给开发团队的成员。

3.3.4 故事

故事也称为用户故事（User Story），它从不同利益相关者的角度对软件应用程序特征进行描述。故事是小型的工作单元，本质上是有形的。这些利益相关者可能是最终用户或维护最终解决方案的IT技术人员或项目的业务发起人。

故事应该具有以下特点：

- 阐明应用程序的特征对利益相关者有何价值。
- 描述如何对这些特征进行演示、测试和验证以使其被接受。
- 关注内容而非特别关注方式。这允许技术团队找出构建应用程序的最佳方式。
- 易于估算Scrum团队所需的工作量，同时降低风险。

最佳做法是对故事进行垂直切片。打个简单的比喻，比萨饼由面团、比萨酱、奶酪和配料组成。如果故事仅包含面团，则用户或测试者将只能品尝到面团，无法就比萨最终的"接受度"提供良好的反馈。反过来，按照"垂直切片"的原则，如果故事被做成了一小块比萨，那么用户就可以提供更有意义的反馈，比萨最终被接受的概率就会高很多。

值得一提的是，虽然这种"垂直切片的故事"非常受欢迎，但它并不总是可行的。

要研究西部数据公司史诗的故事，以下是一些可能的示例：

- 开发西部数据公司在中国上海的半导体制造厂的 ARV 机芯的孪生体。
- 记录西部数据公司在中国上海的半导体制造厂被测设备（Device Under Test，DUT）的等待时间和服务时间分布历史。

这可以作为西部数据公司史诗的两个用户故事的起点。故事可以在一个或多个冲刺中完成，但我们需要能够在每个冲刺结束时向利益相关者展示进度。

3.3.5 冲刺

冲刺是一个较短的时间间隔，通常为 1~2 周。冲刺用于完成诸如用户故事之类的工作。一个版本通常被分解为多个冲刺。

例如，在西部数据公司案例中，为期 12 周的开发周期可以分解为 6 个冲刺，每个冲刺为期 2 周。随着这些冲刺不断取得进展，可验证的工作单元将逐步完成，并且可根据记录的测试用例进行测试。

3.3.6 每日例会

每日例会是一种用于跟踪日常进度的敏捷仪式。它可以每天举行一次或两次。举行两次时，会议时间定在工作日的开始和结束时。不论团队规模大小，会议都被限制在 15 分钟。开会时，所有出席者都应站立。

良好的沟通是敏捷方法论成功的关键，而每日例会是整个团队同步的关键环节。一般来说，每个成员都可以讨论以下三个项目：

- 昨天或今天做了什么工作？（如果每日例会在一天结束时举行即可总结当天工作）
- 今天或明天要做什么工作？

- 工作是否遇到了什么障碍？

当整个团队或团队大部分成员都在一个办公室工作时，团队可在每日例会期间聚集在故事墙或 Scrum 板周围。图 3.8 展示了这样一个故事墙。

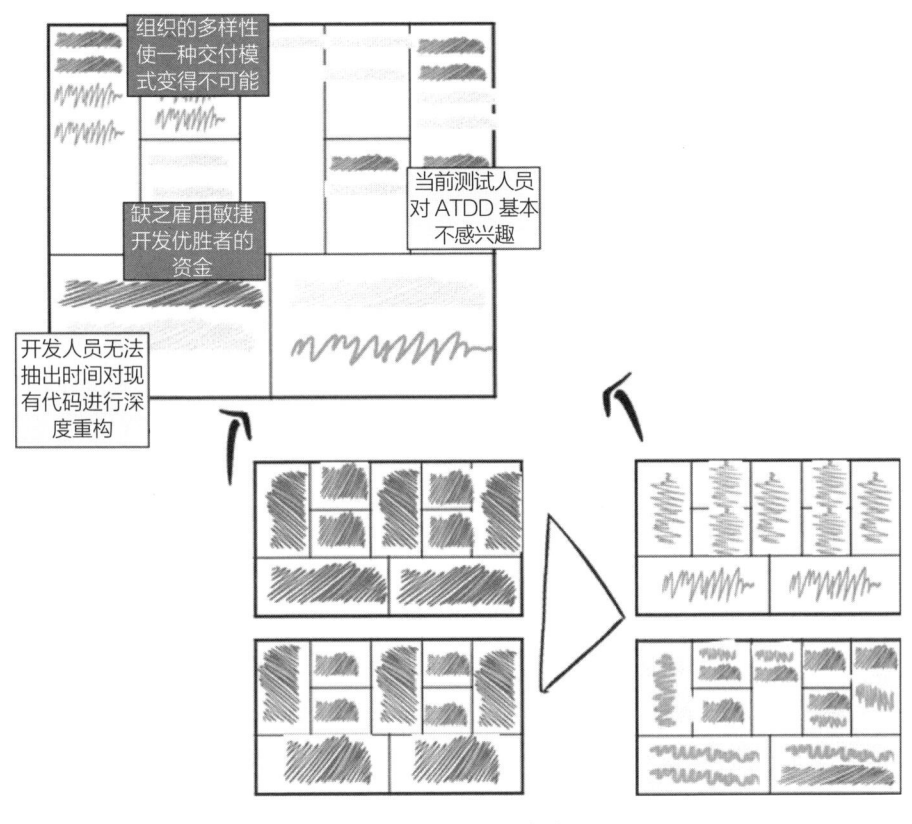

图 3.8　Scrum 故事墙

Scrum 故事墙被称为信息辐射器[①]（Information Radiator）。在每日例会期间和 Scrum 团队工作的区域中使用信息辐射器可以为冲刺和版本的整体进度提供高度可见性。在大多数团队成员不在同一屋檐下工作的情况下，可使用此类信息辐射器和 Scrum 板的电子版本，并且每日例会可以通过视频会议系

---

① 一种信息展示装置，一般放置在工作时能看到或其他显眼的地方。——编者注

统进行。

图 3.9 展示了一个电子 Scrum 板。

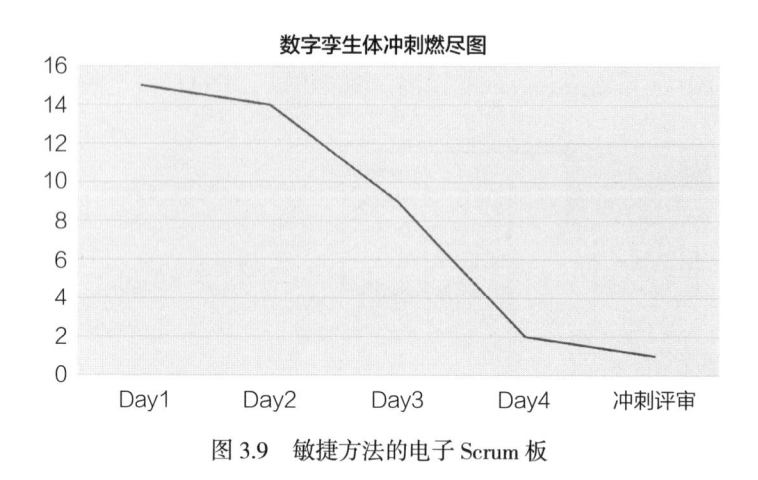

数字孪生体冲刺燃尽图

[图表：纵轴0-16，横轴为Day1、Day2、Day3、Day4、冲刺评审，曲线从15下降至约1]

图 3.9　敏捷方法的电子 Scrum 板

虽然本小节对每日例会的介绍是在一般意义上的，但这也同样适用于西部数据公司的应用场景。

3.3.7 测试用例

测试用例用于验证冲刺所产生的工作成果是否符合利益相关者的故事和史诗的要求。用户的质量保证（Quality Assurance，QA）团队可以使用这些测试用例来检查和验收工作成果。用于确定被测系统是否满足要求的一组条件或变量是根据规范手动创建的，这些规范随后将用于指导 QA 团队使用的测试用例的创建。

在西部数据公司的案例中，测试用例将帮助利益相关者使用冲刺产生的数字孪生体工作成果验证 ARV 试点的进展。

3.3.8 演示和用户验收

在每个冲刺结束时，整个团队应尽可能聚在一起开个会，负责故事开发的团队向利益相关者演示进展情况。在演示时开发者可以使用垂直切片的故事，这将使业务用户能更好地理解开发取得的成果。

例如，在西部数据公司中国上海半导体制造厂有关 ARV 机芯孪生体的故事演示中，团队可能会展示单个 ARV 机芯的 2D 图。尽管这是该半导体制造厂 ARV 数字孪生体开发的一个很小的部分，但对企业主题专家很有意义，他们可以基于该成果轻松地给出意见。

3.3.9 迭代

敏捷开发流程本质上是不断迭代的。如前文所述，利益相关者可以在冲刺周期结束时接受或拒绝故事或整个史诗的结果。根据利益相关者的反馈，团队可决定继续坚持下去还是仅将其作为下一步的试点。

在西部数据公司的应用场景中，团队可以决定是继续坚持还是需要改进。他们的总体业务目标是改善其上海半导体制造工厂的整体服务时间，这将有助于西部数据公司提高制造工厂的吞吐量和效率。一旦实现该目标，则这一流程可以在整个半导体制造工厂复制，然后在西部数据公司的其他制造工厂复制。

本节详细阐释了数字孪生体相关计划的试验和迭代的价值。通过了解敏捷宣言的价值观和 Scrum 开发方法（Scrum 迭代式增量软件开发是最常用的敏捷开发过程），不但可以提供增量价值，还能降低风险。虽然我们是在西部数据公司软件应用程序的语境中讲解了该流程，但类似的流程同样可以应用于物理世界和数字世界的融合，其中的最终解决方案涉及传感器和物联网网关等硬件以及软件部分。

接下来，让我们看看如何确定数字孪生体计划的最终候选者。

3.4 最终候选者

在对构建第一个数字孪生体的候选者进行评估后，我们选择了一台风力涡轮机作为资产。之所以选择构建风力涡轮机的数字孪生体，有以下一些原因：

- 人们越来越关注可再生能源，以帮助控制碳足迹。而风力涡轮机使用可再生能源——风作为燃料来发电。
- 与以燃气发电机为动力的发电厂或核反应堆相比，风力涡轮机是一种相对简单的有形资产。因此，风力涡轮机是第一个数字孪生体的更好候选者，它可以保持较低的复杂性。
- 风力涡轮机的数字孪生体将使涡轮机的制造商/服务提供商以及所有者/经营者（通常是公用事业公司）受益。此外，系统集成商、云平台和业务软件提供商将对提供具体实现的技术能力感兴趣。

鉴于可再生能源在商业上是可行的，通过风力涡轮机和风电场的数字孪生体提高效率将为其利益相关者提供直接价值。

考虑到所选资产，为了构建工业级数字孪生体，我们将在下一章了解其规划和先决条件。在本书的其余部分，我们将为风力涡轮机构建第一个数字孪生体，并对其进行技术和经济评估以计算投资回报率。最后，在第8章"强化数字孪生体"中，还将把它扩展到可再生能源的其他资产，例如公用事业经营者可能拥有的水力发电厂和太阳能发电厂，从公用事业的角度提供更广泛的覆盖范围。

3.5 小结

本章从不同组织和利益相关者的角度研究了数字孪生体的评估过程，并提供了一个框架来分析数字孪生体为行业带来的机会，以帮助对此感兴趣的利益相关者做出明智的决定。

围绕数字孪生体计划，我们研究了企业中的不同角色和他们的职责，包括如何履行这些角色。然后还研究了与数字孪生体和相关计划的开发和迭代过程。

在第 4 章 "从第一个数字孪生体开始"中，我们将介绍如何开始构建数字孪生体。我们的讨论将围绕数字孪生体处理规划框架和业务流程，另外还将考虑一些技术和数字平台因素。

3.6 思考题

请你基于对本章内容的理解思考以下问题：

（1）哪些类型的企业可能对数字孪生体计划感兴趣？

（2）你能否通过使用数字孪生体来提高效率并增加新收入？

（3）举一个与飞机相关的数字孪生体的例子。

（4）RACI 矩阵在数字孪生体的背景下有什么用？

（5）快速试验在数字孪生体的应用中有什么作用？

第 4 章 从第一个数字孪生体开始

CHAPTER 4

在第 3 章"确定第一个数字孪生体"中，我们从不同组织的视角研究了如何确定你的第一个数字孪生体候选者。你的公司的规模和类型都会影响你的观点，也会在选择过程中影响到你的价值驱动因素。在开始数字孪生体计划时，我们还阐释了计划中所需的角色和他们所担负的责任。

现在你应该清楚地了解可以满足特定组织需求的数字孪生体类型。在第 3 章"确定第一个数字孪生体"中，我们选择了一个特定的最终候选者（风力涡轮机的数字孪生体）作为本书其余部分的示例，但这种方法也可以应用于你可能想要开始的任何其他数字孪生体。当然，我们建议你在接下来的几章中按照示例进行操作。

本章将详细阐释如何规划框架，讨论如何验证问题陈述和预期结果，探索数字孪生体开发的业务流程。最后，还将考虑一些技术因素和数字平台的选择。

本章包含以下主题：

- 规划框架
- 验证问题陈述和预期结果
- 探索数字孪生体开发的业务流程
- 考虑技术因素

- 探索数字孪生体的数字平台

让我们从规划你的第一个数字孪生体的框架开始,该框架基于第 3 章"确定第一个数字孪生体"中描述的方法。

4.1 规划框架

第 3 章"确定第一个数字孪生体"描述了一个敏捷开发过程,这是我们建议你在构建第一个数字孪生体时使用的方法。敏捷开发方法允许你快速进行修正,毕竟,数字孪生体对你和你的组织来说可能是全新的,你目前可能并没有详细的设计规范。

当然,即使你使用的是敏捷开发方法,也必须遵循结构化的规划流程,所以本节将描述构建你的第一个数字孪生体时需要考虑的不同规划视角。

项目规划框架可为开发你的第一个数字孪生体的不同项目阶段提供指导。我们的第一个数字孪生体的规划框架已经过量身定制,因为数字孪生体的技术和业务影响在这里是未知的。

4.1.1 项目规划框架

在第一次开发数字孪生体的过程中,清楚地概述每个利益相关者的期望至关重要。我们在第 3 章"确定第一个数字孪生体"中介绍了 RACI 矩阵,具体的 RACI 角色取决于你为其构建第一个数字孪生体的组织类型。

图 4.1 展示了大型企业的业务部门中典型的预测性维护数字孪生体的项目规划框架。在开发你的第一个数字孪生体时,这 5 个高级阶段适用于任何用例或行业。每个阶段的内容和方法可能略有不同,具体取决于此数字孪生体是否执行预测性维护功能、操作监控、模拟或任何其他专业功能。

在这些阶段中,我们区分了业务角色和信息技术角色,同时关注了数字

阶段0: 项目前期阶段	阶段1:（约1~2周） 项目范围界定阶段	阶段2:（2~4周） 项目设计和开发阶段	阶段3:（1~3月） 项目验证阶段	阶段4:（持续进行） 项目扩展阶段
• 根据当前绩效制生产价值链 • 定义表现不佳者和系统瓶颈，并找出根本原因	• 确定哪些根本原因具有参考数据 • 根据技术准备情况和业务影响识别用例的优先级，以确定第一个数字孪生体 • 确定该数字孪生体的潜在价值和关键成功标准	• 设计端到端的业务流程和操作计划 • 确保有合适的团队来推动解决方案的嵌入	• 推动端到端流程的编排和嵌入 • 验证结果并拟订关键结果和成功案例	• 确保数字孪生体完全嵌入业务单元，流程清晰 • 根据成果和经验为数字孪生体添加特征和能力 • 推动数字孪生体的进一步扩展
• 为数字孪生体部署和测试准备的可用性和质量 • 准备高度安全和可信的参考架构计划	• 验证第一个数字孪生体数据的可用性和质量 • 搭建集成平台 • 将关键成功标准与业务关联在一起	• 与可靠性工程师IT团队一起设计第一个数字孪生体 • 将数字孪生体与物联网和业务系统中的操作（如工单）集成在一起 • 设计跟踪应用例结果的机制	• 根据结果调整数字孪生体 • 帮助推动数字孪生体测试和使用 • 构建IT能力以使用和维护数字孪生体	• 扩展支持的数字孪生体，启用技术和云基础设施以支持长期使用 • 提供支持服务

图 4.1 预测性维护数字孪生体的项目规划框架

孪生体构建完成之后的发展。

业务线功能专注于业务挑战和工程分析，以解决业务问题。它还关注需要适应支持数字孪生体技术的操作业务流程。

信息技术部门的职能则专注于数字化技术支持，它需要在数字孪生体的整个生命周期中创建和操作数字孪生体。

阶段 0——项目前期阶段

如图 4.1 所示，项目前期阶段是指需要完成的准备工作，但这不一定是数字孪生体项目的一部分。

在此阶段，可靠性工程师（Reliability Engineer）、操作经理和其他业务线用户需要进行业务绩效分析，以确定未来效率和效益改进的重点领域。

使用精益第一原则（Lean First Principle）的表现不佳者分析（Bad Actor Analysis）是可靠性工程师使用的典型方法。表现不佳者分析是对工厂或工厂操作资产的正式审查过程。它基于帕累托原则认为 20% 的设备通常会造成 80% 的故障。

所以，表现不佳者分析的目的是找出导致最多停机时间或生产损失的 20% 的设备，并对它们进行排名。表现不佳者分析中使用的一种排名机制是将帕累托原则再次应用于那 20% 的设备，这样就可以在那 20% 的设备的 20% 中找到导致最初 80% 故障的 80%。这意味着我们可在仅评估 4% 的原始设备的基础上，找到造成 64% 的故障或停机的原因。

业务线功能将分析整个生产价值链并识别潜在的系统瓶颈和资产或系统中的表现不佳者。如前文所述，这些表现不佳者通常会导致大多数设备故障。通常的做法是根据关键性能指标（如吞吐量或生产损失、停机时间、维修成本和安全性等）对表现不佳者进行排名。

对于生产线来说，首要的表现不佳者可能是传送带系统，排名第二的表现不佳者可能是机器人装配臂，排名第三的可能是生产线末端的包装站。

如图 4.2 所示，下一步是确定这些排名靠前的表现不佳者的主要故障模式。故障模式影响和临界性分析（Failure Mode Effect and Criticality Analysis，FMECA）是可靠性工程中一种成熟的实践。尽管对于我们的第一个数字孪生体，不需要全尺寸的临界性分析，但根据历史维护和操作数据识别关键故障模式仍然很重要，因为这可以确保数字孪生体原型在验证阶段展示其价值。

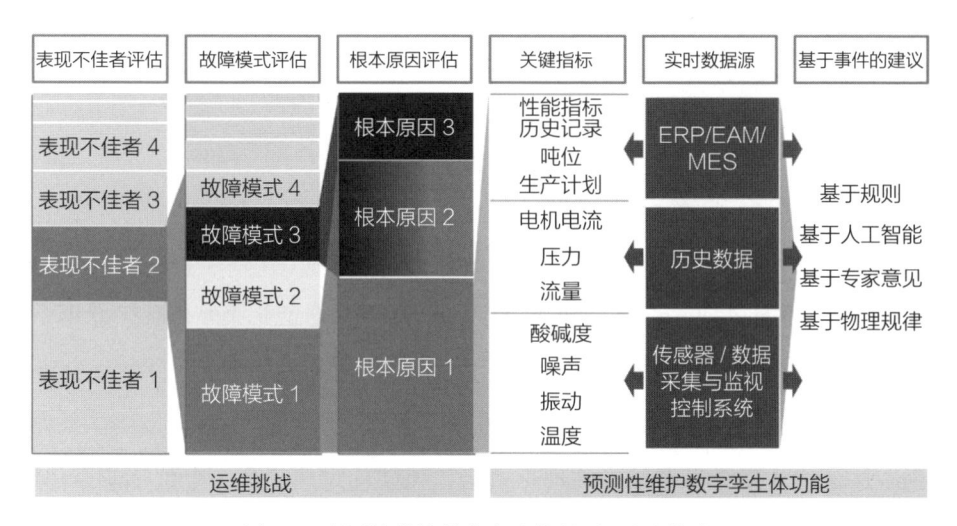

图 4.2　预测性维护数字孪生体的项目规划框架

由于我们在物理设备中经常看到可能会导致多种故障模式的一些根本原因，所以一旦我们了解了主要故障模式，即可确定绝大多数故障模式的根本原因。这也是可靠性工程中公认的做法。下面，我们将简单地确定本书中最主要故障模式的根本原因。

图 4.3 显示，根本原因 2 可以导致故障模式 1 和故障模式 3。表现不佳者故障模式的业务影响和性质将决定分析的级别，但对于本示例，我们将假设业务线功能可以为此提供必要输入。

了解根本原因的目的是确定我们是否可以基于原始传感器数据、物理模型以及数学或统计模型来确定数字孪生体能够支持的任何关键指标。基于这些指标，我们可以从物联网、操作技术（Operational Technology，OT）以及企业资产管理（Enterprise Asset Management，EAM）、企业资源规划和制造

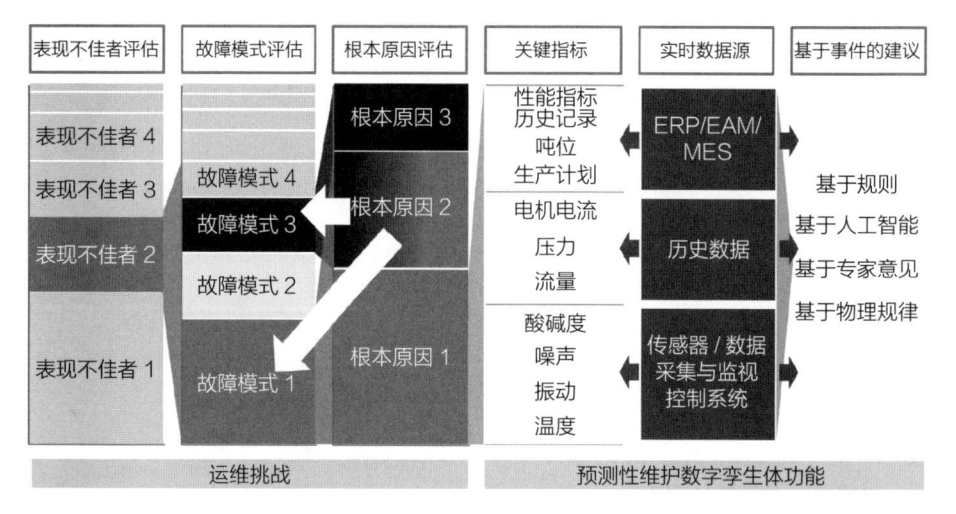

图 4.3 根本原因和故障模式的关系

执行系统（Manufacturing Execution System，MES）等企业业务系统中获取信息和数据，从而建立解决方案。

这种对多个不同系统的集成要求引入了图 4.1 所示的 IT 和开发团队的角色。这是建立高级参考架构的理想机会，该架构可用于第一个数字孪生体，然后在未来根据初始项目的结果和经验进行调整。

我们建议你在早期阶段围绕安全性和可信赖性启动治理流程，并为未来的项目制定纪律。数字孪生体可能引入若干个新的安全漏洞和潜在的攻击面，而 IT 职能部门可以使用初始数字孪生体项目来评估影响并确定风险缓解策略。

阶段 1——项目范围界定阶段

在项目范围界定阶段，业务和操作团队应找出高优先级的表现不佳资产的关键指标，并且确认它们关联的数据源（从故障模式和根本原因开始而不是从可用数据源开始仍然很重要。你的第一个数字孪生体解决方案应专注于快速交付价值，并因此以问题为导向）。

业务和操作团队应完成业务准备情况评估（详见第 1 章"数字孪生体简

介"图 1.11），然后根据技术准备情况和业务影响确定用例的优先级，以确定第一个数字孪生体。

首先是技术准备评估，它涵盖数据的可用性、自动化和 IT 系统的成熟度、分析、建议的部署环境和项目管理成熟度级别等。

然后是业务影响，该指标还与潜在价值指标相关，我们在第 1 章"数字孪生体简介"的图 1.10 中确定了这一指标。在第 1 章"数字孪生体简介"表 1.3 提供的业务影响和技术可行性评估中，潜在业务影响衡量指标包括安全性、停机时间、吞吐量、质量和成本。

在此阶段，业务和操作团队还需要定义第一个数字孪生体的潜在价值和关键成功标准，他们需要回答这样一个问题：第一个数字孪生体的成功是什么样的？

IT 团队在此阶段需要评估业务团队提供的关键指标关联数据的可用性和质量。根据一些分析公司的研究，数据集成、访问、清理和整理可能会消耗超过 50% 的基于物联网的项目的项目资源和成本，而项目范围界定阶段为 IT 团队提供了评估数据集成对关键成功指标的影响的机会。

这也是我们在必要的管理边界内配置集成平台的阶段。提前进行这些准备可以降低创建项目的风险，后期不会由于技术原因无法集成而导致数据无法访问。

在此阶段，最后一个关键点是确保业务用户和 IT 部门在第一个数字孪生体项目的关键成功因素上保持一致。围绕第一个数字孪生体的特定可衡量结果或关键成功因素的共同愿景将确保项目以结果为导向。

下一阶段的重点是开发和交付，同时组织应准备好适应新的操作业务流程和工作方式。

阶段 2——项目设计和开发阶段

数字孪生体及其提供的操作、态势感知和决策支持改变了人们传统上遵循的业务流程，所以人们需要改变处理日常任务的方式。在本章后面我们将更深入地讨论这个主题。

为确保第一个数字孪生体成功，业务团队必须在愿意采用新技术的企业中物色合适的工程团队，这样的团队通常乐于通过技术解决方案来应对业务挑战。相较之下，工业组织中的操作用户则通常更保守，对新兴技术持怀疑态度。应思考在该阶段业务团队应与对方构建什么样的数字孪生体，以及如何将其与设计、制造、维护和操作模型集成在一起。此外，由于设计和开发阶段为工程团队提供了添加额外的传感器和数据收集点以进行测试和认证的机会，因而需要制订涉及传感器数据的放置和数据收集的计划。工程团队将带来设计和开发所需的工程知识和专业知识，以帮助规划如何维持孪生体的商业价值。因此，选择合适的团队将提高项目成功率。

IT团队将在设计和开发阶段开发或配置数字孪生体。这包括集成实时输入和其他元数据以及集成到后端业务系统。我们推荐一种敏捷开发方法——Scrum迭代式增量软件开发方法（详见3.3节"试验和交互"），该方法使用了图3.7中显示的所有工件和流程。

设计和开发阶段的验证步骤确保数字孪生体被正确设计，可以自动连续跟踪用例结果。最初的数字孪生体项目通常用于展示基于关键成功因素的价值，而自动报告这些结果正是为了在项目验证阶段进行价值跟踪。

阶段3——项目验证阶段

项目验证阶段的重点是衡量项目是否达到项目范围界定阶段设定的关键成功标准，并验证使用数字孪生体的实际效果。业务团队需要确保在验证阶段实施业务流程变更。

在项目验证过程中，业务和IT团队都可以持续监控关键成功因素，以此来调整数字孪生体的功能。此阶段还将让你了解在组织中维护和扩展数字孪生体所需的技术要求和其他业务能力。

此阶段的结果决定了数字孪生体是否已交付初始关键成功因素以及是否要继续生产，或者是否完成了初始评估的任务。如果我们遵循了前面的步骤，则项目成功的可能性非常高，我们将有机会在正式应用过程中横向扩展数字孪生体。

阶段 4——项目扩展阶段

随着业务用户看到改进的决策支持能力带来的好处，新的需求和机会也将经常出现在项目验证阶段。横向扩展可能意味着向其他用户提供访问权限或添加其他功能和特性来满足这些额外要求。

尽管我们在图 4.1 中提出的项目规划框架与特定案例相关但该原则还适用于任何其他数字孪生体产品，建议你以类似的方式简要描述你的项目的规划框架以改善内部沟通，并提供对不同阶段期望的清晰理解。

项目规划框架需要由一个解决方案框架来支持，后者将向支持该项目的业务主管解释业务价值和范围。

4.1.2 解决方案规划框架

我们提议的解决方案规划框架源于精益创业方法（Lean Startup Approach），该方法由史蒂夫·布兰科（Steve Blank）首先提出并由埃里克·里斯（Eric Ries）推广。

精益数字孪生体（Lean Digital Twin）基于精益创业框架，专注于在横向扩展之前提高新产品的产品/市场匹配度。它可以为开发你的第一个数字孪生体提供指导。如图 4.4 所示。

精益数字孪生体方法的第一部分侧重于问题/解决方案的匹配度，想要简单易懂地描述这一点的最佳方式是使用精益数字孪生体画布（Lean Digital Twin Canvas），它在一个易于与项目团队和执行发起人沟通的页面上描述了业务问题、解决方案集成点和业务案例，如图 4.5 所示。

```
┌─────────────────────┐   ┌─────────────────────┐   ┌─────────────────────┐
│ 问题/解决方案匹配度  │   │  产品/市场匹配度     │   │   在操作中           │
│                     │ ▶ │ 数字孪生体/业务匹配度│ ▶ │ 横向扩展数字孪生体   │
│  理解问题  定义解决  │   │  定性验证  定量验证  │   │   反馈评估           │
│            方案     │   │                     │   │                     │
│   精益数字孪生体画布 │   │  最小可行数字孪生体  │   │   生产数字孪生       │
└─────────────────────┘   └─────────────────────┘   └─────────────────────┘
```

重点：验证学习   重点：扩展
试验：迭代/试点   试验：优化

图 4.4　从问题/解决方案转向数字孪生体/业务匹配

精益数字孪生体画布目标：离心式泥浆泵			数字孪生体类型：预测性维护	
问题 由于初级旋流泥浆泵故障导致的磨机停机 叶轮过早磨损 由于泵气蚀引起的电流波动导致电机驱动寿命缩短 **1**	**解决方案** 实时监控 建议 工程分析 **4** **集成** 振动传感器 温度传感器 历史记录－时间序列 企业资产管理 生产系统 数据采集与监视控制系统 **8**	**数字孪生独特的价值主张** 对于需要对采矿加工中关键磨机设备的健康状况提供实时建议的维护主管来说，该数字孪生体可以预测泥浆泵的状况，以减少因叶轮磨损而导致的停机 **3**	**关键指标** 减少钻孔机停机时间 减少输送机停机时间 每天/每月的额外吨位 **7** **外部挑战** 可信度 **5**	**客户细分** 机械维护主管 可靠性工程师 维护计划员 生产操作者 **2**
成本核算 开发 变更管理 **9**			**投资回报率** 泥浆泵故障导致的磨机停机时间减少 25% 服务行程减少 25% 影响安全 KPI **6**	
数字孪生体应用程序（产品）			业务（市场）	

图 4.5　泥浆泵预测性维护数字孪生体的精益数字孪生体画布

图 4.5 中的数字表示在与业务和 IT 团队的研讨会期间完成画布的顺序，其相应的解释如下：

（1）问题：根据第 1 章"数字孪生体简介"中描述的优先级矩阵，描述第一个数字孪生体将解决的前三个问题。

（2）客户细分：谁是将从这个数字孪生体解决方案中受益的利益相关者和业务用户？

（3）数字孪生独特的价值主张：是什么让这个数字孪生体与你已经在做的东西不同？

（4）解决方案：此数字孪生体的关键功能（人工智能、实时、决策支持等）的三大特征是什么？

（5）外部挑战：数字孪生体的外部危险信号是什么（安全性、数据访问、连接性等）？

（6）投资回报率：此数字孪生体将如何获得已计划的潜在价值？

（7）关键指标：如何量化数字孪生体成果？

（8）集成：其工作所需的关键集成是什么？

（9）成本核算：开发和操作数字孪生体的预计成本是多少？

图 4.5 显示了作为工业采矿公司预测性维护数字孪生体的一部分的泥浆泵的完整画布。这种方法的主要好处之一是画布提供了执行决策者感兴趣的所有关键方面的视图。

由于第一个项目通常会在你的组织中创建对新方法（如数字孪生体）的持久认知，所以验证你的问题陈述和预期结果是不容忽视的关键步骤。精益数字孪生体画布非常适合作为你的第一个数字孪生体的解决方案规划框架，因为它确保你记录了问题陈述并明确阐述了预期结果。

图 4.4 中的第二个块描述了该方法，它类似于精益创业方法中的产品/市场匹配，精益数字孪生体将其改编为数字孪生体/业务匹配度，用于验证问题陈述并检查预期结果。

在本小节中，我们提出了精益数字孪生体画布作为规划你的第一个数字孪生体的业务验证和影响的解决方案框架。它基于精益创业方法，强调验证性学习，其中的一个关键是验证我们正在解决恰当的问题以提供正确的结果。

接下来，让我们看看如何验证问题陈述和预期结果。

4.2 验证问题陈述和预期结果

回顾问题陈述和预期结果是初始阶段验证学习重点的一部分（见图

4.4）。它为我们提供了不断迭代和试验以获得成功项目的机会。

你需要在开发周期的每个阶段（见图 4.1），验证你正在解决的问题以及对业务成果的预期。最简单的方法是在每个阶段结束时的正式审查研讨会中使用精益数字孪生体画布。你可以将此用作检查点，以确保所有利益相关者在问题和预期的业务结果上保持一致。

你应该为每个阶段更新画布，以便在项目结束时提供有价值的见解，从而评估在开发生命周期内对预期业务成果的陈述演变。像这样的画布是一种很方便的工具，可以从技术和业务两方面向高管展示数字孪生体的演变和发展。

4.3 探索数字孪生体开发的业务流程

交付团队需要定义业务流程的变化并确保最终用户接受培训以最大限度地利用数字孪生体。尽管我们在阶段 2——项目设计和开发阶段中才提到了这一点，但我们必须在项目早期就考虑这种影响。

图 4.6 描述了矿山泥浆泵预测性维护数字孪生体对业务流程的影响，意在演示数字孪生体、可靠性工程团队、维护计划团队和维护人员之间的交互。

数字孪生体交付团队有责任更改现有流程以引入新的工作方式，尤其是当它影响不会定期使用数字技术解决方案的操作和业务用户时。

这可能需要对大型项目进行正式的业务流程审查，也需要绘制简单的业务流程图（类似于图 4.6 中的示例）。这将改善各个利益相关者之间的协作和沟通，并使所有流程参与者都能看到变化，从而在每个阶段审查这些变化，特别是在验证阶段，以确保新流程能改善整体体验。

图 4.7 显示了泥浆泵的端到端业务流程，其中的数字孪生体从物理泵接收实时数据。当数字孪生体预测到潜在故障时，它会向服务技术人员发送消息以启动维修，并在业务系统（如 ERP）中创建相应的工单。

		监控	黄色警告	红色警报	已派遣的工作人员	已执行的维护	已完成的工单
所有者		数字孪生体	可靠性（通过电子邮件）	可靠性（通过短消息）	维护协调员	维修班组	数字孪生体
					在数字孪生体之外的企业资产管理中进行维护		数字孪生体关闭循环
操作		基于状态的泥浆泵监测和预测	验证或清除警报	验证或清除警报	创建工单并设置优先级	维修泥浆泵，更换轴承、密封件等	将工单标记为已完成
			传递信息和维护规划	验证后创建紧急工作请求	定期维护或磨合		自动关闭数字孪生体中的警报
时间点		实时	停机事件前约1周	停机事件前2天内	基于工单优先级	当前班次	当前班次

图 4.6　基于数字孪生体的业务流程更改示例

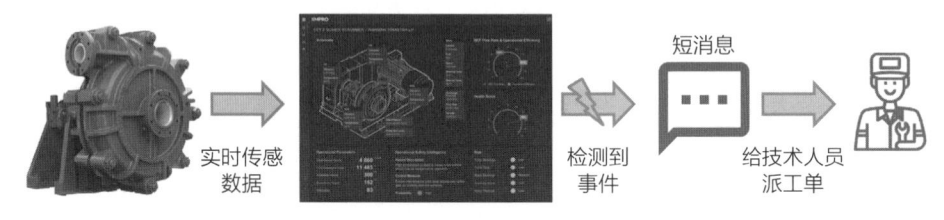

图 4.7　由泥浆泵的数字孪生体发起的端到端业务流程

业务流程更改影响的不仅是你的第一个数字孪生体的使用流程。你此时做出的技术决策可能会影响到部署未来项目的结果和规模，因此，我们还需要解决其中的一些技术问题。

4.4　考虑技术因素

现在我们已经清楚地了解了希望通过第一个数字孪生体解决的问题、预期结果、精益和敏捷开发周期中的不同项目阶段以及支持它所需的业务流程，接下来还需要解决第一个数字孪生体的技术因素。

为了标准化数字孪生体的定义、互操作性以及如何与这些数字孪生体进行交互，各种组织正在制定技术标准以应对这些挑战，其中两个值得注意的项目是由德国工业 4.0 平台开发的资产管理壳（Asset Administration Shell，AAS）和微软赞助的数字孪生体定义语言（Digital Twin Definition Language，DTDL）。

除此之外，目前开发的制造业中的数字孪生体也有标准框架，例如 ISO 23247 中的数字孪生体制造框架（Digital Twin for Manufacturing Framework）。

资产管理壳和数字孪生体定义语言计划都侧重于技术描述和实例化数字孪生体，并具有重大的技术影响。在撰写本文时，这两个标准仍在开发中，因此没有足够的细节来帮助我们创建完全可操作的独立数字孪生体。你可以决定使用其中任何一个，或者甚至使用你自己的专有方法。

这是一个关键的架构决策，它受你组织中的技术体系以及你在短期和中期所需的产品复杂程度的影响。我们的建议是：创建你的第一个数字孪生体作为最小可行产品，这样你就可以在决定业务标准之前测试这些方法。

为了帮助你决定应该为你的第一个工业数字孪生体使用哪种标准，我们将以高屋建瓴的方式研究一下之前提到的两个新兴标准：资产管理壳和数字孪生体定义语言。

4.4.1 资产管理壳

资产管理壳是用于德国工业 4.0 平台的数字孪生体的实现。工业 4.0 平台是一个由德国公司、协会、工会、科学组织和政府实体构建的平台。

资产管理壳由工业 4.0 平台的参考架构、标准和规范（Reference Architectures, Standards, and Norms）工作组开发，如图 4.8 所示。

资产管理壳主要与工业 4.0 运动[1]相关，其中大部分活动来自欧洲制造商及其客户。技术考虑主要围绕与其他基于资产管理壳的资产数字孪生体的互操作性。为你的数字孪生体架构考虑使用资产管理壳的原因之一是产品制

---

[1] 工业 4.0：基于工业发展的不同阶段做出的划分。工业 1.0 是蒸汽机时代，工业 2.0 是电气化时代，工业 3.0 是信息化时代，工业 4.0 是利用信息化技术促进产业变革的时代，也就是智能化时代。——编者注

符合工业 4.0 平台的通信

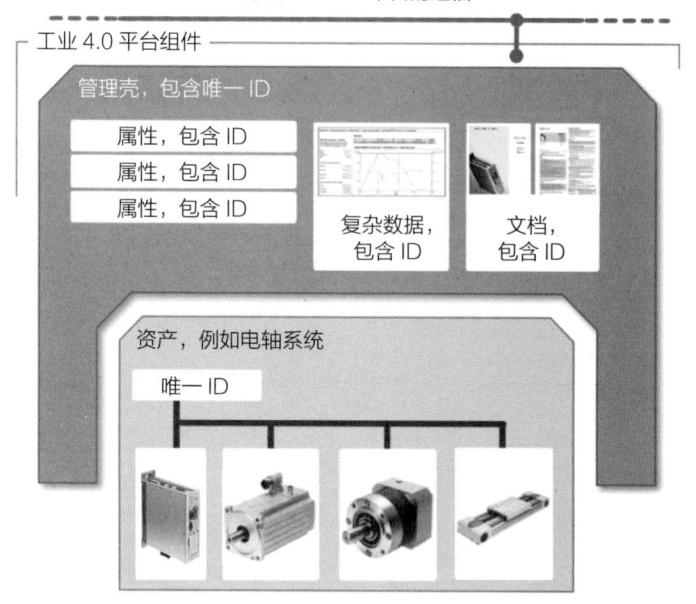

工业 4.0 平台组件

管理壳，包含唯一 ID

属性，包含 ID
属性，包含 ID
属性，包含 ID

复杂数据，包含 ID

文档，包含 ID

资产，例如电轴系统

唯一 ID

资料来源：工业 4.0 平台。

图 4.8 资产管理壳的高级元模型

造商的潜在数字孪生体库，它们可用于组装复合数字孪生体。

提供资产管理壳的完整技术评估不在本书的讨论范围内，但它是未来标准化数字孪生体开发的关键技术考虑因素。

下面我们将介绍你的第一个数字孪生体的一些基本技术决策。

首先是用于定义、创建、存储和操作数字孪生体信息模型的格式。对它们进行标准化将有助于数字孪生体之间的互操作性，减少集成工作并增加模型的可重用性。

资产管理壳是资产及其相关数据的元模型描述，其核心是实物资产，它以机器可读的格式提供对资产的共同理解，该框架旨在满足建立产品层次的资产、组件、信息和子模型，有点类似于物料清单。它可以在更广泛的供应商和消费者的工业 4.0 生态中运行。

在资产管理壳框架中有用于定义属性和物理单元的概念描述的数据规范模板，它提供了以下序列化和映射，我们还指出了它们的典型用例：

- XML和JSON：用于通过.aasx交换格式在合作伙伴之间进行数据交换。
- 资源描述框架（Resource Description Framework，RDF）：用于推理。
- AutomationML：用于工程阶段。
- OPC统一架构（OPC Unified Architecture，OPC UA）：用于操作阶段。

序列化遵循有助于改进协作和互操作性的标准化结构。图4.9显示了资产管理壳结构化方法中资产的元模型。

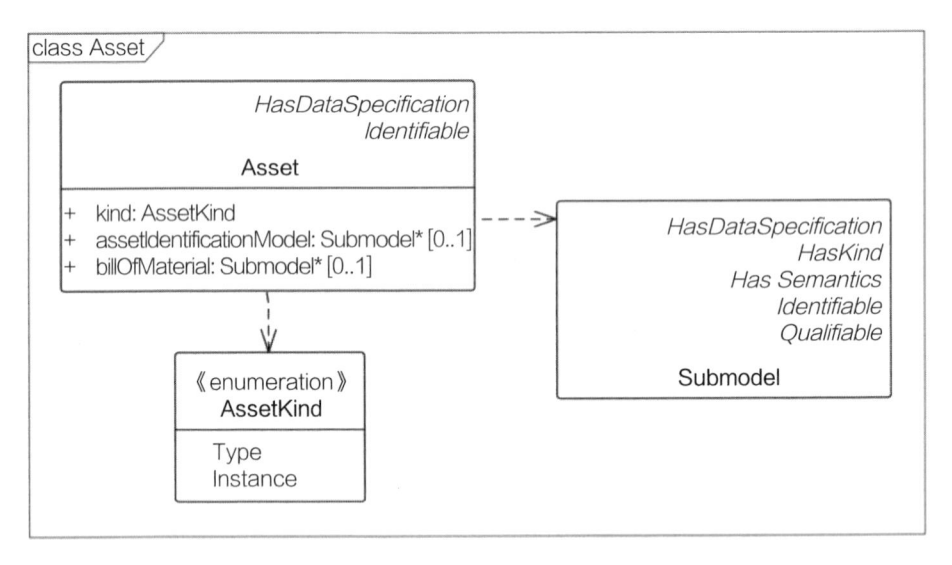

图4.9 资产管理壳结构中资产的元模型

以下XML代码片段显示了以机器可读格式定义资产及其组件或子模型层次结构的结构：

<aas:assetAdministrationShells>

  <aas:assetAdministrationShell>

    <aas:idShort>ExampleMotor</aas:idShort>

    <aas:category>CONSTANT</aas:category>

    <aas:identification idType="URI">http://customer.com/aas/9175_7013_7091_9168</aas:identification>

```xml
<aas:assetRef>
    <aas:keys>
        <aas:key type="Asset" local="true"
        idType="URI">http://customer.com/assets/KHBVZJSQKIY
        </aas:key>
    </aas:keys>
</aas:assetRef>
<aas:submodelRefs>
    <aas:submodelRef>
        <aas:keys>
            <aas:key type="Submodel" local="true"
            idType="URI">http://i40.customer.com/
            type/1/1/1A7B62B529F19152</aas:key>
        </aas:keys>
    </aas:submodelRef>
</aas:submodelRefs>
<aas:conceptDictionaries />
</aas:assetAdministrationShell>
</aas:assetAdministrationShells>
```

这种序列化反过来又可用于在集成时与数字孪生体交互，也可用于资产的可视化表示（基于数字孪生体用例的要求）。

工业 4.0 社区还提供了开源的开发人员工具资产管理壳浏览器（AAS Explorer）。

一些支持数字孪生体的技术供应商通过可视化和数据集成功地为资产管理壳提供了现成可用的支持。图 4.10 显示了商业应用中资产管理壳智能工厂机器人的数字孪生体的实现。

图4.10　智能工厂AAS定义中的机械臂数字孪生体示例

另一种技术考虑是在单一技术环境中部署和管理标准化数据模型。当你对云解决方案提供商的技术栈进行标准化时，这种方法很有意义。微软数字孪生体定义语言开源计划就是支持这种技术考虑的方法。

4.4.2　数字孪生体定义语言

通过其开源计划，微软开发了数字孪生体定义语言作为描述模型的语言，描述的模型包括物联网设备、设备数字孪生体和资产数字孪生体的模型。

设备数字孪生体是传感器设备的数字表示，包括电池电量和连接质量等设备信息，这些信息通常与资产数字孪生体无关。

数字孪生体定义语言使用JSON的一种变体，即JSON-LD，旨在用作JSON或用于资源描述框架系统。

与资源管理壳类似，数字孪生体定义语言由一组元模型类组成。以下6个元模型类可定义基于数字孪生体定义语言的数字孪生体的行为：

- Interface（接口）

- Telemetry（遥测）
- Property（属性）
- Command（命令）
- Relationship（关系）
- Component（组件）

这些元模型类可以使用相应的软件开发工具包（Software Development Kit，SDK）来实现。

请注意，数字孪生体定义语言只能部署在 Azure Digital Twins 服务上，在撰写本书时，该服务已在微软 Azure 云中可用。因此在 Azure 和 Azure Services 上标准化其技术栈的组织可能更喜欢使用数字孪生体定义语言来部署其数字孪生体解决方案。

数字孪生体定义语言可以定义实体之间的语义关系，以将数字孪生体连接到反映其交互的知识图谱，它还支持模型继承以创建专门的数字孪生体。

Azure 数字孪生体中的数字孪生体知识图谱可以通过 Azure 数字孪生体资源管理器（Azure Digital Twins Explorer）进行可视化，以显示不同数字孪生体模型之间的关系。

它是一个示例应用程序，演示了如何执行以下操作：

- 上传和探索基于数字孪生体定义语言的数字孪生体模型和知识图谱。
- 可视化具有多种布局的数字孪生体知识图谱。
- 编辑数字孪生体定义语言数字孪生体的属性并对知识图谱运行查询。

图 4.11 显示了基于复合数字孪生体的数字孪生体定义语言模型的知识图谱的示例。

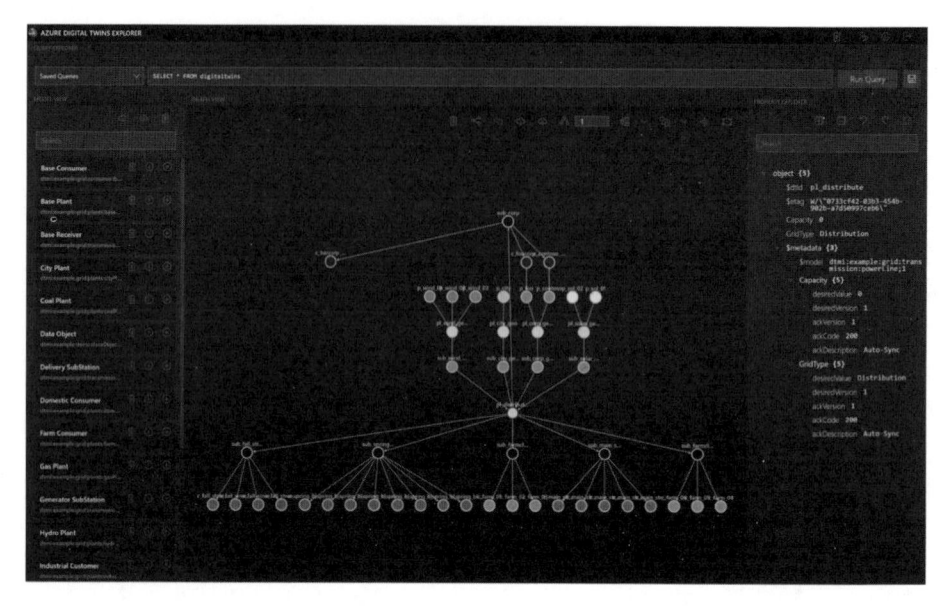

图4.11 Azure Digital Twins 服务中基于数字孪生体定义语言的数字孪生体知识图谱

数字孪生体定义语言目前不如资产管理壳复杂，所以它的范围和能力也受到限制。它不会在数字孪生体上存储历史数据，因为它只记录当前状态，这意味着如果从传感器输入的温度发生变化，则当前值将被新值覆盖。

使用数字孪生体定义语言的 Azure Digital Twins 服务的用户通常将时态数据存储在时间序列数据库中，然后使用数字孪生体定义语言资产标识符和属性来创建历史数据以进行分析。这也可以由微软 Visual Studio 中的主题专家在具有集成连接器的低代码数字孪生体平台中完成，该平台提供对 Azure 数字孪生体和时间序列数据库的访问。

在决定你的第一个数字孪生体的开发技术时，这些是重要的技术考虑因素。数字孪生体由软件开发人员开发和使用，还是由业务用户使用？二者在技术上都是可行的，但需要不同的技术能力。

以下是一个数字孪生体定义语言 JSON 示例，描述了离心泥浆泵的一些属性：

```
{
    "@id" : "dtmi:com:XMPro:PumpAssembly;1",
    "@type" : "Interface",
    "@context" : "dtmi:dtdl:context;2",
    "displayName" : "Pump Assembly",
    "contents" :[
        {
            "@type" : "Property",
            "name" : "Description",
            "schema" : "string"
        },
        {
            "@type" : "Property",
            "name" : "PumpType",
            "schema" : "string"
        },
        {
            "@type" : "Property",
            "name" : "MotorRatedPower",
            "schema" : "double"
        },
        {
            "@type" : more types and properties here
        }
    ]
}
```

图 4.12 显示了一个低代码开发平台示例，其中遥测数据被发送到 Azure Digital Twins。

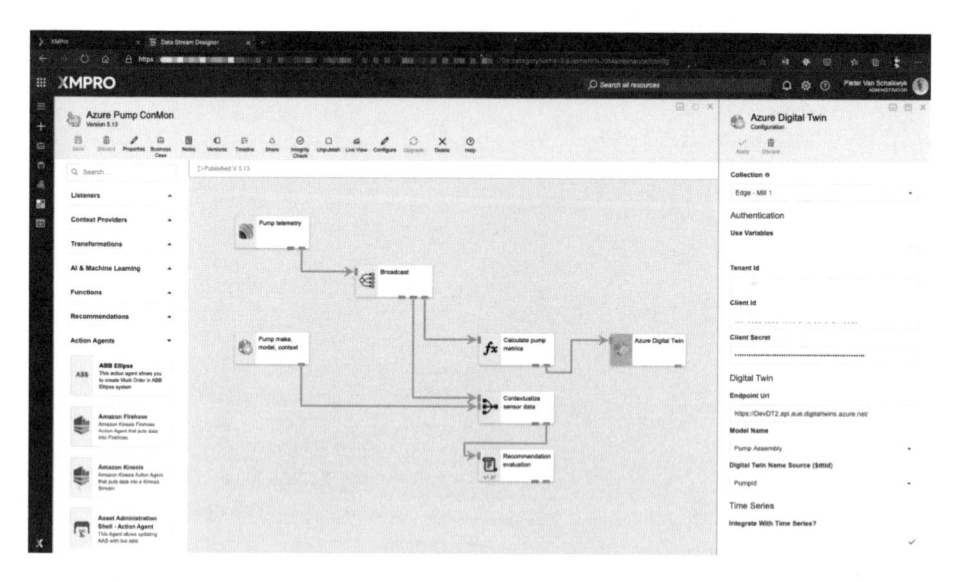

图 4.12 Azure Digital Twins 服务中基于数字孪生体定义语言的数字孪生体图

图 4.13 显示了使用数字孪生体定义语言建模的泥浆泵的遥测数据在最

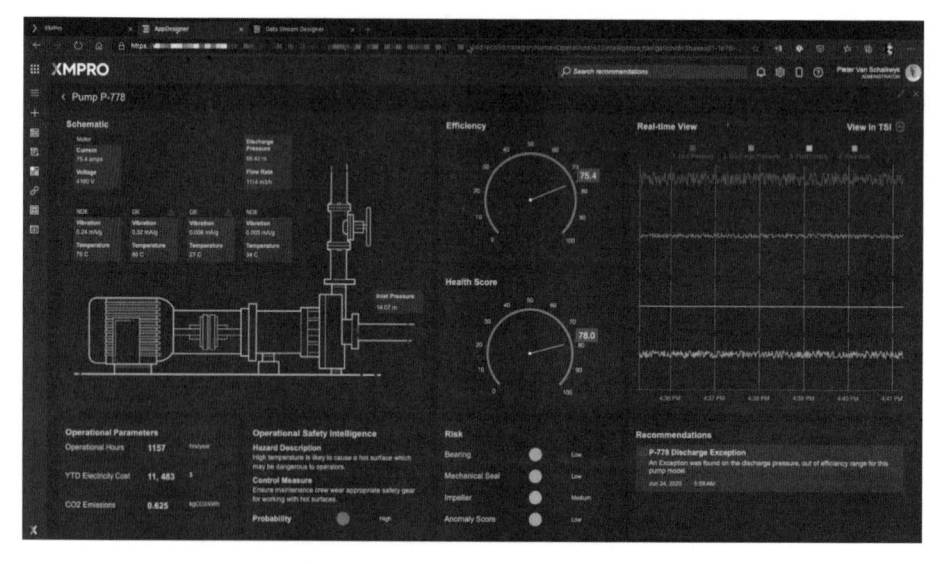

图 4.13 泥浆泵的遥测数据在最终用户界面中的呈现方式

终用户界面中的呈现方式。

资产管理壳和数字孪生体定义语言强调了在决定使用底层技术进行开发时需要解决的一些技术问题。其实还有许多其他要考虑的技术因素，例如安全性、可信赖性、远程访问、通信要求和用户界面等，我们将在本书后面讨论这些因素。

接下来，让我们看看支持数字孪生体开发过程的数字平台。

4.5 探索数字孪生体的数字平台

数字孪生体需要一个数字环境来帮助构建和部署其应用。数字孪生体的数字平台通常由多个组件组成，这些组件被编排在一起以提供支持数字孪生体的技术栈。

这些数字组件包括：

- 物联网平台
- 业务流程管理平台
- 分析和数据平台
- 应用平台

让我们看看如何使用这些数字组件来创建用于构建和部署的环境。

4.5.1 物联网平台

物联网平台通常包含将物联网设备连接到分析程序和业务应用程序的多种功能。一般来说，传统的操作技术平台会连接到专有设备和控制系统，相比之下，物联网平台则是通过开放协议连接到一个或多个物联网设备，并使信息可用于操作和业务应用程序。

物联网平台可通过以下方式支持数字孪生体的开发：

- 监控物联网端点和实时数据流。
- 支持用于连接和数据传输的专有和开放行业连接协议。
- 对物联网数据启用基于物理和数学的分析。
- 提供边缘、分布式和云计算选项。
- 通过 API 为应用程序开发提供集成。
- 将物联网数据与来自业务和运营系统的信息关联起来。

高级物联网平台的一些关键功能包括：

- 设备管理
- 数据集成
- 数据存储和管理
- 数据分析
- 应用程序开发支持
- 安全和隐私

这些功能结合在一起为数字孪生体开发项目提供了理想的技术基础。当然，数字孪生体的目标不仅仅是围绕实时传感器或物联网信息，还围绕数字孪生体驱动的业务成果。这些业务成果受到从数字孪生体获得的见解而采取的行动的影响。如前文所述，更改或调整业务流程是获得数字孪生体长期价值的关键因素。

物联网平台的一些代表性供应商包括：

- Alleantia

- Particle
- Microsoft
- Relayr
- Thingworx

> **注意** 请注意，上述供应商列表仅举了几个有代表性的例子，并非详尽清单，仅供参考。

来自数字孪生体的信息既可以为操作用户提供决策支持，也可以支持流程自动化。业务流程管理平台可以同时提供这两个功能。

4.5.2 业务流程管理平台

数字孪生体的业务流程管理（BPM）平台可能与物联网平台功能有很大的重叠，但 BPM 平台的重点更多是驱动由物联网数据产生的业务流程或工作流，较少关注物联网设备管理、连接和通信协议。

高级 BPM 解决方案还可提供针对主题专家的低代码配置环境，以帮助配置工作流、流程和业务规则，从而执行操作或实现操作的自动化。该流程不仅包含来自物联网的数据，而且可将高级分析嵌入其中，从而生成见解和态势感知。

BPM 平台的一些代表性供应商包括：

- Avolution
- Boxarr
- iGrafx
- QPR
- XMPro

> **注意** 请注意，上述供应商列表仅举了几个有代表性的例子，并非详尽清单，仅供参考。

BPM 平台可提供来自数字孪生体的操作，但该解决方案可能需要更多的数据和分析来确定操作过程。

4.5.3 分析和数据平台

分析和数据平台是提供高级分析功能的数字工具。这些能力包括机器学习、人工智能和高保真物理功能。

这些分析平台通常依赖从物联网平台获取的数据。其他数据管理功能还包括：历史记录服务、数据湖和针对特定设备类型的预构建分析库。

分析和数据平台通常与业务流程管理（BPM）或应用程序平台结合使用，可视化分析见解的结果并为操作员的行动提供参考。

分析和数据平台的一些代表性供应商包括：

- ANSYS
- C3.ai
- OSIsoft
- Sight Machine
- Uptake

> **注意** 请注意，上述供应商列表仅举了几个有代表性的例子，并非详尽清单，仅供参考。

4.5.4 应用平台

应用程序平台是你在组织中开发和使用数字孪生体时需要考虑的最后一类支持数字孪生体的技术。应用程序平台可用于创建垂直细分业务的数字孪生体解决方案，以支持现有应用程序，例如资产绩效管理、企业资产管理和运营绩效管理（Operations Performance Management，OPM）。数字孪生体为这些业务应用程序带来了新的功能，并且数字孪生体的配置是供应商本身更广泛的应用程序套件的一部分。

应用平台的一些代表性供应商包括：

- AVEVA
- Bentley
- GE Digital
- IBM
- Oracle
- SAP
- 西门子

> **注意** 请注意，上述供应商列表仅举了几个有代表性的例子，并非详尽清单，仅供参考。

数字孪生体的应用程序和用例将决定你需要的数字平台功能。正如本章前面所讨论的，验证业务问题对于选择正确的数字技术来说至关重要。当我们在下一章开始设置第一个数字孪生体原型时，这将变得更加明显。

4.6 小结

本章为我们的第一个数字孪生体项目考虑了所需的规划框架。在此过程中，我们研究了一个项目规划框架，它描述了所涉及的阶段；我们还研究了一个解决方案规划框架，它定义了我们正在解决的问题、它关注的用户以及预期的结果。

我们还回顾了如何验证问题陈述和预期结果，以及这将如何影响现有和未来的业务流程。然后，我们还探讨了技术决策的影响。最后，本章还简要介绍了支持技术和不同类型的数字平台。

在第 5 章"设置数字孪生体原型"中，我们将开始设置第一个数字孪生体原型，方法是选择数字孪生体平台、确定云基础架构并启动配置和设置。我们还将考虑数据的影响，并为第一个数字孪生体创建解决方案架构。

4.7 思考题

请你基于对本章内容的理解思考以下问题：

（1）描述你的数字孪生体原型的项目阶段。

（2）你能创建一个精益数字孪生体画布来描述你的解决方案吗？

（3）你的数字孪生体解决方案主要考虑的技术因素是什么？

（4）你认为数字孪生体对你的组织有什么好处？

第 5 章 设置数字孪生体原型

在第 4 章 "从第一个数字孪生体开始"中，我们了解了数字孪生体之旅的规划框架，这涵盖了数字孪生体的预期业务成果以及达到预期状态的过程。我们还讨论了在企业中创建和管理数字孪生体的技术要求。

本章将介绍构建数字孪生体原型所需的步骤。我们将首先评估云平台和物联网平台因素，然后考虑构建数字孪生体所需的能力。

本章包含以下主题：

- 确定数字孪生体平台
- 为数字孪生体评估云平台、物联网和专业平台
- 配置和设置
- Azure 数字孪生体的数据考量
- 解决方案架构

让我们先从数字孪生体平台开始。

5.1 确定数字孪生体平台

在第 3 章 "确定第一个数字孪生体"中，我们从不同类型公司的角度评

估了数字孪生体。其中第一类和第二类是大型工业公司，它们可以是工业资产的制造商。以下我们将拓宽视野，将审视角度从那些有兴趣在资产的整个生命周期内改进产品和提供良好维护服务的工业制造商扩展到其客户或资产运营商。

5.1.1 资产所有者的视角

让我们把讨论范围缩小到能源部门和风力涡轮机制造商。全球变暖和节能减排导致越来越多的厂商使用可再生能源。因此，我们相信风力涡轮机将继续成为能源领域的重要工业资产。

水平轴风力涡轮机如图 5.1 所示，是最常用的风力涡轮机类型。风力涡轮机不需要化石燃料来产生能量，因为风是风力涡轮机产生能量的唯一输入，就像阳光是太阳能发电厂的能源一样。这种风力涡轮机可以是单一资产，也可以是风电场的一部分。一个工业级的风力涡轮机大约可以使用 20 年。

图 5.1　水平轴风力涡轮机

今天，较大的风力涡轮机的翼展可以达到 200 米，可以产生 10~20 兆瓦的能量。

一个风电场可以包含数百台涡轮机，这种风电场可以建在陆地或海上。风力涡轮机的相对位置和距离对于提高风电场的整体发电量非常重要，所以风电场通常位于一年中大部分时间或一天中大部分时间持续出现风流的区域。图 5.2 显示了一个海上风电场，如图所示的位置通常有风速为 5~10 米 / 秒的风流，可有效发电。

图 5.2　海上风电场

我们需要了解如何在风电场中完成风力涡轮机的物理布局，以最大限度地提高整体发电量。为此，我们需要在保证一个涡轮机对其余涡轮机的风流的干扰最小的前提下，确定下一个涡轮机的基座和定向方向之间的距离。这种对风的影响被称为尾流效应（Wake Effect）。尾流效应可以来自同一风电场中的不同涡轮机（内部尾流效应）或来自相邻风电场（外部尾流效应）。

由于风力涡轮机和风电场的使用寿命长，所以尾流效应是建造风电场的重要考虑因素。随着时间的推移，附近森林中树木的生长也会影响风的性质。

接下来，让我们看看数字孪生体解决方案（例如风力涡轮机和风电场）需要什么样的基础能力。

5.1.2　所需的物联网功能

数字孪生体需要来自资产的数据，以使孪生体保持最新状态。这有助于构建和维护更准确的孪生体，从而更好地为预测性维护提供决策支持。

在过去十年中，我们看到了若干个物联网平台的增长，其中一些平台面向工业资产。图 5.3 展示了一个通用的物联网技术栈，它描述了设备连接以捕获数据并将其转换为可与物联网核心平台通信的方式。这种核心物联网通常驻留在云平台中，而应用程序（包括用于数字孪生体的应用程序）通常构建在物联网平台之上。

物联网技术栈

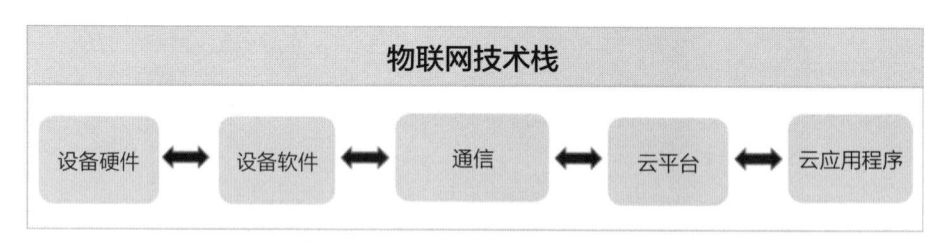

设备硬件 ↔ 设备软件 ↔ 通信 ↔ 云平台 ↔ 云应用程序

图 5.3　物联网技术栈

接下来让我们看一下物联网平台的一些基本功能，即：

- 能够从资产、传感器、网关设备或第三方来源（例如环境数据）收集数据。
- 能够安全可靠地将数据传输到数据存储层。此活动可能需要协议转换或数据加密。
- 处理不同类型的通信媒体，例如远程位置的有线、无线甚至卫星通信。
- 了解资产和资产结构的能力，以便将数据映射到有意义的结构。
- 能够分析来自不同数据存储类型（例如，时间序列、关系或非结构化）的数据，并应用模型和算法来产生洞见。
- 允许在平台功能之上构建用于特定目的的应用程序。

现在，当我们研究物联网平台所需的基础能力时，我们的发现可概括为以下几点：

- 计算
- 存储
- 网络连接

为了以弹性和敏捷的方式获得这些基础能力，物联网平台将使用公共云平台。由于物联网中资产的分布式特性，计算、存储、网络连接可能需要在多个地方进行。公共云平台通常分为区域和可用区（Availability Zone，AZ）来帮助满足此类需求。

网络安全是通过遵循安全实践来处理的，例如：

（1）限制控制系统远程操作设备。

（2）使用边缘设备和云端之间的数据加密，以降低篡改动态数据的风险。

5.1.3 构建与购买功能

在上一小节中，我们讨论了物联网平台所需的基础功能。鉴于这些功能存在于任何云服务平台中，从公共云平台"购买"此功能而不是"构建"它可能是一个简单的决定。

大约十年前，许多大型企业往往会建立自己的数据中心来满足他们的计算需求，并将他们的数据和应用程序保存在公司防火墙内。随着公共云技术开始成熟并加强了安全性和合规性，多数企业开始转向在公共云平台上"购买"类似的虚拟数据中心能力。

在构建数字孪生体解决方案（例如在我们的案例中风力涡轮机的数字孪生体）时，制造公司将面临类似的构建与购买决策。我们将通过提供该公司当前技术环境的详细信息来分解此决策过程，如下所示：

- 作为一家全球性企业集团，该公司拥有许多应用程序和数据库。这些应用程序被分类为：关键任务应用程序，非关键任务应用程序。同样，数据库已分类为：导出受限制的数据库，私有数据库，公共数据。
- 首席信息官已获准在非关键任务类别中存储应用并在公共云平台中使用私有或公共数据。但是，这要求公共云服务提供商符合行业标准和合规性要求。
- 公司可能已获批使用某些公共云平台，这些云平台可以提供物联网平台选项。物联网平台与用于 IT 应用程序和数据库的选定公共云平台的接近性将导致数据进出选定云平台的数量减少。
- 在选定的公共云平台上运行的物联网平台的子集将满足工业资产的需要，不限于消费者物联网场景。
- 该公司正在减少其关键任务应用程序和受到导出控制的数据以外的数据的占用空间。当然，该公司正在评估云服务提供商的路线图，以满足他们在未来 2 年内的性能水平和合规性要求，无论是通过公共云还是混合云 / 边缘云产品的形式。

基于这些考虑，公司决定在本用例中采取"购买"而不是"构建"功能的路线。

5.2 为数字孪生体评估公共云、物联网和专业平台

现在来看一下为风力涡轮机构建数字孪生体解决方案的注意事项。在过去十年中随着大型云服务提供商的出现，企业计算一直在向公共云平台转移。

根据高德纳在 2020 年 9 月发布的云基础设施和平台服务的魔力象限（*Magic Quadrant for Cloud Infrastructure and Platform Services*）报告，以下是主要的公共云提供商：

- Microsoft Azure
- Amazon Web Services（AWS）
- Google Cloud Platform（GCP）
- 阿里云
- Oracle Cloud Infrastructure（OCI）
- IBM Cloud
- 腾讯云

接下来，我们将在数字孪生体的背景下研究当前云服务行业中可提供的常用选项的功能。

5.2.1 微软 Azure Digital Twins

微软 Azure Digital Twins（ADT）是 Azure IoT 的一部分。Azure IoT 是一个基于物联网的数字孪生体平台，它由许多可以在边缘和云端访问的平台服务组成。其中一些用于提供物联网平台的服务包括：

- Azure IoT Hub——这是一种云托管的安全双向通信服务，介于物联网设备和后端应用程序之间。
- Azure IoT Central——这是一个用户界面（User Interface，UI）应用程序，用于管理 Azure IoT Hub 上的设备。
- Azure IoT Edge——通过 Azure 服务的容器化运行物联网边缘设备。
- Azure RTOS——这是一个用于资源受限物联网设备的操作系统，包括一个嵌入式开发套件。
- Azure Time Series Insights（TSI）——使用它来存储、可视化和查询时间或时序数据的大型数据库。
- Azure Digital Twins——这是一种平台即服务功能，可基于知识图谱

（简称为"图"）为实体创建关系，以描述实体的模型以及该模型与其他实体的关系。

这些服务可根据业务和技术要求组合成不同的配置，以构成 Azure IoT 平台。物联网和数字孪生体应用程序是在 ADT 平台上通过 Visual Studio 和 Visual Studio Code（VS Code）等工具开发的。

ADT 中的知识图谱将实体、关系和状态信息存储在单个模型中。图 5.4 显示了 Azure IoT 平台及其服务的高级视图，以及 ADT 在架构中的位置。

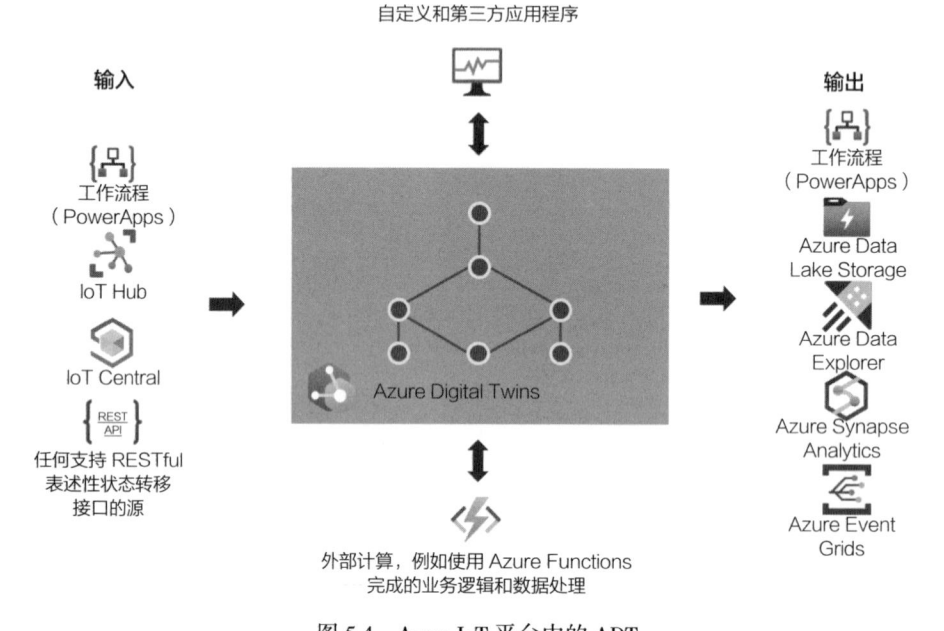

图 5.4　Azure IoT 平台中的 ADT

ADT 使用数字孪生体定义语言，以提高 ADT 模型在不同应用程序和用例中的互操作性和可重用性。

微软的 Azure IoT 和 ADT 涉及了基础设施、制造、能源和公用事业、石油和天然气以及采矿等垂直领域。

接下来，让我们看看 AWS 的功能。

5.2.2 AWS 物联网平台

Amazon Web Services（AWS）早在 2006 年就开始提供云服产品。目前它在基础设施即服务和平台即服务市场占有非常大的份额。

2015 年底，亚马逊公司宣布推出其 AWS 物联网产品，从 AWS IoT Core 或用于连接设备的云服务开始。而其他 AWS 服务，例如 Amazon Simple Storage Service（S3）、Amazon Kinesis 等，都可以与 IoT Core 一起使用以构建物联网应用程序。

AWS IoT 平台可以为常用的物联网协议提供支持，例如消息队列遥测传输（Message Queuing and Telemetry Transport，MQTT）、超文本传输安全协议（HTTPS）和低功耗广域网（Low Power Wide Area Network，LPWAN）。

一些已经在 AWS 上拥有数据和应用程序的企业，开始在 AWS IoT 平台上寻找需要设备连接和传感器数据的应用程序。

对于在某个云平台上进行标准化的企业来说，AWSIOT 是新的云能力（如物联网和数字孪生体）的起点。

在某些用例中，首席信息官更喜欢在 IT 和云环境中使用较少数量的移动部件。一般来说，云服务提供商的安全和合规审批流程很长，所以企业会尝试减少使用的公共云平台的数量，除非它们对最佳解决方案开放或将多个云作为他们的业务连续性战略的一部分。通常而言，进出公共云平台会产生数据费用并在应用程序之间引入延迟。

亚马逊公司的物联网产品仅限于其物联网平台，它尚未在平台之上构建任何可作为软件即服务的物联网应用程序。这提高了门槛，因为软件即服务产品或物联网应用程序更容易被业务用户使用，而平台功能通常需要软件专业人员通过可用的物联网应用程序使用服务。

Amazon Sumerian 提供围绕 3D 建模、增强现实和虚拟现实的功能，可与物联网平台一起使用，以构建数字孪生体的应用程序。这方面的一个示例是制造工厂的孪生体，它具有设备的三维视图和平面图，可以用于为员工提供培训。

亚马逊公司还提供了设备影子（Device Shadow）服务。此服务允许你创建物理设备的影子，例如，将物理设备的状态映射到应用程序的状态。当然，影子并不是实物资产的动态数字孪生体。设备影子可以存储在 JSON 格式的文件中。此类 JSON 文件包含了设备元数据、状态或版本，以及与设备关联的任何安全令牌等信息。

应用程序可以使用 RESTful 接口与设备影子交互，即使用 GET、UPDATE 或 DELETE 请求或发送 MQTT 消息。

据我们所知，在本书撰写时（2021 年初），AWS 平台中还没有完整的数字孪生体服务。但是，有些独立软件供应商可在 AWS 之上提供此类功能。Hexagon 数字现实（Hexagon Digital Reality，HxDR）平台就是这样一个例子。

HxDR 平台提供了用于在 AWS 之上构建数字孪生体结构的功能。此类数字孪生体解决方案的一些特征如下所示：

- 因为在创建数字孪生体时混合了来自物理结构的空间数据，所以这也产生了较高的计算复杂度。随着模型规模和精度的增长，计算能力也需要弹性增长，这使得公共云平台更适合它。
- 高保真数字孪生体需要大量有关其物理结构的数据。由于数据量大，存储和查询这些数据的要求也很高。存储的增长可以是按需的，也可以是在公共云平台上的。HxDR 使用 AWS S3 进行这种弹性存储。
- 数字孪生体可能需要在全球范围内收集数据。通常而言，公共云平台在多个位置以及边缘位置都有存在点。
- 为数字孪生体收集的数据具有敏感性，因此需要保证其安全性，这可能需要来自底层云平台的安全服务。

Vertex 是 AWS 平台之上的另一个数字孪生体功能提供商 AWS 上的

Bosch IoT Things 可以使用 MQTT 和高级消息队列协议（Advanced Message Queuing Protocol，AMQP）连接到设备并帮助管理数字孪生体。

总而言之，我们可以使用 AWS 云平台结合 IoT Core 和其他服务构建数字孪生体功能，也可以使用独立软件供应商提供的专业产品。但是，亚马逊公司自己并没有完整的数字孪生体解决方案。

接下来，让我们探索一下甲骨文公司在这个领域提供的功能。

5.2.3 甲骨文公司的物联网应用

甲骨文公司以 ERP 和技术解决方案而闻名，全球多家大中型企业都在使用这些解决方案。当一家公司正在寻找物联网和数字孪生体解决方案时，当前的 ERP 和应用程序的提供商可能会影响该决定。

甲骨文公司和思爱普公司是 ERP、客户关系管理（Customer Relationship Management，CRM）或人力资本管理（Human Capital Management，HCM）等业务应用程序的两个主要全球供应商。该领域的其他提供商还有 Salesforce.com、Workday 和 Infor 等。一些大型公司可能会将甲骨文、思爱普和 Salesforce.com 组合在不同的业务领域。当然，这样做也可能并非有意为之，而是并购产生的结果。

自 2012 年以来，甲骨文公司的业务应用程序通过云作为软件即服务产品提供。后来甲骨文公司推出了其公共云平台 Oracle Cloud Infrastructure。

甲骨文公司几年前开始在其公共云平台上提供物联网平台，并进一步丰富了物联网应用，即软件即服务产品。

甲骨文公司的物联网智能产品包括：

- Smart Manufacturing/Production Monitoring（智能制造/生产监控）——进行进度监控、最大限度地提高产品质量并防止计划外停机。
- Predictive Maintenance/Asset Monitoring（预测性维护/资产监控）——互联资产和互联产品。

- Connected Logistics/Fleet and Shipment Monitoring（互联物流 / 车队和装运监控）——监控装运和仓库自动化。
- Connected Worker（互连工人）——工人安全监控。

接下来，让我们看看甲骨文公司提供的与数字孪生体相关的功能。在这里，数字孪生体的重点是工业资产，其功能适用于 3 种不同的场景，概述如下：

- 虚拟孪生体（Virtual Twin）：该孪生体是实物资产的软件等价物，有助于在连接物理设备之前对资产进行测试和虚拟配置等。
- 预测孪生体（Predictive Twin）：该孪生体用于捕捉实物资产的预期行为，可用于预测其未来状态，包括机器的剩余使用寿命或其对环境的影响等。
- 孪生体投射（Twin Projection）：该孪生体可用于工业环境中的情景分析和规划，例如资产密集型行业的智能工厂、物流、供应链管理、仓储、维护和修理以及现场交付服务等。

甲骨文公司还提供了一个物联网数字孪生体模拟器，允许模拟来自实物资产的数据、警报和事件，而无须连接到它们。

除了物联网和数字孪生体功能，甲骨文还可为智能跟踪或智能冷链解决方案提供区块链应用程序。

甲骨文公司还允许创建一个数字主线，该主线可用于跟踪产品从设计理念开始，一直到生产和投入使用的整个生命周期。

甲骨文物联网数字孪生体实现可能适用于将 Oracle 云 ERP 应用程序或 OCI 用于其他目的的公司。在这种情况下，数据和应用程序都将保留在其云平台上。当然，在其他云平台上运行其业务应用程序的公司则可以根据其功能要求评估 Oracle 物联网应用程序和数字孪生体功能，以确定是否要迁移平台。

在详细比较了来自微软 Azure、亚马逊 AWS 和甲骨文云的产品之后，接下来我们可以转向更专业的产品，例如 PTC（前身为 Parametric Technology Corporation）。

5.2.4 PTC ThingWorx

PTC ThingWorx 是一个基于物联网的数字孪生体平台，这在第 4 章"从第一个数字孪生体开始"中已经提到过。ThingWorx 是 PTC 工程解决方案产品套件的一部分，其中包括用于增强现实的 Vuforia、用于产品生命周期管理的 Windchill 和用于计算机辅助设计的 Creo。

在撰写本书时，ThingWorx 由 3 个可用于创建数字孪生体的主要组件组成。对于这 3 个组件的概述如下：

- ThingModel——作为 ThingWorx 数字孪生体基础的数据模型。
- ThingWorx Composer——用于配置模型、组合服务和逻辑规则以及管理 ThingModel 系统配置的应用程序开发环境。
- ThingWorxMashup Builder——可视化元素的用户界面创作环境。

ThingWorx 是一个基于 Java 的平台，可以在本地安装，也可以部署在微软 Azure 或亚马逊 AWS 云基础设施上。它可以根据客户组织的要求在 Windows 或 Linux 系统上运行。

PTC ThingWorx 还可作为托管平台即服务和软件即服务解决方案提供给不想管理底层计算基础架构的客户。图 5.5 显示了使用 PTC ThingWorx 的示例数字孪生体。

PTC ThingWorx 覆盖所有资产密集型行业，在撰写本书时，PTC 正在努力向制造业客户销售一系列产品生命周期管理和计算机辅助设计解决方案，以提高 ThingWorx 在该细分市场的知名度。

接下来，让我们看看 XMPro，它是该领域的小型服务公司。

图 5.5　PTC ThingWorx 示例数字孪生体

5.2.5　XMPro

XMPro 是一个基于业务流程管理的数字孪生体平台，这在第 4 章"从第一个数字孪生体开始"中也已经提到过。XMPro 基于微软 NET Core 平台构建，可以部署在边缘、云端或边缘和云端的组合中。

XMPro 主要面向工程师、科学家、地质学家和其他主题专家这类客户更喜欢低代码应用程序开发环境，而不是 Microsoft Visual Studio 等传统集成开发环境。

在编写本书时，XMPro 由以下模块组成：

- XMPro Data Stream Designer（XMPro 数据流设计器）——这是一个低代码集成和编排环境，可将实时物联网数据与分析和操作联系起来。其数据流是集成和服务代理的集合，如侦听器、上下文提供者（Context

Provider)、转换、函数、人工智能和机器学习服务以及操作代理。
- XMPro App Designer（XMPro 应用程序设计器）——这是一个用于创建数字孪生体应用程序的低代码可视化编程用户界面，它还可用于为 XMPro 推荐引擎配置工作流逻辑和业务规则。图 5.6 显示了 XMPro 平台的示例数字孪生体。

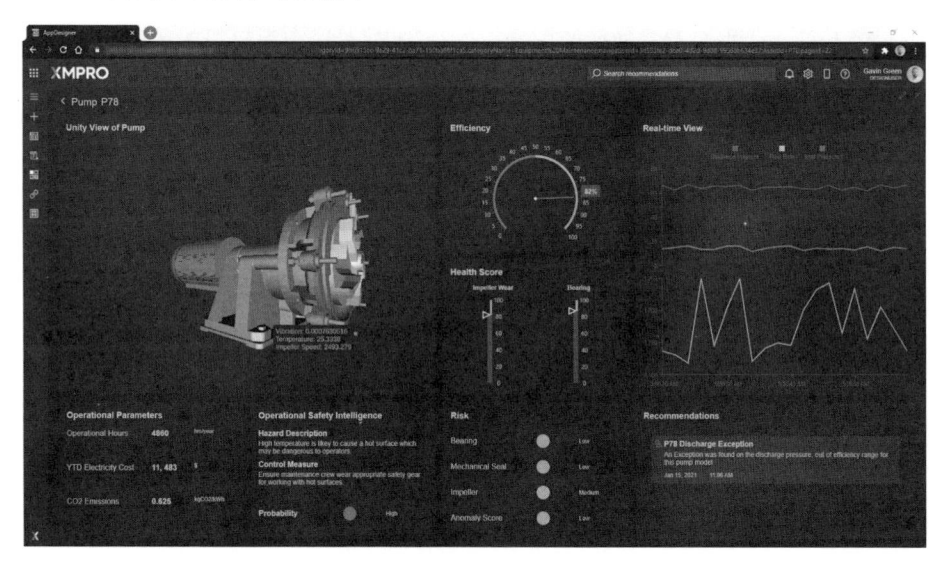

图 5.6　XMPro 示例数字孪生体

XMPro 专注于为采矿、石油和天然气、石化和制造业等资产密集型行业的非程序员提供支持，也可用于供应链解决方案。

前文我们研究了物联网和数字孪生体的解决方案，不同的云平台提供了不同的功能。这种比较研究有助于企业思考和选择其数字孪生体的实现方式。本书将使用微软的 ADT 平台来介绍该过程。这个决定基于以下因素：

- ADT 于 2020 年 11 月由微软 Azure 公开提供，因此可以轻松地将其用于开发、测试或生产部署。
- 本书示例假设要为一家全球性的工业集团构建风力涡轮机数字孪生体，该集团的首席信息官已经为其企业应用程序选择了微软的 Azure 平台。

- 该公司决定首先探索 Azure 上数字孪生体的所有可用选项。
- 该公司还计划向其客户（例如风电场的所有者和运营商）提供风力涡轮机的数字孪生体功能。根据其市场调查，能源行业没有任何首选的公共云平台。

接下来，让我们看看如何使用微软的 ADT 配置风力涡轮机的数字孪生体。

5.3 配置和设置

要在 ADT 中配置我们的第一个数字孪生体，必须首先在 Azure 上设置云基础设施和账户。微软公司为 Azure 管理员提供了详细的设置说明，但我们将从希望设置免费账户以构建第一个数字孪生体原型的非企业用户的角度开始。

我们的第一步是创建一个免费的 Azure 账户，该账户将托管你的 ADT 服务以及你的第一个数字孪生体所需的任何其他物联网和分析服务。有关如何执行此操作的基本步骤，请参见图 5.7。

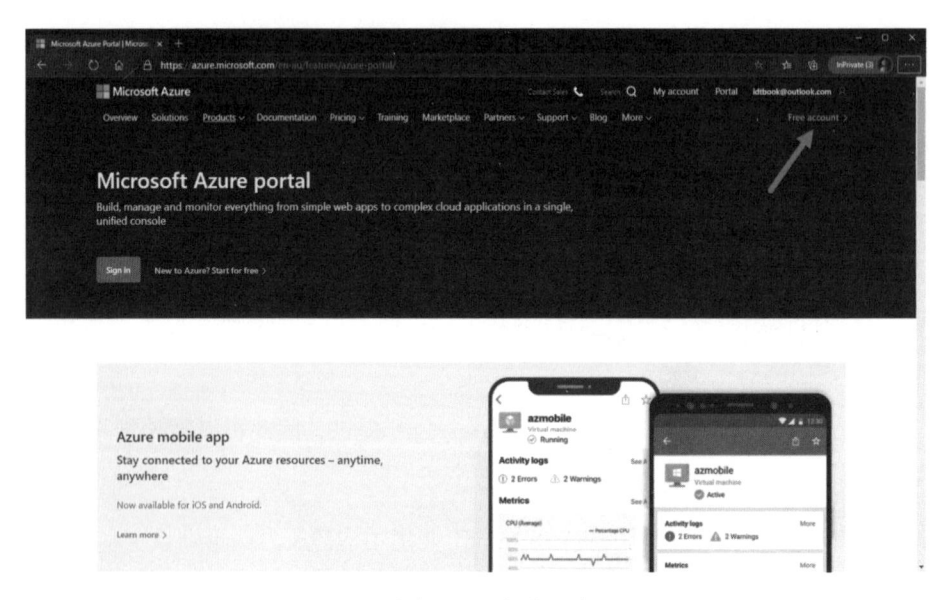

图 5.7　微软 Azure 门户用户界面

创建账户后，你将被重定向到 Azure 服务门户站点。这是所有 Azure 服务的中央管理环境，包括 ADT、Azure 数据库、物联网服务以及微软在其 Azure 产品系列中提供的所有其他产品。

ADT 具备创建和使用数字孪生体的基础设施，它为开发者提供了一种平台即服务解决方案。它是数字孪生体的开发环境，为开发人员编写数字孪生体代码提供方便；它不是一个以最终用户为中心的应用程序，不具有供业务用户配置数字孪生体的用户界面。如果业务用户需要执行操作，则需要使用 Azure 账户中的其他 Azure 服务。

可以通过 Azure 门户网站或通过 Azure 命令行界面（Azure Command-Line Interface，Azure CLI）在命令行中配置 ADT。这两种方法在微软的官方文档中都有详细说明。

本书将简要介绍 Azure 门户的配置方法。如图 5.8 所示，ADT 的配置和设置以及编写支持程序的代码可以分 5 个主要步骤完成。

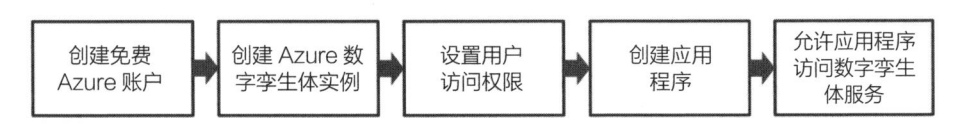

创建免费 Azure 账户 → 创建 Azure 数字孪生体实例 → 设置用户访问权限 → 创建应用程序 → 允许应用程序访问数字孪生体服务

图 5.8　ADT 资源和应用程序配置

第一步是设置 Azure 账户。在撰写本书时，微软提供了免费账户选项。

第二步是在你创建的 Azure 账户中创建 ADT 资源或服务。

第三步是为你自己提供对该 ADT 资源的用户和数据访问权限。在此步骤中，你还可以让其他人访问你的 ADT 服务。

在第四步中，你创建的 ADT 资源需要 Azure 应用程序资源，以便能够针对 ADT 服务进行编码。因此你需要配置应用程序资源。

在第五步中，需要将应用程序资源访问权限授予 ADT 服务。

图 5.9 显示了上述过程涉及的内容和 Microsoft Azure 门户用户界面。

图 5.9　Microsoft Azure 门户用户界面

图 5.9 所示的用户界面表明你已经成功创建了免费的 Azure 账户，并显示了编写本书时可用的服务列表。

流程的下一步是为 ADT 创建一个新服务，因此可以单击 Create a resource（创建资源）选项。此时应显示一系列现有资源，如果 ADT 未显示，则可以在搜索栏中轻松搜索，如图 5.10 所示。

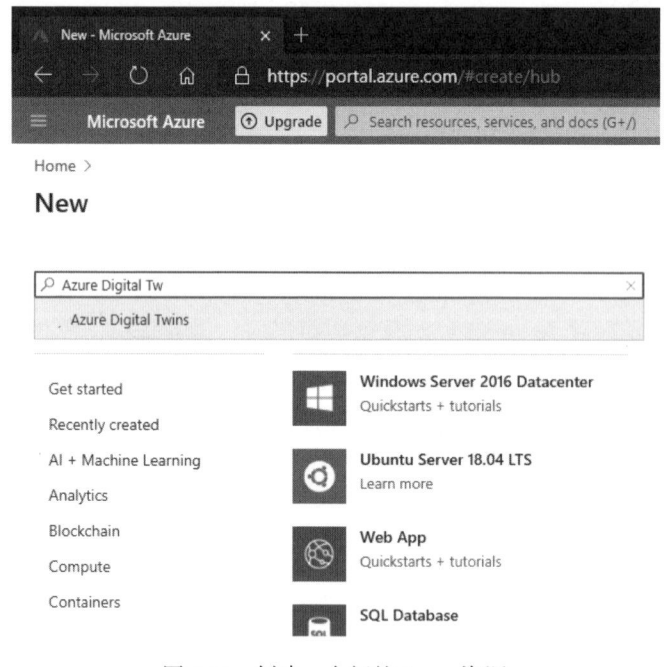

图 5.10　创建一个新的 Azure 资源

找到 ADT 资源后，单击 Create（创建）按钮开始创建资源的过程。

创建资源有两步，第一步是选择订阅（资源将在其中运行），第二步是选择 ADT 资源或服务的托管位置并命名资源。

图 5.11 显示了订阅选项，你需要为自己的数字孪生体应用程序创建一个资源组，作为 Azure 解决方案的相关资源的容器。最好以易于识别的方式命名资源组，本书示例将该资源组命名为 digitaltwinbook。

图 5.11　创建 Azure 资源

创建 Azure 资源过程的第二步是选择托管位置并命名资源。提供 ADT 资源的托管位置可从下拉列表中获得。位置的选择通常基于你所接近的地理位置，以减少网络延迟。当然，如果你选择欧盟（European Union，EU），那么隐私和数据方面的限制可能会对你的开发工作产生影响。

图 5.12 显示了在第 6 章"构建数字孪生体原型"中配置数字孪生体时将会用到的数字孪生体的位置和名称。单击 Review + create（检查并创建）按钮，即可在最终创建 ADT 资源之前查看所有设置。

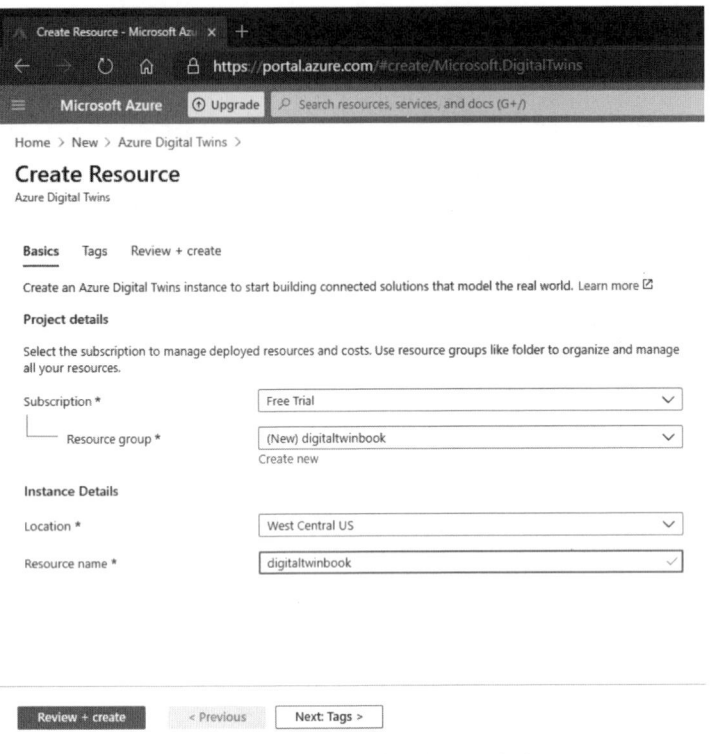

图 5.12　选择 Azure 资源位置和名称

所有的 ADT 资源信息都在门户视图中，如图 5.13 所示。图 5.8 所显示的前两个步骤到此结束。第三步是用户访问配置，它将使你能够在创建第一个数字孪生体时访问数字孪生体资源。在图 5.13 中可以看到成功创建的 ADT 资源。

图 5.13　成功创建的 ADT 资源

从左侧菜单中选择 Access Control（IAM）（访问控制）选项，然后单击 Add role assignments（添加角色分配）以打开配置窗口。这将使你能够为用户提供对数字孪生体资源的访问权限。图 5.14 显示了本书写作时的用户界面。

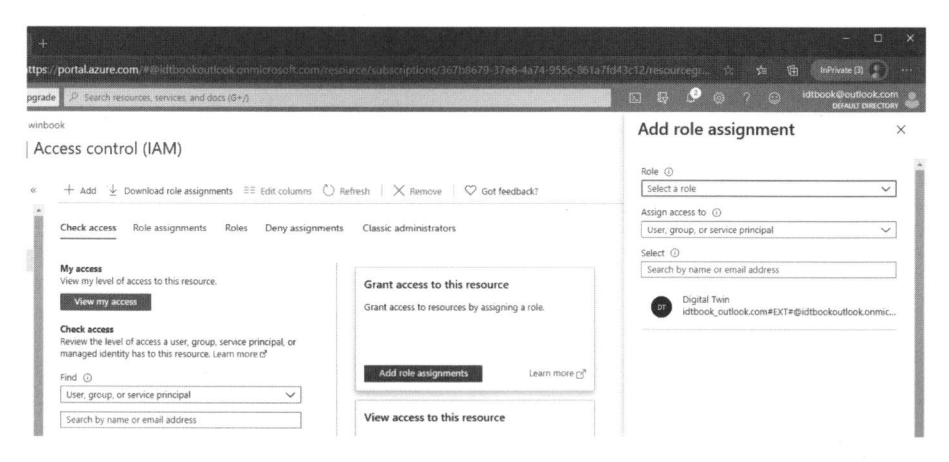

图 5.14　设置用户对 ADT 资源的访问权限

当你在个人或免费账户中进行设置时，你需要将自己的登录用户设置为数字孪生体资源的数据所有者。如果你在组织的 Azure 订阅中执行此操作，则可能还有其他管理要求，但我们建议你在免费账户中进行初始原型制作。

在看到 Add role assignments（添加角色分配）界面之后，从屏幕右侧 Role（角色）下拉列表的可用选项中选择 Azure Digital Twins Data Owner（Azure 数字孪生体数据所有者）以获得对 ADT 资源所有功能的完全访问权和所有权，如图 5.15 所示。

可以将 Assign access to（分配访问权给）选项保留为默认设置：User, group, or service principal（用户、组或服务主体）。在 Select（选择）下拉列表中选择或键入 Azure 免费账户用户名。

你的用户将在下拉列表下方显示出来。选择你的用户并使用页面上的 Save（保存）按钮保存设置，如图 5.15 所示。

至此，你已成功授予你的用户账户访问权限，图 5.8 的第三步到此结束。现在你应该看到如图 5.16 所示的结果。

图 5.15　在 ADT 中为你的用户分配角色

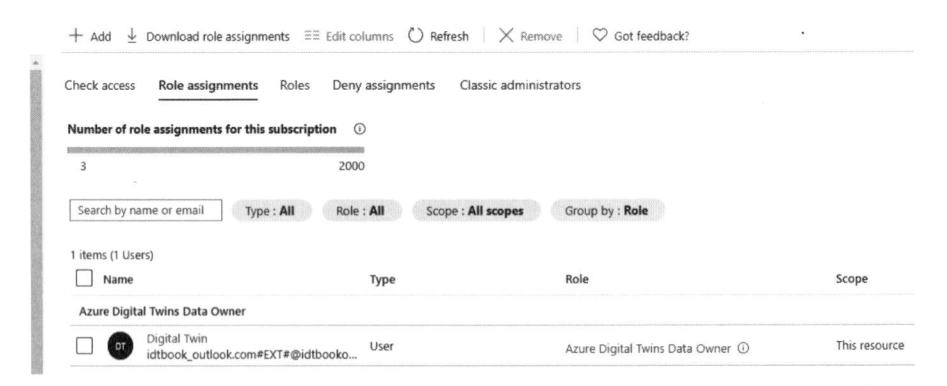

图 5.16　在 ADT 中成功分配的用户访问权限

图 5.8 中的第四步是创建一个能够与数字孪生体服务交互的 Azure 应用程序。你可以通过诸如 ADT Explorer 之类的应用程序或自定义应用程序与 ADT 实例进行交互。

这些应用程序需要使用 Azure 活动目录（Azure Active Directory，Azure AD）对 ADT 服务进行身份验证。这意味着当你完成创建 Azure 应用服务之后，新的应用服务将被授予对数字孪生体的访问权限。

你可以从 Azure 门户实例的主页或通过从屏幕左侧的菜单中选择 Azure Active Directory 来完成该设置，如图 5.17 所示。

图 5.18 展示了 App registrations（应用程序注册）界面，它提供了在 Azure 上创建和管理新应用程序的选项。

选择 + New registration（新注册）启动注册向导之后，为你的应用程序创建一个名称，然后单击 Register（注册）按钮，使用默认设置注册应用程序，如图 5.19 所示。

现在你已成功完成图 5.8 中的第四步，完成后效果如图 5.20 所示。

至此，你的账户中应该有一个 ADT 和应用程序资源组。

图 5.8 中的最后一步与第三步类似，需要允许你的新应用程序资源访问 ADT 资源。在这种情况下，需要授予应用程序从你的 ADT 资源读取和写入信息的权限。

与第三步类似，但这一次你将选择创建的新应用程序服务而不是用户账户，如图 5.21 所示。

首先单击 Azure 门户账户上的 ADT 服务。在我们的示例中，它是图 5.21 所示名为 digitaltwinbook 的应用程序的 ADT 资源。

从左侧菜单中选择 Access control（IAM）（访问控制）并进行角色分配，如图 5.22 所示。

建议你为应用程序分配的 Role（角色）为 Azure Digital Twins Data Owner（Azure 数字孪生体数据所有者），以便此应用程序与数字孪生体资源进行交

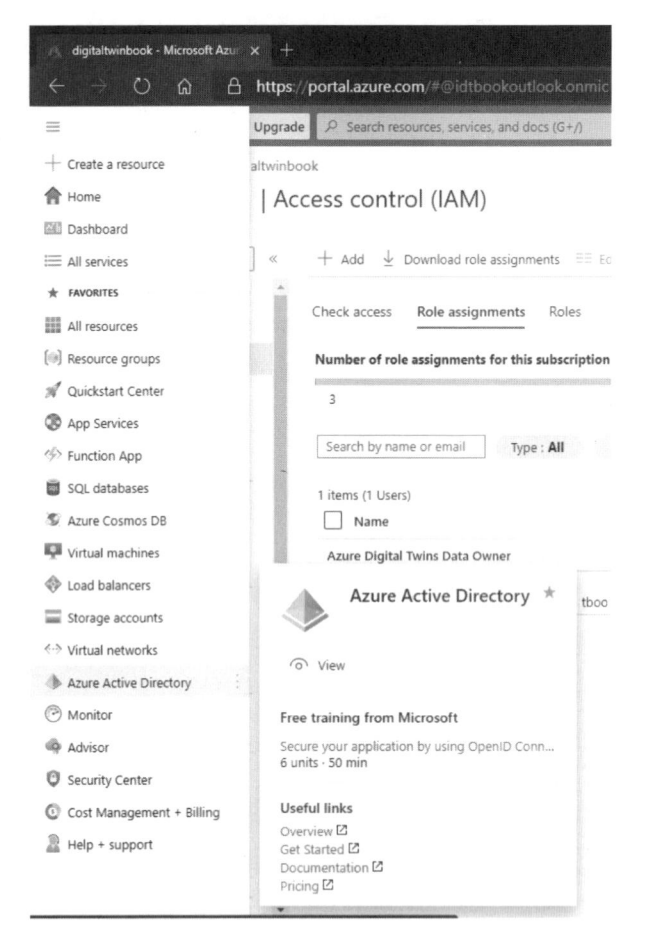

图 5.17 创建新的 Azure AD 资源

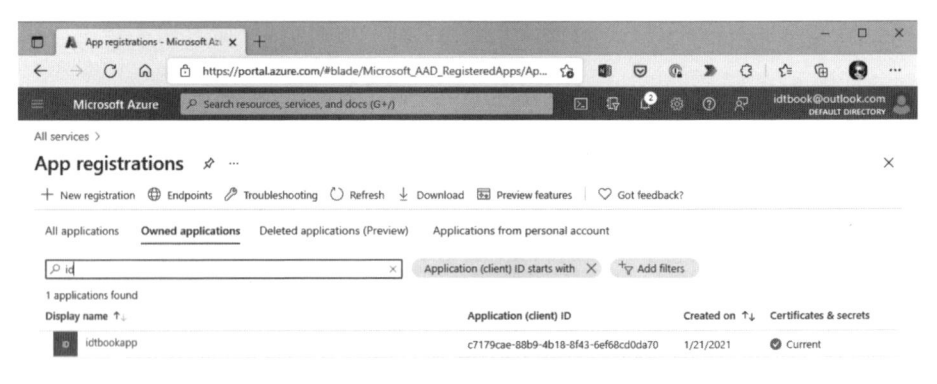

图 5.18 在 Azure AD 中的应用程序注册界面

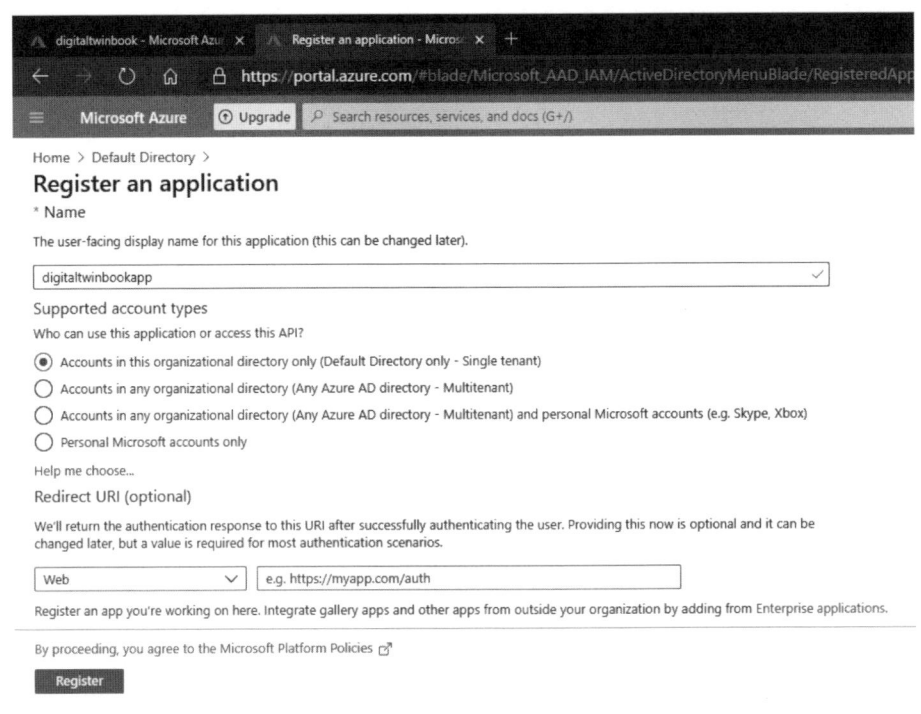

图 5.19　在 Azure AD 中的应用程序注册向导

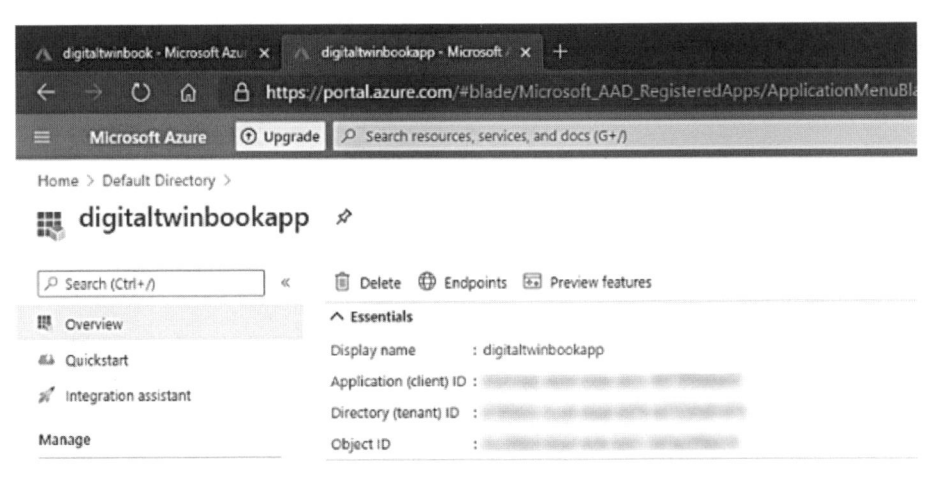

图 5.20　在 ADT 中成功分配的用户访问权限

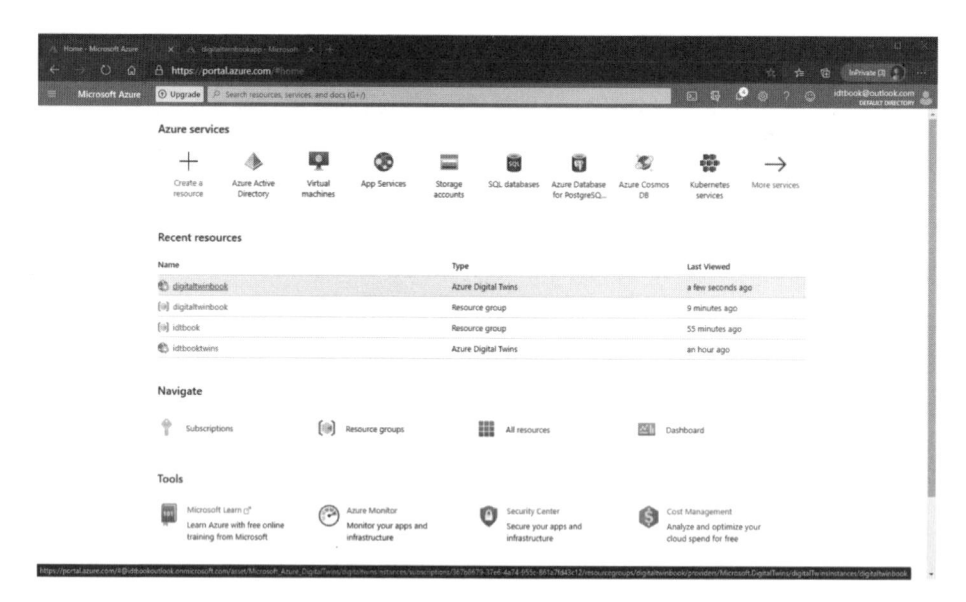

图 5.21 Azure 账户中的 ADT 和应用程序资源

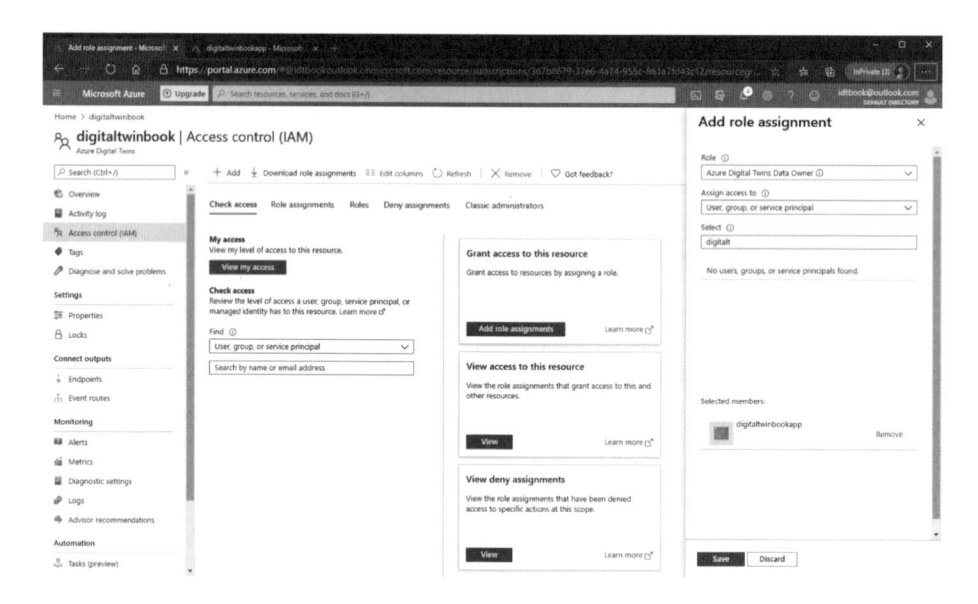

图 5.22 配置应用程序对 ADT 资源的访问

互。在 Select（选择）下拉列表中选择应用程序名称，如果你的应用程序没有出现在默认列表中，则需要在搜索栏中搜索它的名字。

现在可以检查应用程序的 API Permissions（接口权限）以查看是否出现了 Microsoft Graph 接口。ADT Explorer 将使用该接口。如果该接口可见，则表示你已成功配置 ADT 服务，如图 5.23 所示。

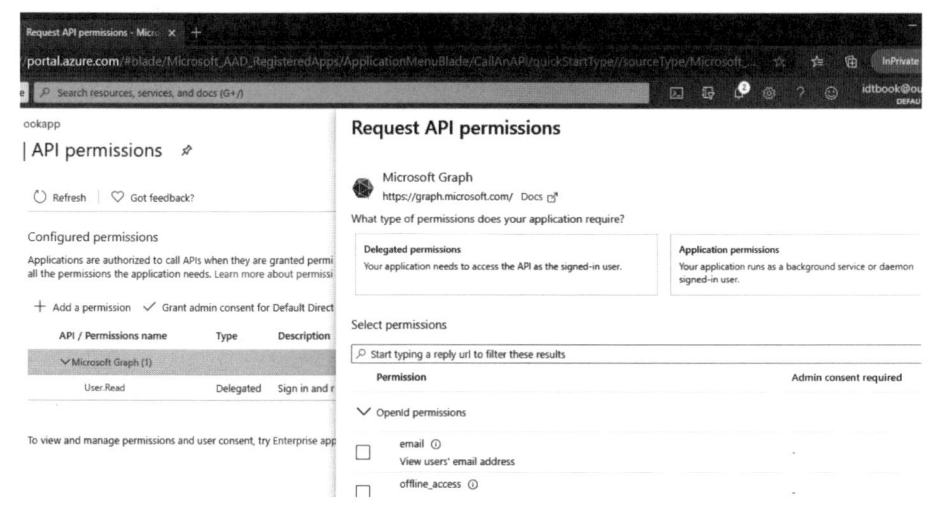

图 5.23　应用程序成功访问 ADT 资源

免费 Azure 账户中的 ADT 环境配置到此结束。总结一下，我们首先创建了一个免费的 Azure 账户，然后创建了一个 ADT 数字孪生体资源，再允许我们的用户通过 Azure 账户访问 ADT 服务。为了与我们的 ADT 资源进行交互，我们又创建了一个可以访问 ADT 服务的 Azure 应用程序。

在创建第一个数字孪生体之前，你可能还需要安装 ADT Explorer 和 Azure TSI。

ADT Explorer 是一个示例应用程序，允许你以可视化方式查看你的数字孪生体。ADT Explorer 在配置期间需要 ADT 的主机名，以确保它连接到正确的数字孪生体服务并对其进行可视化。在 Azure 门户的 ADT 服务的属性中可以找到 ADT 主机的统一资源定位符（URL），如图 5.24 所示。

图 5.24　ADT 主机 URL

此阶段不需要配置 Azure TSI，但稍后将使用它来存储我们的第一个数字孪生体原型的时间数据。

下文将会讨论使用 Azure TSI 的原因。

5.4 Azure 数字孪生体的数据考量

在 5.3 节"配置和设置"中，描述了设置 ADT 环境的过程，我们将使用该环境来创建第一个数字孪生体。ADT 提供了部署、配置和使用数字孪生体的所有基本服务，为了处理数据和流程，我们还需要做别的准备。

ADT 的主要功能概述如下：

- 一种开放的建模语言，用于描述事物或实体的所有特征和关系。
- 用于部署数字孪生体的执行环境。

ADT 将为实体的每个实例收集和存储数据，并且将其描述为知识图谱的节点以作为创建或更新 ADT 实体时数据的快照。请注意，ADT 不会保留图上该节点的任何历史数据。

为报告和分析目的保留这些值需要额外的存储过程，这可以通过其他 Azure 服务来完成，以更新 Azure SQL、Azure Data Lake 和 Azure TSI。这些服务不是 ADT 的基本配置所必需的，但它们在操作用例中部署和使用数字孪生体时会被用到。

我们希望通过数字孪生体解决的当前问题将决定我们构建和维护数字孪生体所需的数据元素。

以风力涡轮机为例。风力涡轮机的数字孪生体可用于预测特定风力条件下的发电量。而如果风力涡轮机在持续一段时间内遇到比预期更大的风，那么该孪生体也可以用于访问风力涡轮机的物理状况。为此，必须记录风速、阵风、温度、湿度和相关数据。捕获这些数据元素的粒度或频率取决于参数的性质，比如，与大气中的温度或湿度相比，必须更频繁地记录风速。

以上数据来自风力涡轮机外部，而对于风力涡轮机的健康监测和预测性维护，我们还必须收集电机温度，以及齿轮箱油的黏度和颗粒水平等内部参数。

我们可能经常需要处理所需数据的权限问题。在某些情况下，企业的安全性和合规性要求会限制数据的访问权限。例如，制造风力涡轮机的公司可以访问风力涡轮机组装期间的数据以及任何"实验室测试"，但它可能无法完全访问供应商零件数据。

一旦风力涡轮机被运送给所有者使用，制造商就可能无法再访问风力涡轮机运行产生的数据了。所以数字孪生体平台的分析系统必须考虑到数据的可用性是可以改变的，例如，将原本取自风力涡轮机数据模型的振动数据替换为 5 赫兹（一个常数），以保证信息安全。当然，风力涡轮机的运营商也可能不采取此类措施，而是出于隐私或本地合规性原因不共享某些数据元素。

下文还将重点介绍在风力涡轮机案例中不同类型的数据存储。不过，在此之前我们需要先来看一下解决方案架构。

5.5 解决方案架构

一般来说，解决方案架构提供了一个参考架构来解决一组给定的业务问题。它有助于推动整体技术愿景的实现。图 5.25 直观地展示了我们的业务问题，我们需要提供解决方案架构。

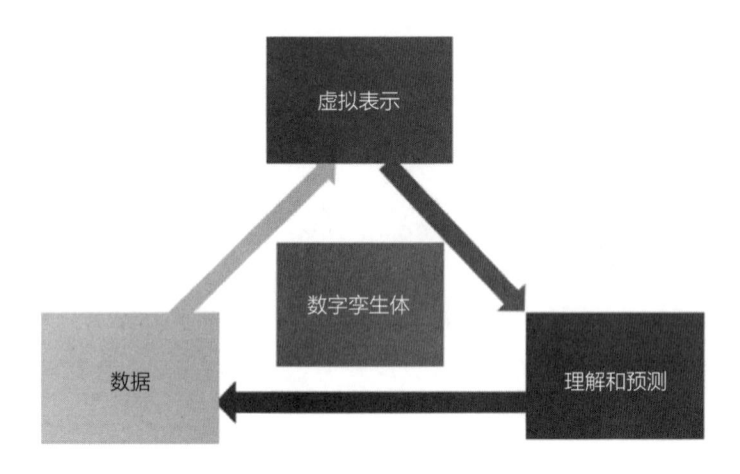

图 5.25 数字孪生体的业务问题

> **注意** 图片来源：Technology Media Telecommunications（TMT）、GeoActive Group。

随着解决方案架构的演变，我们将业务问题提炼成图 5.26 所示的形态。

随着解决方案架构的不断演变，我们决定使用 ADT 作为技术解决方案的一部分。图 5.27 展示了 ADT 如何适应其他解决方案的架构。

这样的解决方案架构是维护和发展数字孪生体解决方案的关键。当我们将解决方案出售给外部客户时，这种方案架构允许我们针对客户设置解决方案实例，并在客户的企业环境中进一步对其细化。在后续章节中，我们将继续针对具体场景细化该解决方案架构。

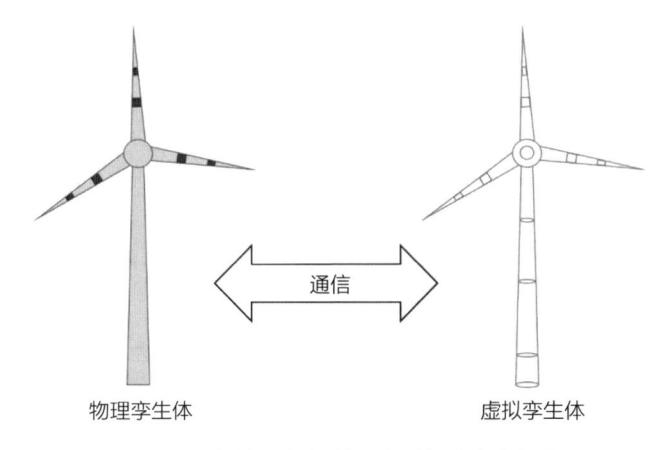

图 5.26 提炼业务问题以发展解决方案架构

5.6 小结

本章从风力涡轮机工业制造商的视角讨论了数字孪生体平台的实现，阐释了如何评估和选择正确平台以设置和构建数字孪生体。

通过多方面的比较，本章选择了 ADT 作为示例平台，并且在 ADT 上为我们的第一个数字孪生体进行了配置和设置。

在第 6 章"构建数字孪生体原型"中，我们将开始在 ADT 平台中实现数字孪生体原型，并将具体讨论数字孪生体的实现过程。

5.7 思考题

请你基于对本章内容的理解思考以下问题：

（1）预测性维护孪生体的重要性是什么？如何将它应用于风力涡轮机？

（2）为什么很多物联网平台都使用公共云平台？

（3）风力涡轮机数字孪生体解决方案的主要业务成果是什么？

（4）时间序列数据存储有什么用？

（5）分析编排如何处理来自某些资产（如风力涡轮机）的缺失数据元素？

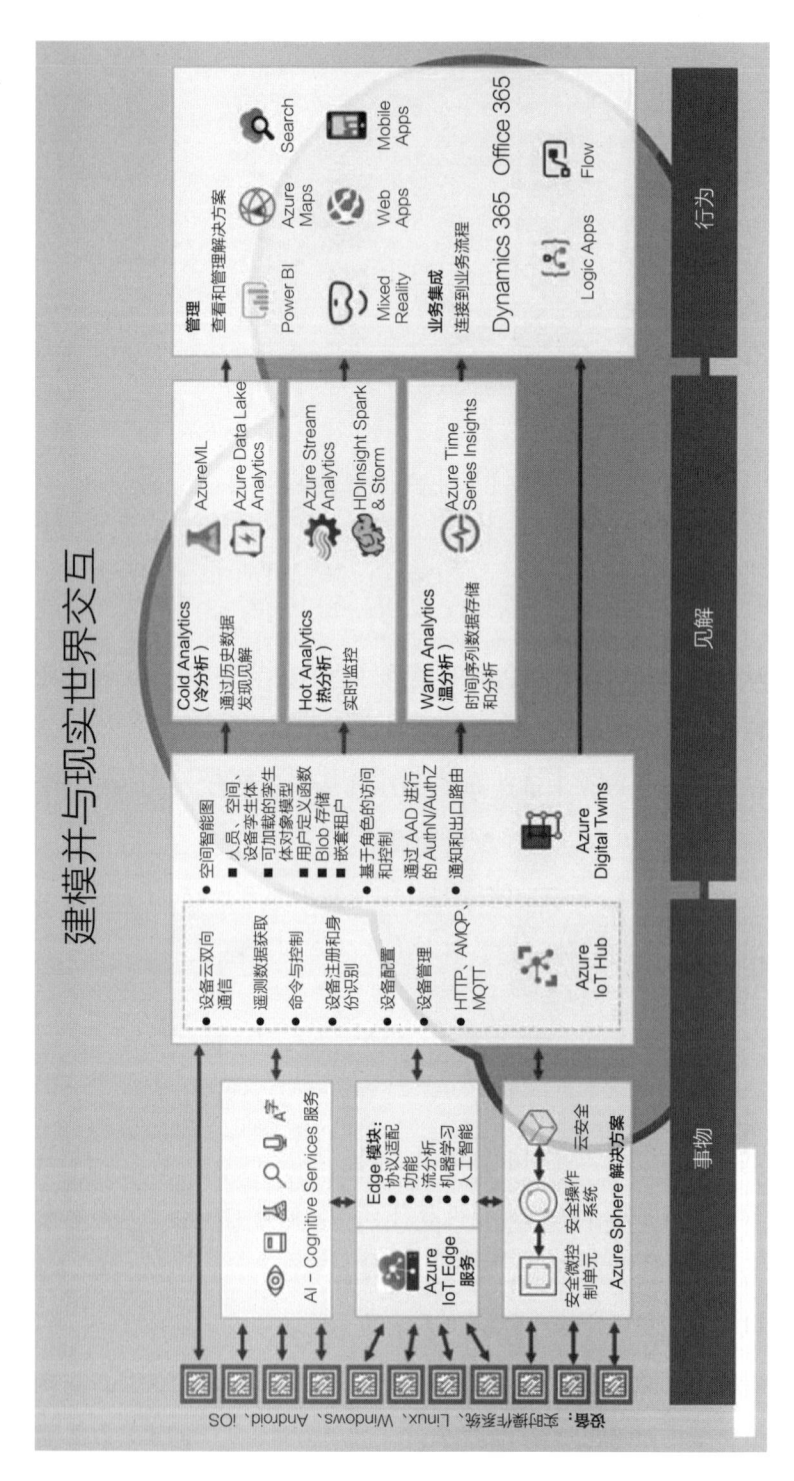

图 5.27 使用 ADT 适应多种解决方案的架构

CHAPTER 6

第 6 章 构建数字孪生体原型

在第 5 章"设置数字孪生体原型"中,我们配置了构建数字孪生体原型的平台环境。在此过程中,我们研究了数字孪生体所需的由公共云平台和物联网平台提供的底层技术。我们还进一步比较了市面上的数字孪生体平台,最终以 ADT 为例演示了配置过程。此外,我们还讨论了对数据可见性的考量和整体解决方案的架构。

本章将研究风力涡轮机和风电场中的一组涡轮机的数字孪生体原型的开发过程。

图 6.1 展示了从工业用户的角度看到的风力涡轮机数字孪生体的概念图。

图 6.1 风力涡轮机数字孪生体的概念图

第二篇 构建数字孪生体

> **注意** 该图片来源于以下文档：发电驱动性能的数字化（*Digitalisation in power generation driving performance*）。

本章包含以下主题：

- 数字孪生体的开发过程
- 测试框架
- 技术评估注意事项
- 业务验证和理解

先来看一下如何获取本章示例的代码文件。

6.1 技术要求

本章将配置你的第一个数字孪生体原型。对于风电场示例，我们提供了基于 JSON 的示例 DTDL 文件。

6.2 数字孪生体的开发过程

现在让我们来探索数字孪生体的开发过程。

6.2.1 作为数字孪生体原型的风力涡轮机

我们将使用风电场作为第一个数字孪生体原型的示例，所以本小节将重点讨论一个简单的风电场模型。我们将为风电场中的每个物理涡轮机创建数字孪生体模型和实例，用来代表风力涡轮机的基本元素。从商业价值的角度来看，该模型也足以解决不同的用例。

本章中的用例仅限于风力涡轮机的维护和运行阶段（对于实体生命周期中各阶段的解释，详见图 1.9 "实体生命周期中的主要利益相关者"），但在实践中，模型将涵盖整个生命周期，包括风电场和风力涡轮机的设计、制造和调试阶段。

本章中的主要用例是针对一家销售并提供预测性维护服务的风力涡轮机制造商。该制造商的现场服务人员需要前往正确的风电场对正确的风力涡轮机执行正确的维护，以防止涡轮机发生故障，导致计划外停机或低效运行。

制造商希望确保较高的首次修复率，减少上门服务的次数，并限制服务车辆携带的现场备件。其原因在于，"上门服务"必须让技术人员搭乘服务车辆（通常是卡车）到风电场执行诸如安装、重新配置、故障排除、修理或其他定期维护工作，这是一项成本不低的活动。本章中数字孪生体原型针对的是陆上风电场，但对于海上风电场来说这样做更加复杂和昂贵。

更好地管理风力涡轮机服务活动将提高发电水平、可靠性以及客户满意度并降低维护成本，减少上门服务。此外，它还将进一步降低服务车辆造成的运营成本。对于同时维护运营资产的制造商而言，这些都是获取潜在价值的措施。

在我们开始使用第 5 章中建立的 Azure 数字孪生体实例配置风电场和风力涡轮机之前，不妨先来了解一下风力涡轮机、它们的组件以及需要收集的数据（它们将解决我们的维护和操作用例需求）。

6.2.2 风力涡轮机的基础知识和高级数据模型

风力涡轮机是可再生电能的低成本生产者，可将风的动能转化为电能。因为它使用的水量很少，不排放温室气体，并且在生产过程中不会产生废物，所以它生产的能源被认为是一种"清洁"能源。图 6.2 展示的是美国南加州风电场的风力涡轮机。

图 6.2 美国南加州风电场的风力涡轮机

风力涡轮机的建造相对简单，且一个风电场需要许多涡轮机，这使它成为我们的第一个数字孪生体原型的理想候选者。

最常见的风力涡轮机类型配置有水平轴，但涡轮机也可以具有垂直接入配置。风力涡轮机可根据其安装情况进一步分类为陆上风力涡轮机和海上风力涡轮机，后者可以部署在海洋中。

海上风力涡轮机的维护成本更高。无论是联系现场服务人员还是物理接触，海上风力涡轮机的远程访问都比陆上风力涡轮机更复杂。此外，海上风力涡轮机还要应对海水造成的腐蚀。

我们将使用具有典型三叶片配置的陆上水平轴风力涡轮机来简化第一个数字孪生体示例。图 6.3 展示了这种水平轴风力涡轮机的高级组件。我们将主要关注风力涡轮机的整体性能，以及其内部的电机、齿轮箱和发电机组。为了检测或防止设备故障，我们的维护数字孪生体将监控来自这些组件的实时数据。你可以在后期使用其他模型扩展该数字孪生体，可以包括其他组件，例如变桨系统、控制器和机舱等。

风力涡轮机模型代表了为风电场中每个风力涡轮机实例存储的数据元素，它还可拆分为描述电机、齿轮箱和发电机数据的子模型。

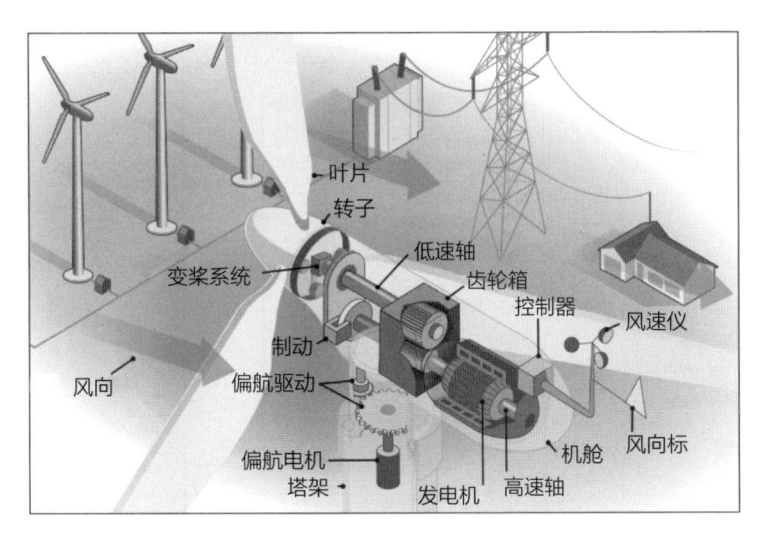

图6.3 三叶片配置的陆上水平轴风力涡轮机内部

这里需要两种不同类型的数据，一种是属性数据，另一种是从风力涡轮机上的传感器接收到的遥测数据。

用于第一个数字孪生体的数据模型包含描述风电场、风力涡轮机和遥测数据的所有基本元素。如图6.4所示。

下一步是将图6.4所示的数据模型和子模型配置为数字孪生体定义语言（DTDL）的JSON文件，然后才能将它们上传到Azure Digital Twins平台上。

位于特定风电场的风力涡轮机和由齿轮箱、转子和发电机组成的涡轮机存在分层关系，即前者可以看作后者的一个实例。

此外，数字孪生体之间还有其他非分层关系。比如，相互靠近的不同的风力涡轮机可能存在NextTo（旁边）关系，它表示风力涡轮机#789位于风力涡轮机#248旁边。使用基于知识图谱的数字孪生体服务（如Azure Digital Twins）可以捕获资产之间可能存在的非分层关系。

本体（Ontology）为上述关系提供了用于描述类别、属性和关系的结构。

接下来，让我们看看如何使用相应的DTDL为第一个风力涡轮机数字孪生体示例设置本体。

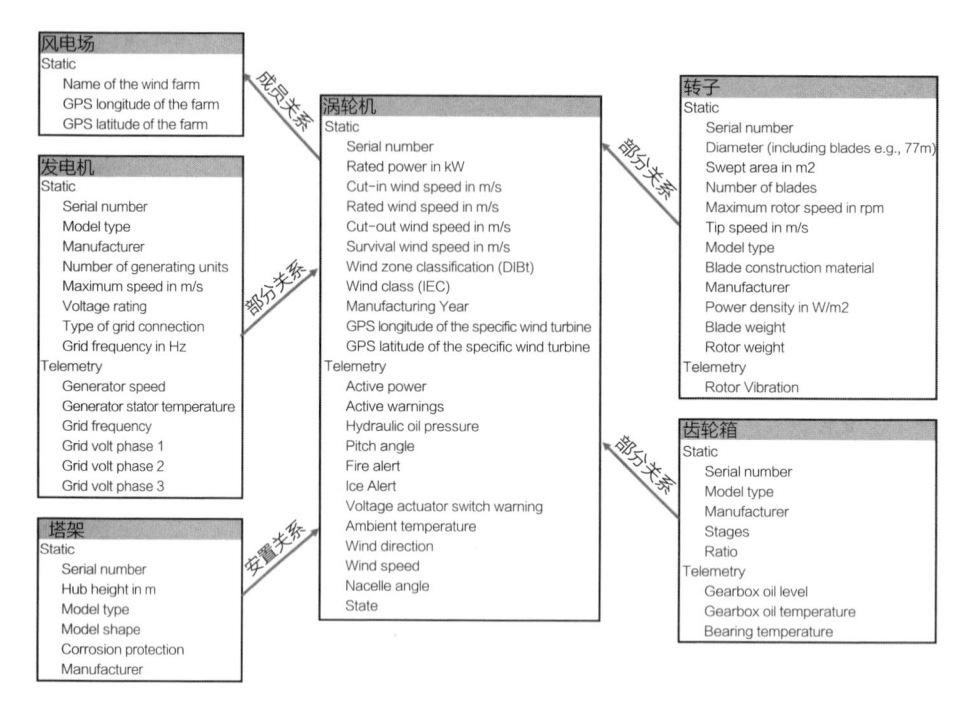

图 6.4　风力涡轮机解决方案的简单数据模型

6.2.3 使用本体定义数字孪生体模型

图 6.5 描述了为风力涡轮机原型创建基于 Azure Digital Twins 的示例的基本步骤。

图 6.5　创建和使用数字孪生体的过程

第一步，是以 JSON 格式创建 DTDL 模型，该模型还描述了不同模型和子模型之间可用的关系。DTDL 允许开发人员根据资产孪生体生成的遥测或数据元素、它们的属性以及它们响应的命令来描述它们。总体而言，DTDL 有助于描述孪生体之间的关系，从而保证不同领域的孪生体之间的互操作性。例如，从整体上看，风电场将需要与电力网发生联系。

在第二步中，使用 ADT Explorer 应用程序将这些模型上传到我们的 Azure Digital Twin Instance。

在第三步中，我们将使用 ADT Explorer 基于 Azure Digital Twins 平台上的可用模型创建物理资产实例。这可能是一个相当烦琐的过程，需要大量手动操作，不适合大规模部署。在生产环境中，这些活动的自动化将在你的自定义应用程序或第三方解决方案中完成。

在第四步中，我们将演示如何在自定义应用程序中上传其他涡轮机实例的信息。

在第五步中，我们将介绍如何为维护用例检索 Azure Digital Twins 信息。

第一步是基于本体和 DTDL 中模型文件的特定结构创建我们的 DTDL 模型，而 DTDL 又基于资源描述框架（DTDL 基于资源描述框架的特性在第 4 章"从第一个数字孪生体开始"中已经提到过）。

这里对于本体的结构没有具体要求，但建议你遵循微软针对创建数字孪生体的开源倡议——用于智能建筑的基于数字孪生体定义语言的 RealEstateCore 本体（*Digital Twins Definition Language-based RealEstateCore ontology for smart buildings*）。

该倡议提供了对本体非常全面的描述，因此如果你想创建更高级的数字孪生体本体，我们强烈建议你使用它。

图 6.6 提供了我们建议用于第一个风力涡轮机数字孪生体的简单本体。

图 6.6 表明风力涡轮机是风电场的"成员"，而转子、齿轮箱、发电机和塔架又是风力涡轮机的"成员"。值得一提的是，虽然塔架也是风力涡轮机的一部分，但本示例将二者的关系定义为安置关系（其实就是指风力涡轮机安装在塔上）。

这是一个非常基本的结构，你也可以有其他表示方式。但为了演示，我们将第一个数字孪生体的配置尽量保持简单。

现在我们已经理解了各种模型之间的不同关系，可以继续以 DTDL 格式

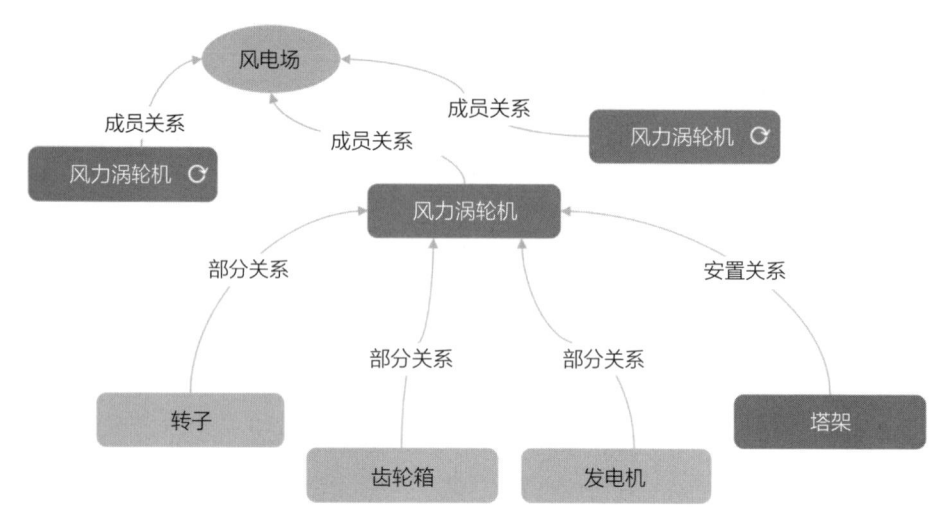

图 6.6 建议用于第一个风力涡轮机数字孪生体

创建它们了。Microsoft 为描述以下数字孪生体行为的 6 个元模型类提供了详细的开源 DTDL 说明文档，它们分别是：

- Interface：描述内容（属性、遥测、命令、关系或组件）。
- Telemetry：描述来自传感器并按很短的时间间隔进行同步的数据。
- Property：描述任何数字孪生体的只读和读/写状态，例如组件的序列号。
- Command：描述可以在任何数字孪生体上执行的功能或操作。
- Relationship：描述到另一个数字孪生体的连接，并允许创建数字孪生体的知识图谱。
- Component：允许接口由其他接口组成。

风电场 DTDL 示例如下：
{
　　"@id"："dtmi:com:idtbook:wt:farm;1"，
　　"@type"："Interface"，
　　"@context"：[

"dtmi:dtdl:context;2"

],

"displayName"："WT Farm"，

"description"："Wind farm with wind turbines"，

"contents":[

 {

  "@type"："Property"，

  "name"："Name"，

  "schema"："string"

 },

 {

  "@type"："Property"，

  "name"："GPSLongitude"，

  "schema"："double"

 },

 {

  "@type"："Property"，

  "name"："GPSLatitude"，

  "schema"："double"

 }

]

}

以上是一个没有任何遥测或关系数据的接口文件示例。接口文件的典型结构如表 6.1 所示。

表 6.1 接口文件的结构

属性	需求情况	数据类型	限制	说明
@id	必需	DTMI	最大 128 个字符	接口的数字孪生体标识符
@type	必需	IRI		必须是 Interface
@context	必需（至少在文档中出现一次）	IRI		处理该接口时使用该上下文。在该版本中，必须设置为 dtmi:dtdl:context;2
comment	可选	String	1～512 个字符	模型作者的注释
contents	可选	Telemetry、Properties、Commands、Relationships 和 Components 的集合	最大 300 内容	定义该接口的内容（Telemetry、Properties、Commands、Relationships 或 Components）的对象的集合
description	可选	String	1～512 个字符	用于显示的本地化说明
displayName	可选	String	1～64 个字符	用于显示的本地化名称
extends	可选	接口的集合	每个扩展最多 2 个接口；最深 10 个层级	引用继承接口的 DTMI 的集合。接口可以从多个接口继承
schemas	可选	接口模式的集合		IRI 或对象的集合，对象将引用该接口内可重用的模式

Microsoft 为 Visual Studio 和免费版本的 Visual Studio Code 提供了一个

DTDL 扩展。该扩展提供了从模板创建 DTDL 接口的能力。它支持智能感知功能[①]（IntelliSense）和自动补全功能，还可以验证 DTDL 文件的语法。图 6.7 显示了带有智能感知功能和语法检查的风力涡轮机 DDL 文件。

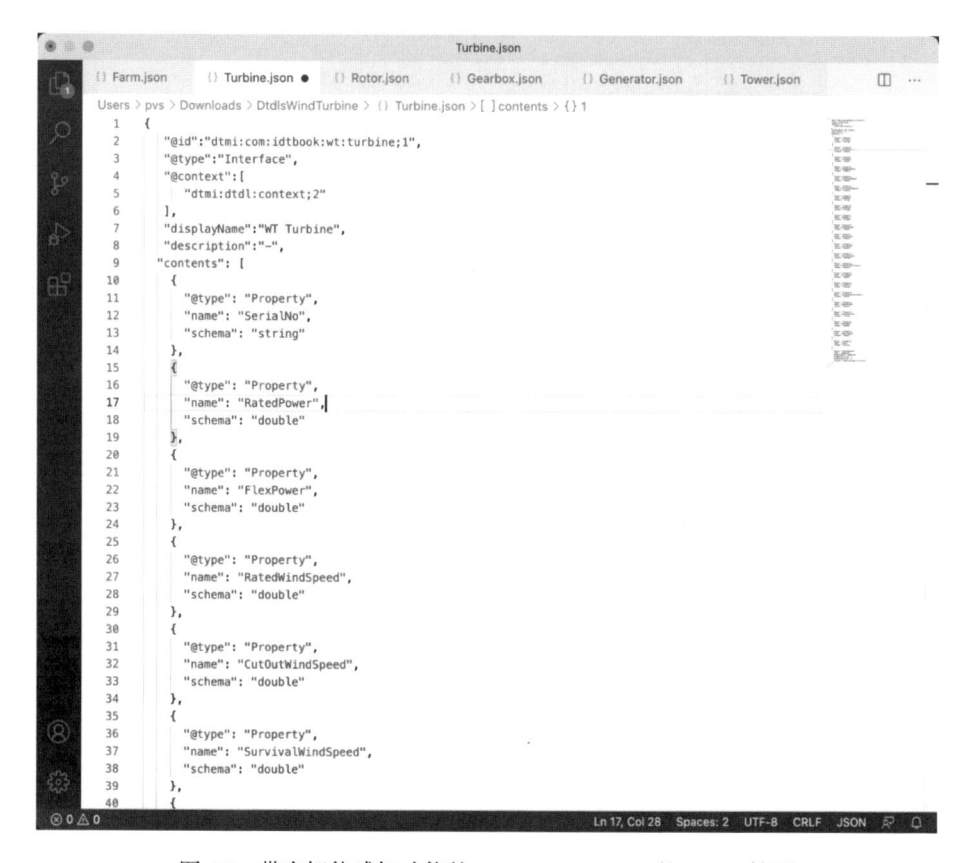

图 6.7　带有智能感知功能的 Visual Studio Code 的 DTDL 扩展

风力涡轮机的 JSON 格式的 DTDL 模型包括用于遥测和关系的其他元模型类。它还描述了我们在 6.2.2 节 "风力涡轮机的基础知识和高级数据模型" 中定义的所有涡轮机数据模型元素：

[①] 微软公司提供的一种技术。该技术通过在光标悬停在函数时显示类定义和注释，从而帮助开发者分析代码。——编者注

```
{
    "@id": "dtmi:com:idtbook:wt:turbine;1",
    "@type": "Interface",
    "@context":[
        "dtmi:dtdl:context;2"
    ],
    "displayName": "WT Turbine",
    "description": "-",
    "contents": [
        {
            "@type": "Property",
            "name": "SerialNo",
            "schema": "string"
        },
        {
            "@type": "Property",
            "name": "RatedPower",
            "schema": "double"
        },
        {
            "@type": "Telemetry",
            "name": "Windspeed",
            "schema": "double"
        },
        {
            "@type": "Telemetry",
```

```
            "name" : "NacelleAngle",
            "schema" : "double"
        },
        {
            "@type" : "Telemetry",
            "name" : "State",
            "schema" : "string"
        },
        {
            "@type" : "Relationship",
            "name" : "isMemberOf",
            "displayName" : "MemberOf",
            "minMultiplicity" : 0,
            "maxMultiplicity" : 1,
            "target" : "dtmi:com:idtbook:wt:farm;1"
        }
    ]
}
```

发电机的子模型又包含与涡轮机模型的关系（请参考图6.4，完整JSON文件请从Github仓库下载）：

```
{
    "@id" : "dtmi:com:idtbook:wt:gearbox;1",
    "@type" : "Interface",
    "@context" :[
        "dtmi:dtdl:context;2"
    ],
```

```
    "displayName": "WT Gearbox",
    "description": "-",
    "contents": [
        {
            "@type": "Property",
            "name": "GearboxSerial",
            "schema": "string"
        },
        {
            "@type": "Relationship",
            "name": "isPartOf",
            "displayName": "PartOf",
            "minMultiplicity": 0,
            "maxMultiplicity": 1,
            "target": "dtmi:com:idtbook:wt:turbine;1"
        }
    ]
}
```

风电场、涡轮机及其组件的 DTDL JSON 文件可在本书的 Github 存储库中下载。该存储库中包括以下文件：

- Farm.json
- Turbine.json
- Rotor.json
- Gearbox.json
- Generator.json
- Tower.json

接下来，可以使用 Azure Digital Twins Explorer 应用程序将模型文件上传到我们的 Azure Digital Twins 实例。

6.2.4 将模型上传到 Azure Digital Twins 实例

在第 5 章"设置数字孪生体原型"中，配置了 Azure Digital Twins 服务并建议你设置 Azure Digital Twins Explorer。

我们不推荐进行大规模部署，但它提供了构建第一个数字孪生体所需的基本功能。

在启动 ADT Explorer 应用程序之前，需要登录到你在第 5 章"设置数字孪生体原型"中配置的免费 Azure 服务，然后选择所有风电场和风力涡轮机模型和子模型，上传到 ADT Explorer，如图 6.8 所示。这将在第 5 章"设置数字孪生体原型"中配置的 Azure Digital Twins 服务中创建模型文件。

图 6.8　使用 ADT Explorer 上传 DTDL JSON 文件

这些模型现在可以在左侧的模型存储库中使用，如图 6.9 所示。

图 6.9　可用于 Azure Digital Twins 的 DTDL 模型

配置第一个数字孪生体的下一步是为物理风力涡轮机创建数字孪生体实例。这些实例都基于我们在 Azure Digital Twins 服务中拥有的数字孪生体模型。

6.2.5 为风电场和风力涡轮机配置数字孪生体实例

一个风电场可以包含数百甚至数千台风力涡轮机，比如甘肃酒泉风电基地就拥有约 7000 台风力发电机组。

数字孪生体软件设计方法的主要优势之一是能够拥有一个数字孪生体模型和数千个数字孪生体实例。这意味着，对模型中属性的更改将使该属性可用于所有对应的实例。我们可以根据数字孪生体模型中的信息架构开发数字孪生体应用程序来满足特定的业务需求。

要创建第一个风电场数字孪生体实例,可以单击 WT Farm(风电场)模型旁边的 +(参见图 6.10)并为实例指定一个唯一名称。此名称将是物理孪生体实例的唯一标识符或 ID,它可以是序列号、资产编号或任何唯一描述符,并且一旦指定就无法更改。

图 6.10　为特定风电场创建唯一实例

出于演示的目的,本书将使用 windfarm1 作为唯一名称。

单击 Save(保存)按钮保存该数字孪生体的名称,于是我们就根据风电场 DTDL 模型和唯一的 windfarm1 ID 创建了风电场的第一个实例。

如图 6.11 所示,你可以在右侧的 PROPERTY EXPLORER(属性浏览器)窗口中编辑该实例的属性和信息。例如我们可以将 windfarm1 的名称更新为 San Jose South Wind Farm(圣何塞南风电场)。$dtId 表示实例的 ID 类似于关系型数据库的主键,它是唯一且无法编辑的,但可以通过 ADT Explorer 更改属性值。

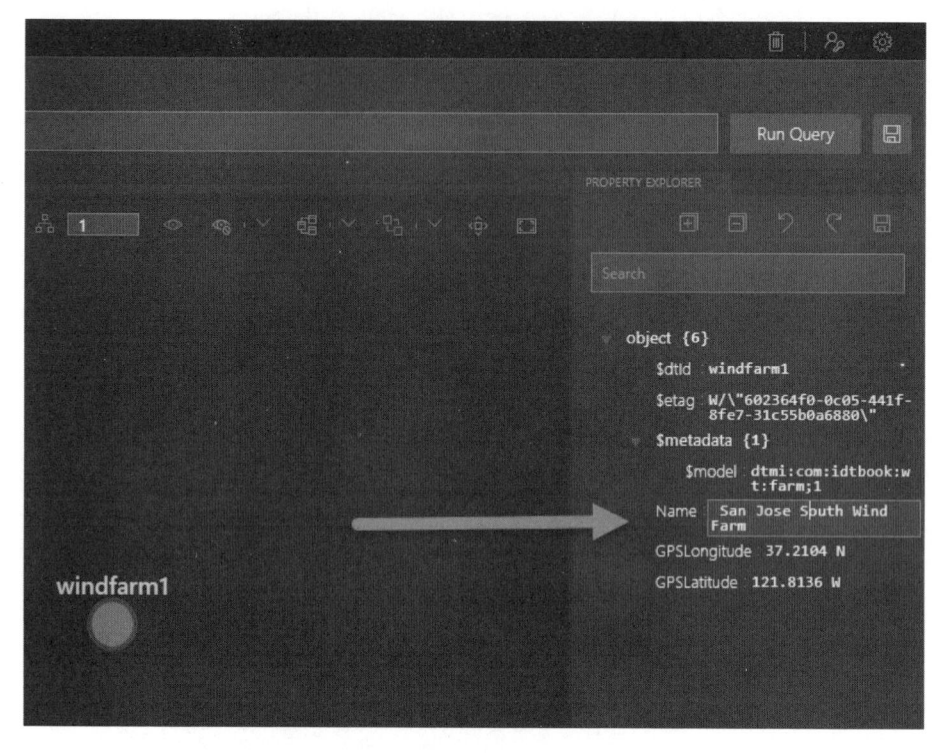

图 6.11　编辑特定实例的属性和信息

接下来，你可以继续在类似的过程中为 WT Turbine（风力涡轮机）模型创建一个风力涡轮机实例并更新它的属性。拥有风电场和第一个涡轮机的实例后，即可将这些实例与顶部栏中的关系选项连接。

首先选择实例 turbine1，然后选择实例 windfarm1，单击顶部栏的 Relationship（关系）图标，如图 6.12 所示。这将打开一个对话框，其中包含你在 DTDL 模型中定义的所有关系类型的下拉列表。在本示例中，我们只有 Memberof（成员）关系可用。

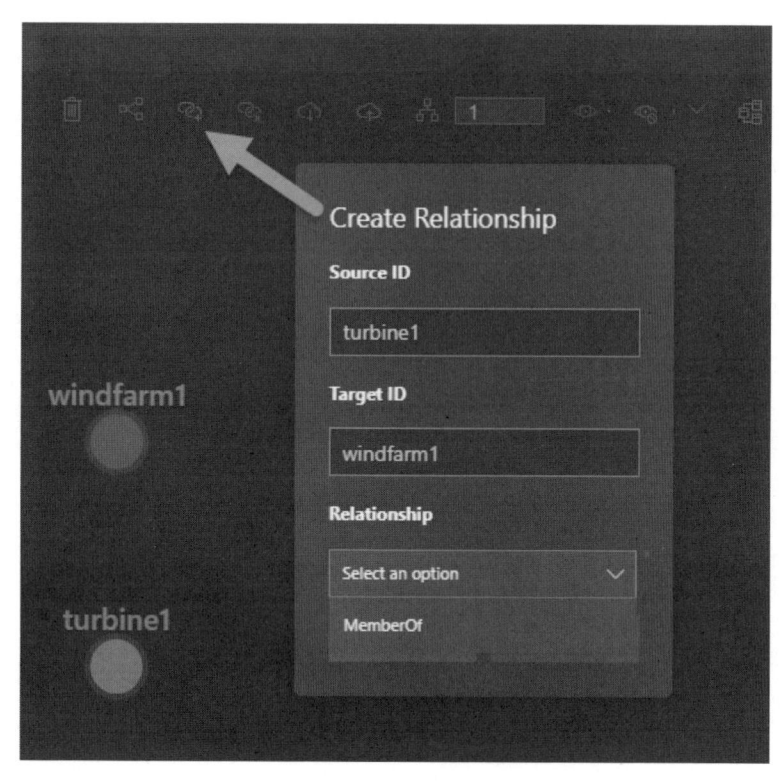

图 6.12 设置两个实例之间的关系

保存之后，两个实例之间将会创建一个箭头，并在关系的箭头上包含对二者关系的描述。

现在可以继续为其他涡轮机设置实例并为转子、齿轮箱、发电机和塔架等组件创建独特的实例。同时我们还可以更新涡轮机和组件的每个实例的属性和值。

特定风电场中三个风力涡轮机的最终模型应类似于图 6.13 中的节点和关系。

现在你已经成功创建了一个 Azure 数字孪生体，其中包含了风电场、涡轮机及其组件的模型和实例。现在可以使用类似 SQL 的查询来询问实例。

图 6.13 中的知识图谱显示 rotor1、gearbox1、generator1 和 tower1 是 turbine1 的一部分。在这个例子中，为了使关系看起来更清楚，我们让组

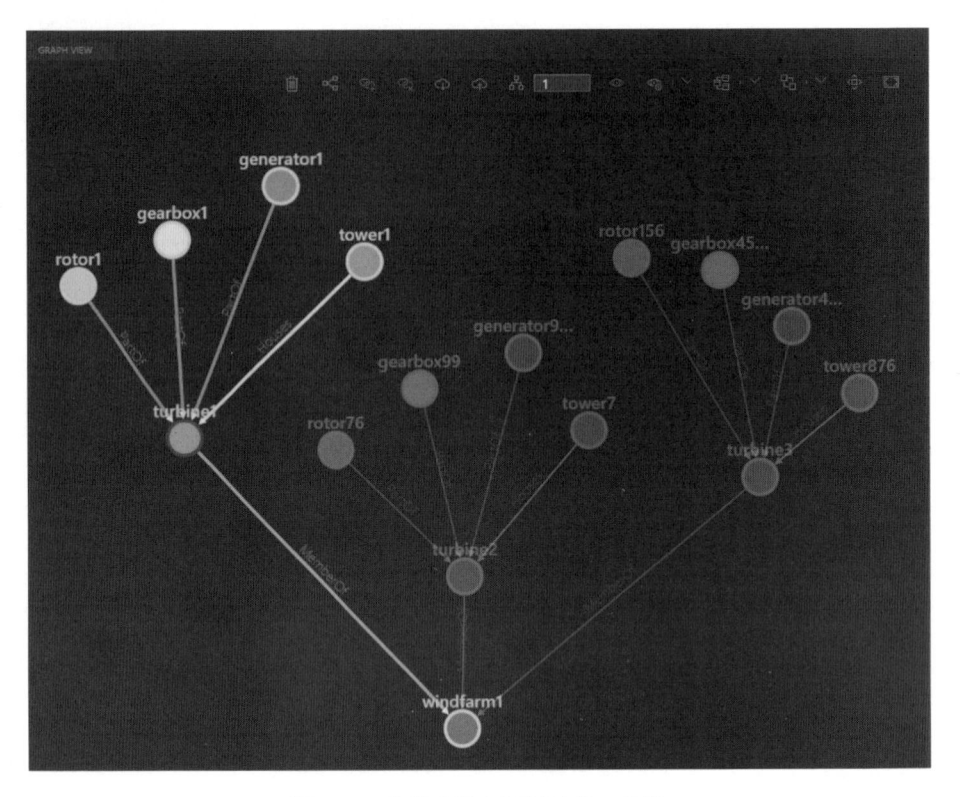

图 6.13　为特定风电场创建唯一实例

件的数字指示对齐，这在实践中并不常见。包含 rotor156、gearbox457、generator4213 和 tower876 的 turbine3 示例才更好地反映了实际操作中的配置。

手动创建所有实例是一项相当烦琐的任务——想象一下手动装载 7000 台风力涡轮机及其组件的情况，它很容易导致操作失误。

如果在某个知识图谱中包含数百个或数千个节点，那么这样的图谱在手动导航和数据捕获方面也会给用户带来比较差的体验。

我们还注意到，因为 telemetry 字段的数据通常是来自传感器的流数据，所以无法从 ADT Explorer 更新。

Azure Digital Twins 服务和 DTDL 为应用程序开发人员提供了与数字孪生体交互并为特定业务创建解决方案的环境，我们的维护用例正是此类业务挑战的典型。

该应用程序允许对本章前面已完成的数字孪生体开发进行测试。接下来让我们看看测试阶段。

6.3 测试框架

在 6.2.5 节 "为风电场和风力涡轮机配置数字孪生体实例"中,我们使用了 ADT Explorer 基于 Azure Digital Twins 平台上可用的模型创建了物理资产实例,这实际上就是图 6.5 中的第三步,因此,我们的下一步是创建一个应用程序,为大量风力涡轮机实例提供可维护性和可扩展性,并将实时遥测数据传递给数字孪生体。这增加了框架的易用性,使其适用于现实生活中的场景。

6.3.1 创建应用程序以通过代码更新数字孪生体原型

Azure Digital Twins 是一种平台即服务解决方案,旨在帮助开发人员创建数字孪生体解决方案。我们将讨论两个典型的开发角色。第一个角色是具有必要的编码技能的软件开发人员,可以使用 ADT 的 API 和 SDK 开发解决方案。在编写本书时,该角色应该可以使用 .NET、Java、JavaScript、Python 和 Go 访问 ADT API 和 SDK。第二个角色是主题专家,例如风电场的可靠性工程师和维护工程师。主题专家具有专业技术技能,但通常不具备从头开始创建应用程序的开发技能。

本节其余部分将重点介绍创建应用程序以更新风力涡轮机模型的正式软件开发方法。图 6.14 显示了创建自定义编码解决方案以更新 ADT 的过程。

| 将模型上传到 Azure Digital Twin Instance | → | 创建应用程序并设置用户访问权限 | → | 如果未使用 ADT Explorer 上传,则使用 RESTful 接口添加模型 | → | 创建更新 Azure 数字孪生实例的应用程序 | → | 通过接口将遥测数据发送到 ADT |

图 6.14 创建自定义编码解决方案以更新 ADT 的过程

该过程的第一步应该已经在前面的小节中完成了。我们建议在 ADT 中包含的模型中再加上一到两个风力涡轮机实例，以便在开发应用程序时对其进行测试。

第二步类似于 5.3 节 "配置和设置" 中创建应用程序的过程（参考图 5.20）。在本示例中，我们将创建一个具有可识别名称（如 digitaltwinapp）的应用程序，以访问数字孪生体资源。

现在，使用 ADT 的接口和软件开发工具包的自定义应用程序可以像 ADT Explorer 一样，访问 Azure 中的 ADT 服务了。

接口和软件开发工具包提供了图 6.14 中最后三个步骤的功能，使用它们需要具备软件编码技能并能够访问任何支持你选择的编程语言的集成开发环境。在这里，我们将使用 .NET 编程平台和 Visual Studio 或 Visual Studio Code，它们可从微软公司的网站免费获得。

在我们的自定义应用程序中，数据平面接口非常有用，因为它们可以创建和更新数字孪生体实例；将遥测数据发送到数字孪生体实例；提供对数字孪生体模型、实例和事件路由的访问。此外，它们还使开发人员能够以编程方式查询模型和实例。

使用 C# 语言创建孪生体实例示例如下：

```csharp
string twinId = "turbine2";
var initData = new BasicDigitalTwin
{
    Id = twinId,
    Metadata = { ModelId = "dtmi:com:idtbook:wt:turbine;1" },
    // Initialize properties
    Contents =
    {
        {"SerialNo", "YF568"},
```

```
        { "RatedPower", 1500 },
    },
};
await client.CreateOrReplaceDigitalTwinAsync<BasicDigitalTwin>（twinId, initData）;
```

微软公司为希望使用实时遥测数据创建 Azure 数字孪生体应用程序的开发人员提供了编写客户端应用程序的完整教程，并在教程中提供了全面的源代码。我们已将链接列在了本书的 GitHub 仓库里。它演示了编写一个可创建数字孪生体模型和实例并使用遥测数据对其进行更新的应用程序的所有步骤。这实际上解决了图 6.14 中的最后三个步骤。

现在，你将成功创建 Azure 数字孪生体的模型和实例，并使用自定义应用程序使用遥测数据更新数字孪生体。图 6.15 展示了通过自定义应用程序从数据库中读取更多风力涡轮机实例，并将它添加到 ADT 的结果。

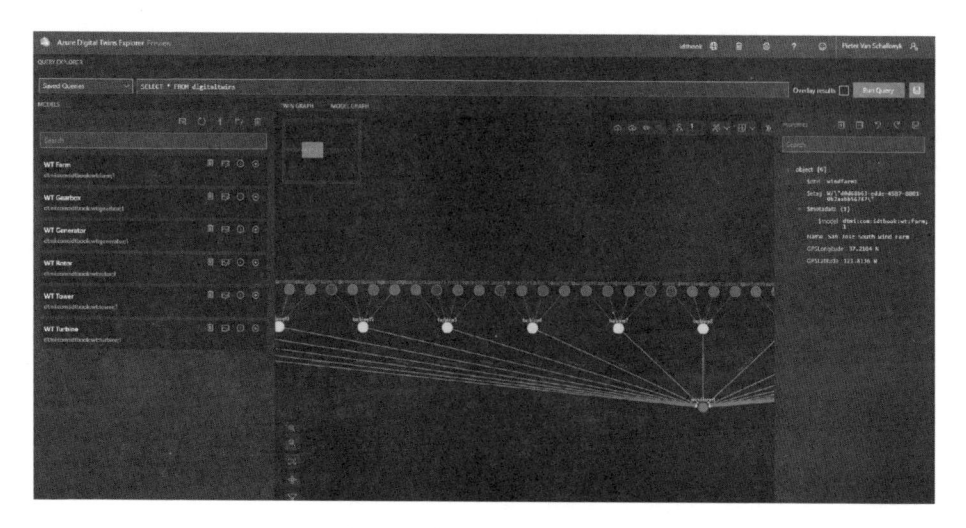

图 6.15　多个风力涡轮机实例

创建应用程序是查看或使用模型的方法之一，还有一种方法则是在商业智能（Business Intelligence，BI）平台或可视化应用程序（如 Power BI）中查看模型。使用这种方法需要你具备编程技能。

图 6.16 展示了在 Power BI 仪表板上显示 ADT 信息的示例。

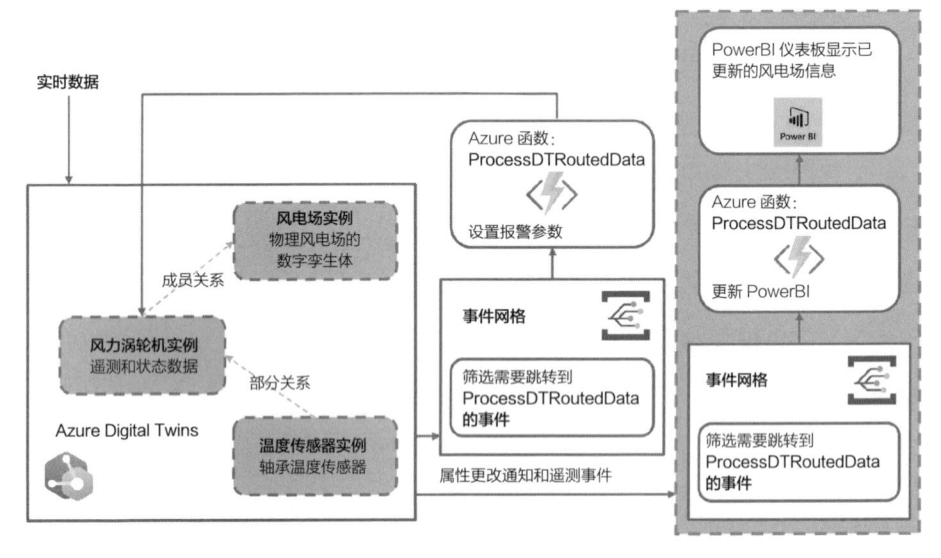

图 6.16　创建 Power BI 仪表板以查看你的数字孪生体

本书 Github 仓库提供的示例代码包括一个用于从 Event Grid（事件网格）中获取 ADT 并更新 Power BI 仪表板文件的 Azure 函数。

数字孪生体应用程序与物联网应用程序的不同之处在于，Power BI 应用程序数字孪生体实例接收更新，而不是从不同遥测点的单个传感器接收更新。它充当状态和遥测更新与业务应用程序之间的代理。你可以针对每个事件更新服务创建不同的 Power BI 仪表板，还可以创建多个从 ADT 服务更新的应用程序，以避免每次都读取单个传感器。

ADT 服务也不同于传统的关系数据库，因为它不会在每次更新时都创建新的数据行，而是使用新的状态值覆盖先前的实例状态值。因而该实例始终是数字孪生体实例特定时间点状态的快照。如果想持久化数据，则需要额外的编程，例如在微软 Time series Insights 或 InfluxDB 等时序数据库中存储遥测时序数据。

图 6.17 展示的 Power BI 仪表板用于监控风电场涡轮机的运行情况。它还用于根据遥测读数中的涡轮机状况来制订维护服务计划。

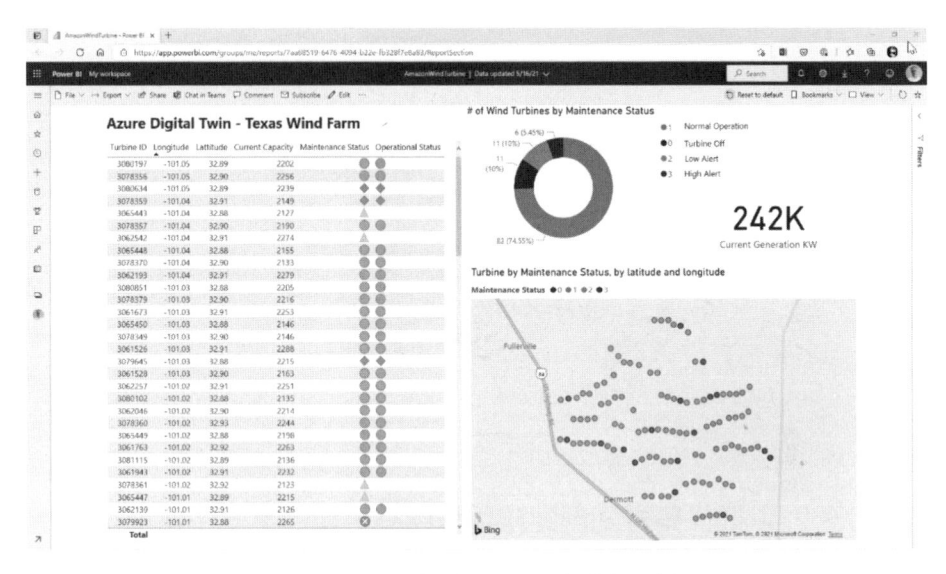

图 6.17　风电场的 Power BI 仪表板示例

现在我们已经创建了一个基于 Azure 的数字孪生体的数字孪生体原型应用程序。它是一个自定义的应用程序，可以创建新的 ADT 模型、实例，更新来自物联网传感器的遥测数据，并在 Power BI 仪表板等应用程序中查看 Azure 数字孪生体。这种方法为熟练的开发人员提供了极大的便利。Willow 公司是建筑行业中使用 Azure 数字孪生体应用程序的一个很好的例子。

这种方法的问题在于，作为非熟练开发人员的主题专家和操作数字孪生体的用户在没有开发人员帮助的情况下无法使用 ADT 服务。虽然针对这些主题专家的无代码/低代码应用程序开发工具解决了这一问题，但它也降低了在这些平台上开发的应用程序的灵活性。

市场上有多种无代码/低代码应用程序可供开发者使用，其中 XMPro 是基于微软的 .NET Core 无代码平台，原生支持 Azure Digital Twins。

接下来，我们将简要概述如何在 XMPro 无代码环境中创建与本章描述的编码解决方案类似的应用程序。

> **提示** 低代码（Low-Code）或无代码（No-Code）一词直到几年前才真正存在，但这个概念并不是一个新概念。一段时间以来，无论是在大型公司还是在小型企业中，都存在超级用户（Power User）或公民开发者（Citizen Developer）的概念——所谓公民开发者，就是指那些受过较少编程训练的非专业软件开发人员，他们可以根据自己的业务需要，使用已屏蔽复杂性的接口，通过前端快速搭建自己的业务逻辑。适合这些开发者的平台就是所谓的无代码/低代码平台。

6.3.2 以低代码方式创建应用程序并更新数字孪生体原型

如果你具备必要的编程背景和技能，则可以采用 6.3.1 节"创建应用程序以通过代码更新数字孪生体原型"中的方法，在集成开发环境中编写代码来创建你的第一个风电场数字孪生体。这种方法为你提供了满足你的用例的独特性和自定义应用程序的灵活性，但它存在技术门槛。

如果你的编码能力有限（大多数主题专家都属于这种情况），那么无代码/低代码方法可能更适合你，因为它支持使用可视化方法编写应用程序。

最近，作为加速数字化转型的手段，低代码开发技术已成为关注的焦点。据高德纳公司预测，低代码应用程序平台（Low-Code Application Platform，LCAP）将开始快速成长。

工业巨头西门子在 2018 年以 7 亿美元的价格收购了 Mendix 公司，以获得 Mendix 开发的 LCAP 功能；Oracle APEX 则是 LCAP 的另一个示例。

目前市场上有若干无代码/低代码解决方案可供选择。本章将使用原生支持 Azure Digital Twins 的 XMPro 来演示配置过程。我们将在 XMPro 中重新创建风力涡轮机数字孪生体解决方案，以演示这两种方法在维护和现场服务用例中的不同。

无代码／低代码平台提供的灵活性低于定制解决方案，但它将解决方案（例如维护和现场服务应用程序）的开发时间缩短了 10 倍甚至更多。

图 6.18 展示了在无代码／低代码平台上创建数字孪生体应用程序的步骤。

在 XMPro Data Stream Designer 中创建 Azure ADT 实例 → 在 XMPro App Designer 中为模型创建对应的 JSON 文件 → 使用 XMPro Data Stream Designer 将 JSON 文件中的模型加载到 ADT 实例中 → 在 XMPro Data Stream Designer 中将传感器数据映射到 ADT 和 TSI → 在 XMPro AppDesigner 中创建数字孪生体用例用户界面

图 6.18　在 ADT 上构建第一个数字孪生体的低代码方法

如图 6.19 所示，第一步是在免费的 Azure 订阅中创建 Digital Twin 资源。这需要我们访问 Azure 门户来配置用户访问权限。

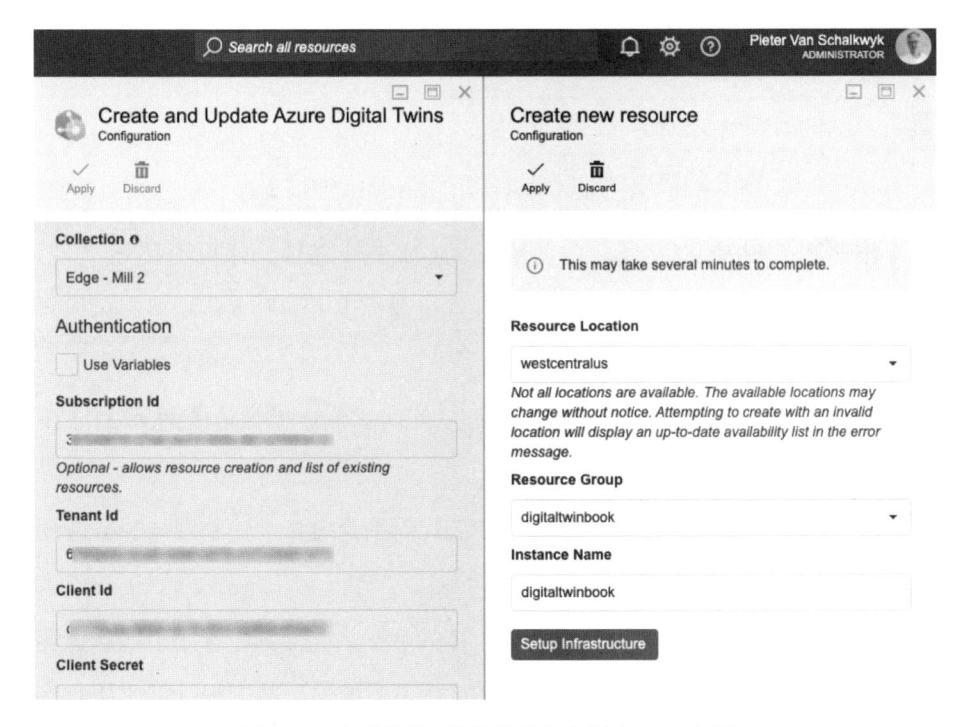

图 6.19　在无代码／低代码平台内创建 ADT 实例

图 6.18 中显示的流程的下一步是为风力涡轮机的每个组件创建模型对应的 JSON 文件，组件包括转子、齿轮箱和发电机。图 6.20 展示了一个在无代码/低代码页面中创建 DTDL JSON 文件的应用程序，该页面允许最终用户定义风力涡轮机的属性。

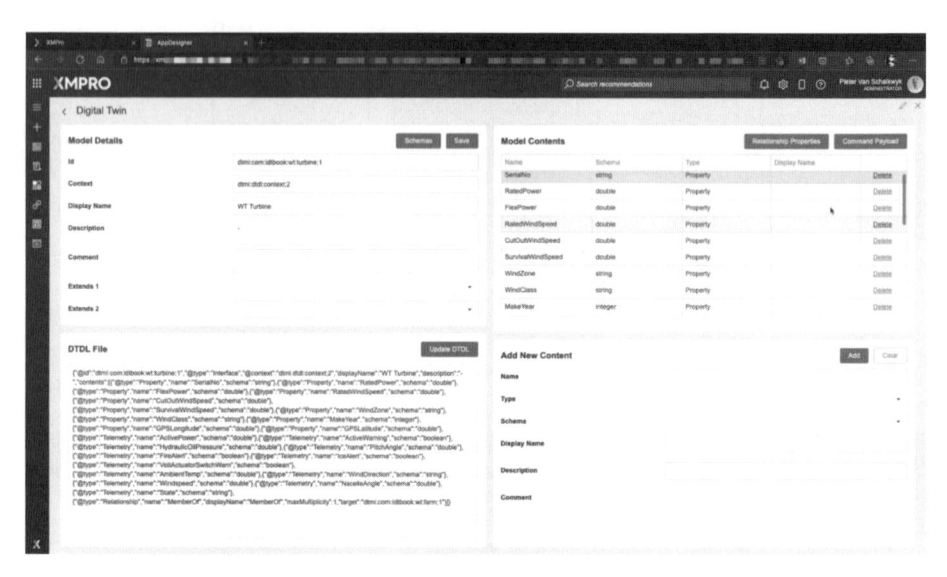

图 6.20　在 XMPro App Designer 中创建 JSON 文件

按照图 6.18 中的流程，在创建了 JSON 文件之后，即可上传该文件。图 6.21 中的 XMPRO Azure Digital Twins 连接器提供了一个上传功能，可以自动加载 ADT 中的数字孪生体模型。

图 6.18 中的第四步是将传感器数据从实时遥测或模拟值映射到 ADT 中的属性和遥测字段，如图 6.22 所示。

图 6.18 中的最后一步是在无代码/低代码平台中将维护和现场服务应用程序可视化。如图 6.23 所示。

图 6.23 是一个风力涡轮机数字孪生体的示例，该示例包含用于状态监测的实时遥测数据。该平台还允许基于来自状态监控遥测的工程计算、接收实时遥测输入的机器学习模型或为特定应用程序配置的业务规则创建平台建议。

图 6.21 使用 XMPro Data Stream Designer 将 JSON 模型加载到 ADT 实例

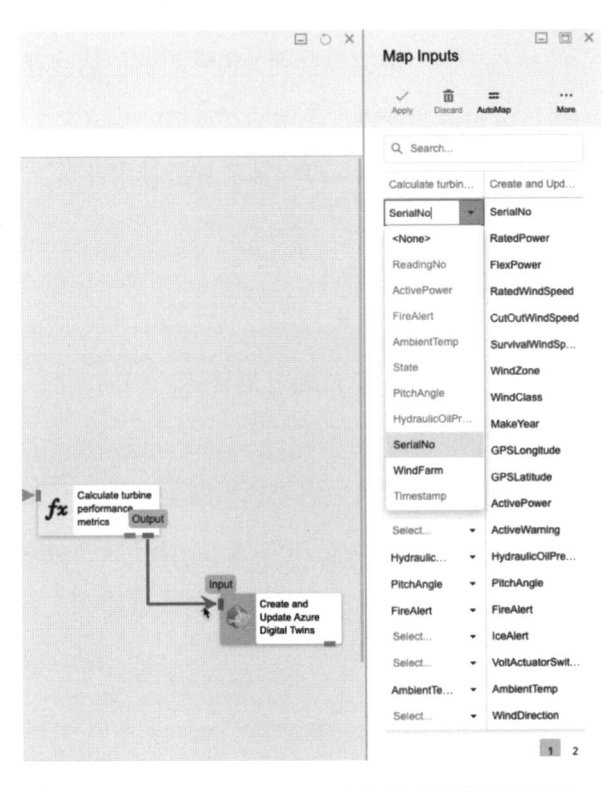

图 6.22 在 XMPro Data Stream Designer 中将传感器数据映射到 ADT 和 TSI

第二篇　构建数字孪生体

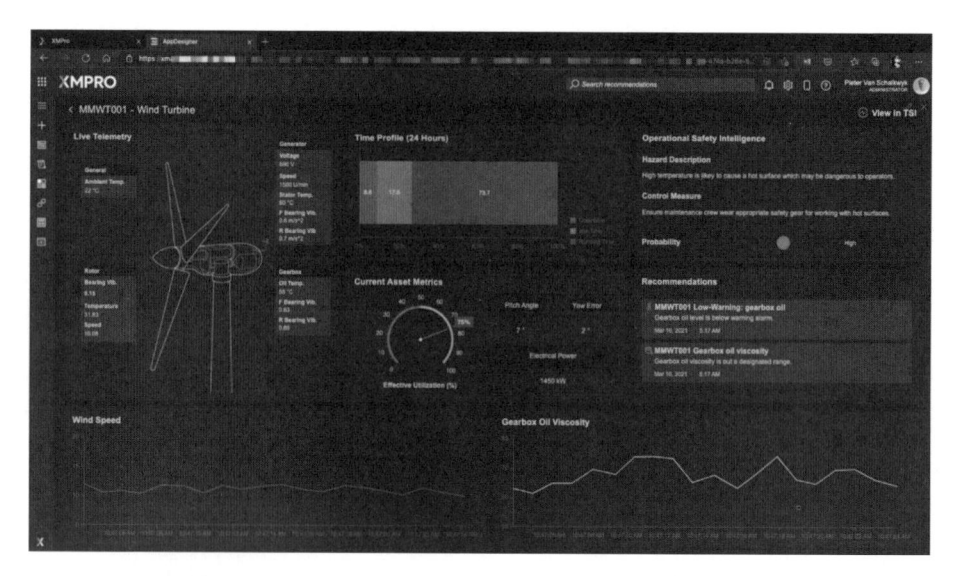

图 6.23　在 XMProAppDesigner 中创建数字孪生体用例用户界面

该示例展示的是基于从决策树观察到的齿轮箱油位的推荐规则，制订维护计划并向风力涡轮机制造商提供齿轮箱油耗反馈的数字孪生体。

接下来，让我们看看对开发数字孪生体流程的技术评估。

6.4 技术评估注意事项

开发数字孪生体的目标之一是反映有形资产的当前状况。在本示例中，这个有形资产即风电场中的风力涡轮机。

在我们的案例中，需要确保风力涡轮机不同子组件的 DTDL 包含实现目标所需的数据元素——在风电场运行时对风力涡轮机进行预测性维护。如图 6.24 所示，齿轮箱油位、油温和轴承温度等属性被捕获在齿轮箱的 DTDL 元素中。

```
30     {
31       "@type": "Property",
32       "name": "Manufacturer",
33       "schema": "string"
34     },
35     {
36       "@type": "Telemetry",
37       "name": "GearboxOilLevel",
38       "schema": "double"
39     },
40     {
41       "@type": "Telemetry",
42       "name": "GearboxOilTemp",
43       "schema": "double"
44     },
45     {
46       "@type": "Telemetry",
47       "name": "BearingTemp",
48       "schema": "double"
49     },
```

图 6.24　风力涡轮机齿轮箱的属性示例

图 6.23 展示了数字孪生体的可视化应用程序在特定时间间隔内直观显示齿轮箱油黏度（Viscosity）等属性的能力。监测齿轮箱油况是风力涡轮机行业的常见做法，这有助于将应用程序创建对业务用户有意义的参数。

数字孪生体应用程序可以在某个时间点为监控和诊断（Monitoring and Diagnostic，M&D）中心（图 6.25）提供风力涡轮机的视图。

制造商的服务机构通常在保修期或约定的服务期内，使用此类监控和诊断中心来维护其风力涡轮机的整个机群。

一般来说，监控和诊断中心由工业设备制造商操作，并为风电场的运营商提供监控服务。如图 6.26 所示，监控和诊断中心通常需要获得来自数字孪生体以及其他企业和第三方数据源的信息并将其组合，组合之后的信息更便于分析人员使用。

当我们对数字孪生体进行技术评估时，必须考虑到不同来源的数据可能具有不同的粒度级别，例如，风速和温度等天气预报数据可能是每小时采集

图 6.25　行业监控和诊断中心

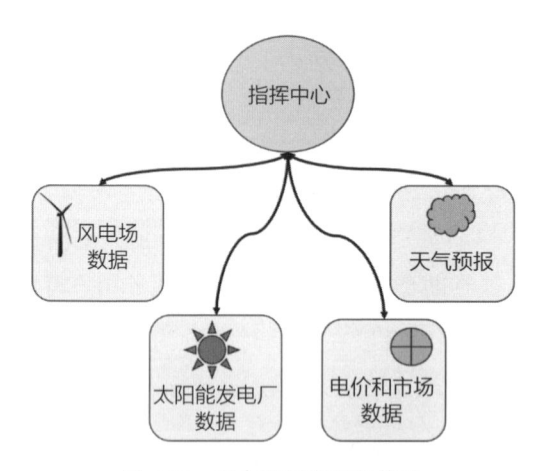

图 6.26　组合不同来源的信息

一次，但来自风力涡轮机的遥测数据则可能每秒记录一次。因此，监控和诊断中心的数据集成必须能够处理这些复杂性。

接下来，让我们看看风力涡轮机数字孪生体业务验证的注意事项。

6.5 业务验证和理解

2013 年 7 月的一份名为监测风力涡轮机齿轮箱（*Monitoring wind turbine*

gearboxes）的风能出版物指出，在齿轮箱中观察到的故障要比风力涡轮机中的其他子组件更多。根据美国能源信息署（Energy Information Administration，EIA）的数据，风力涡轮机的预期寿命约为 20～25 年。齿轮箱的设计寿命约为 20 年，但大多数齿轮箱的寿命都达不到这个年限。而齿轮箱也是风力涡轮机中最昂贵的子组件之一，它的成本可能高达风力涡轮机成本的 13%。此外，齿轮箱的维修和更换过程很复杂，因此在发生故障时将导致很长的停机时间。

图 6.27 展示了包含齿轮箱的风力涡轮机的视图。齿轮箱中的油将保护变桨齿轮、开式齿轮和偏航齿轮。

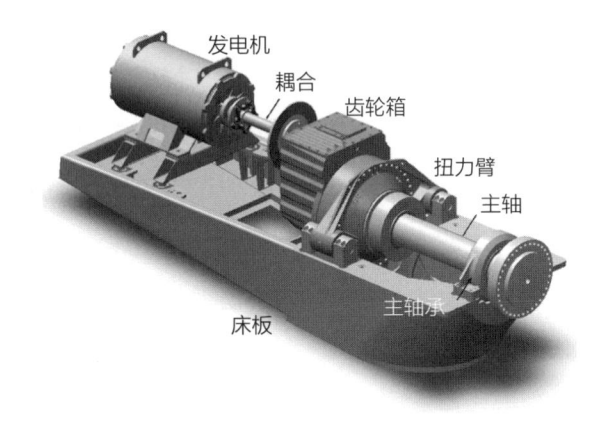

图 6.27　风力涡轮机子组件

> **注意**　图片来源：Keller J, Guo Y, Zhang, Z and LucasD.Comparison of planetary bearing load-sharing characteristics in wind turbine gearboxes. WindEnerg. Sci., 2018，3：947-960.

风力涡轮机轴承故障的常见原因之一是白色蚀刻裂纹（White Etching Crack，WEC），因为轴承承受了很高的力和扭矩，它是风力涡轮机轴承产生可靠性问题的主要原因之一。白色蚀刻裂纹会导致轴承表面以下的材料发生结构变化。当受到应力时，产生的裂纹最终会延伸到轴承表面，导致轴承故障。

由于油的状况对减少齿轮箱中运动部件的磨损具有关键作用，所以通过监测油的状况来保持适当的润滑有助于减少轴承中的白色蚀刻裂纹。埃克森美孚公司的一份出版物指出，到2020年，风力涡轮机发电场的平均使用年限为7年，而制造商对风力涡轮机的保修期为平均5年至10年。从业务角度来看，这个现场维护的时间设定非常重要且对于各利益相关方的营收影响巨大。

根据既往经验，齿轮箱油的监测是以离线模式对齿轮箱油采样进行的。从风力涡轮机中提取的油样被送往实验室检查黏度以及铁和有色金属颗粒水平等特性。现在有了风力涡轮机的数字孪生体，情况将有很大改善，它可以与遥测技术结合，在线监测油的状况。在此过程中，传感器可以连续记录温度并得出油的黏度，从而真正实现预测性维护。

在业务验证阶段，主题专家将初步估计数字孪生体对风力涡轮机或整个风电场的运维成本的经济影响。他们还需要研究数字孪生体随着时间的推移做出此类运维预算决策的可信度。

接下来，让我们看看在本示例中的一些实际数字。

据壳牌公司称，风电行业每年在全球风电场维护上花费约80亿美元。

每次齿轮箱故障都会使运营商损失30万~50万美元。根据壳牌公司的统计，为一台风力涡轮机更换齿轮箱油的成本平均约为8000美元。在定期维护中，风力涡轮机的齿轮箱油平均每36个月需要更换一次。

此外，在风力涡轮机的20年平均寿命中，需要换油6~7次。如果使用数字孪生体进行维护使其减少1次换油，即在风力涡轮机的使用寿命内换油5~6次，那么每台风力涡轮机的维护成本仅在此费用项目上就减少8000美元。不仅如此，数字孪生体还可以减少因齿轮箱故障而导致的停机事件。

除了健康监测和预测性维护，数字孪生体还有助于优化风力涡轮机性能，从而提高整个风电场的发电水平。

以上就是我们对风力涡轮机数字孪生体的业务验证和理解。

6.6 小结

本章演示了如何构建工业资产的数字孪生体（在本例中是风力涡轮机）。我们利用了 DTDL 和微软的 Azure Digital Twins 来构建数字孪生体，讨论了开发人员如何利用通过 ADT 公开的平台即服务功能。

本章还演示了在 ADT 之上为非开发人员构建应用程序的必要性，为此，我们使用了 Power BI 和 XMPro 等可视化工具来构建程序。之后，我们还对用于风力涡轮机的数字孪生体的技术和业务验证做了讨论。

在第 7 章 "部署和价值跟踪" 中，我们将在生产级别研究为风电场部署数字孪生体模型的注意事项。

6.7 思考题

请你基于对本章内容的理解思考以下问题：

（1）DTDL 在使用 ADT 构建数字孪生体中的作用是什么？

（2）为什么我们需要通过研究风力涡轮机的子组件来构建数字孪生体？

（3）为什么齿轮箱的预测性维护对风电场至关重要？

（4）如何将来自资产的历史遥测数据存储在 ADT 中？

（5）如何评估风力涡轮机数字孪生体解决方案的预期业务成果？

CHAPTER 7

第 7 章 部署和价值跟踪

在第 6 章"构建数字孪生体原型"中,我们详细介绍了风电场数字孪生体的开发。风电场由许多风力涡轮机组成,每个风力涡轮机都有自己的数字孪生体。数字孪生体应用程序可以使用集成开发环境在微软的 Azure Digital Twins 服务上开发,但是该方法仅适用于想要在 ADT 服务上构建高级数字孪生体应用程序的程序员;因此,对于缺乏编程技能的主题专家来说,更好的方法是使用无代码/低代码应用程序开发平台,以便在不编写代码的情况下创建数字孪生体应用程序。我们在第 6 章演示了低代码开发方法,还对第一个数字孪生体的测试、技术评估和业务验证做了讨论。

本章将重点介绍该解决方案在操作环境中的部署和扩展,这提供了一种结构化的方法:从数字孪生体的初始试验开始,到交付业务成果的目标状态,最后才是全面生产阶段。遵循这一步骤很重要,因为在诸如物联网和数字孪生体之类的新兴技术的整个生命周期中,由于涉及各种复杂因素,它们的试验目前尚未实现产品化。

本章将继续以风电场和风力涡轮机为例,演示以下部署步骤:

- 数字孪生体的功能测试
- 试点运行
- 全面部署

- 价值主张和跟踪

本章将首先评估数字孪生体如何满足在第 6 章"构建数字孪生体原型"中设定的功能要求。

7.1 数字孪生体的功能测试

功能测试（Functional Testing）是开发应用程序的标准做法，创建数字孪生体解决方案也不例外。当然，和普通软件不同，数字孪生体的基础设施及其应用程序都应进行功能测试。

在第 5 章"设置数字孪生体原型"中，我们创建了风电场和风力涡轮机的模型和实例作为你的数字孪生体原型解决方案。测试模型功能的可用性和完整性并确保它们被正确部署是数字孪生体功能测试的第一步。一旦确认数字孪生体基础设施能够有效工作，即可测试在第 6 章"构建数字孪生体原型"中配置的实际数字孪生体应用程序。

接下来，让我们看一下测试框架。

7.1.1 测试数字孪生体基础设施

我们的风电场数字孪生体原型是在 ADT 平台上配置的，它是数字孪生体基础设施的集成平台即服务的一个示例。在描述数字孪生体原型功能测试的第一步时，我们将继续使用该示例。

基础设施功能测试的目的是确保正确配置平台组件，消除不正确的平台配置，因为这是实际应用程序无法通过功能测试的潜在原因。

我们为基础设施功能测试提出了如图 7.1 所示的测试顺序。

上述测试顺序中的第一步用于检查数字孪生体配置和访问控制是否已在 Azure 中正确配置。我们只需要通过 ADT Explorer 访问数字孪生体即可完成

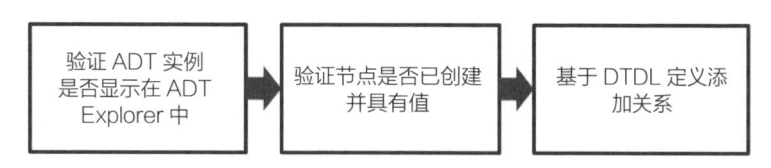

图 7.1　数字孪生体基础设施功能测试

该功能测试。

该测试旨在表明我们可以在 ADT Explorer 中访问风电场的数字孪生体实例，如果底层基础设施或访问权限有任何问题，则无法成功显示数字孪生体实例。图 7.2 显示了典型的错误消息。

图 7.2　ADT Explorer 中的访问权限错误消息

图 7.3 提供了一个成功测试的示例，该示例显示了 Azure 集成平台即服务上的模型和实例。该实例会在左侧窗格中显示不同的模型，在中间窗格中显示知识图谱。

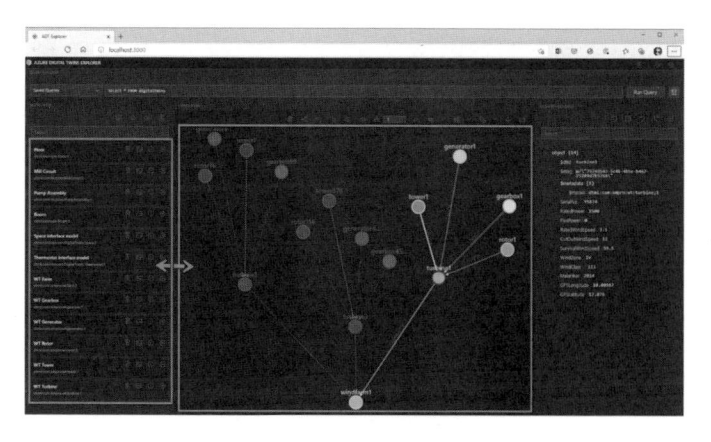

图 7.3　数字孪生体基础设施的功能测试

图 7.1 中的基础设施功能测试的第二步是检查是否创建了节点，并且检查属性字段中是否包含了正确的值。图 7.4 是一个成功的涡轮机节点及其相关属性的示例。

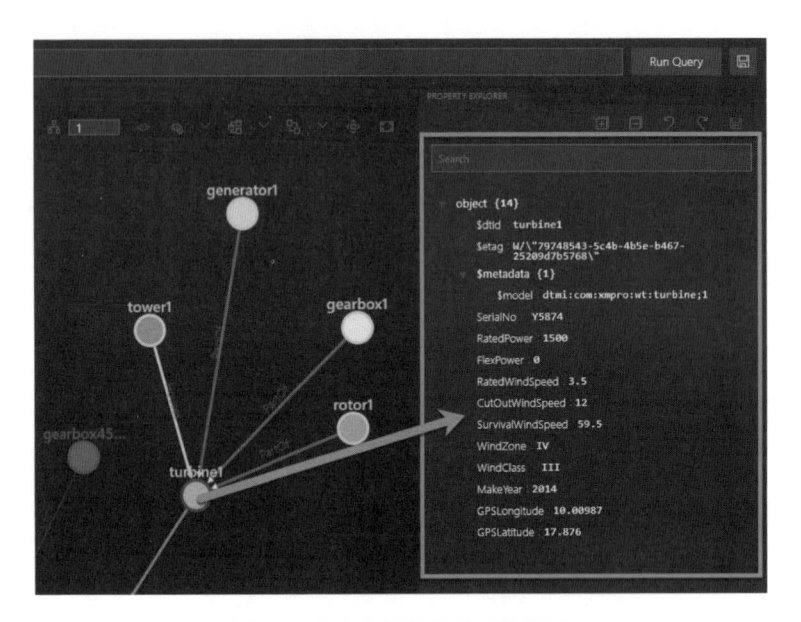

图 7.4　节点和属性值的功能测试

如果此信息不正确，则 DTDL（数字孪生体定义语言）模型文件可能包含无效信息或结构不正确。它还可能表明你的应用程序上的数据提取服务没有将数据传递到数字孪生体实例。在这种情况下，建议你重新阅读第 6 章"构建数字孪生体原型"中的配置步骤。

图 7.1 中基础设施功能测试的最后一步是检查关系是否正确配置：ADT Explorer 提供了一个基于知识图谱的可视化界面，可以轻松查看多个 DTDL 模型中定义的各种关系。这些模型之间的关系至关重要，因此，对其进行测试可确保底层知识图谱功能的正确部署。

如果你可以看到节点关系，就意味着你的集成平台即服务配置正确。此时，每个关系都在连接节点的箭头上标明，如图 7.5 所示。

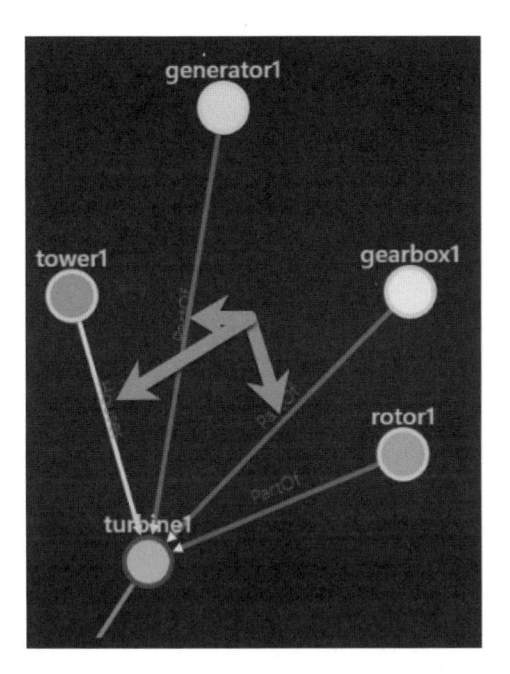

图 7.5　对模型间关系的功能测试

一旦数字孪生体基础设施通过了功能测试，我们就可继续对数字孪生体应用程序进行功能测试。

7.1.2 测试数字孪生体应用程序

现在让我们看看测试风力涡轮机的数字孪生体应用程序的细节。根据应用程序的开发方式，这可以相应地分为以下两种测试：

- 测试在集成开发环境中开发的编码解决方案
- 测试无代码 / 低代码数字孪生体解决方案

测试在集成开发环境中开发的编码解决方案

数字孪生体应用程序的功能测试应遵循传统的软件测试方法，尤其是当应用程序是在集成开发环境中设计的编码解决方案时。其功能测试的要求由数字孪生体用例的特征决定，例如：

- 数字孪生体应用程序的关键性。
- 安全要求。
- 与其他系统和数字孪生体集成的复杂性。
- 数字孪生体的自主性和控制自动化水平。
- 数据和建议的准确性。

对于通过编写代码开发的数字孪生体应用程序来说，其应用程序功能测试基于复杂系统开发的最佳实践。软件功能测试的目的是验证应用程序是否符合数字孪生体的初始功能规范。

功能测试的基本做法是：提供输入，然后根据功能规范验证输出，以测试每个功能需求是否完成。最常见的功能测试如下所示：

- 单元测试（Unit Testing）——开发人员可以通过该方法测试各个源代码单元，以确保代码单元按预期执行。
- 冒烟测试（Smoke Testing）——这是确定软件构建是否足够稳定的初步测试。
- 健全测试（Sanity Testing）——这是一种表层测试方法，当添加新模块或代码时，可执行该测试，以确定应用程序是否足够稳定。
- 集成测试（Integration Testing）——将单个模块或组件组合在一起进行测试。强烈建议将此方法用于复合数字孪生体，其中来自不同离散数字孪生体的模块需要互操作以提供数字孪生体所需的功能。
- 白盒测试（White-Box Testing）——测试人员将通过该测试充分了解数字孪生体解决方案的内部结构和代码。
- 黑盒测试（Black-Box Testing）——测试人员在不了解内部结构或代

码的情况下测试功能。
- 用户验收测试（User Acceptance Testing，UAT）——由数字孪生体应用程序的最终用户测试解决方案，以确定它是否可以被接受。
- 回归测试（Regression Testing）——验证代码更改没有对现有功能产生不利影响，在此测试中需要部分或全部重新执行以前的测试用例。

详细解释上述每一种测试方法不在本书的讨论范围内，因为软件测试有许多可用的资源，对此感兴趣的读者可以自行搜索。

单元测试通常由应用程序的开发人员完成。第 6 章中介绍的 Power BI 编码解决方案的单元测试要求开发人员测试数字孪生体的每个功能区域。该章中使用的示例解决方案的功能区域显示在图 7.6 中。该示意图上的每个块都针对代码最有可能中断的场景进行了单独测试，从 ADT 开始，然后是 Event Grid（事件网格），最后是 Power BI 用户界面。

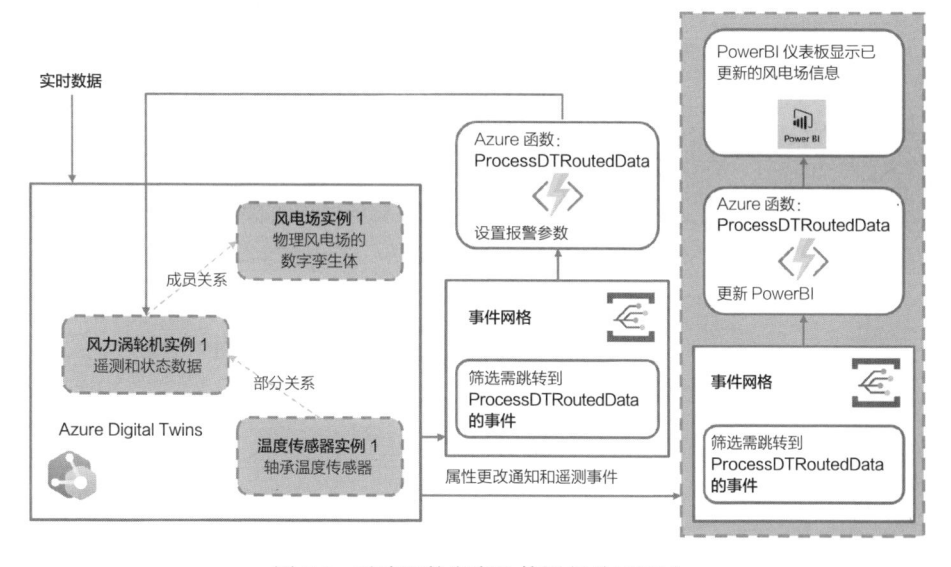

图 7.6　对编码数字孪生体进行单元测试

相比之下，黑盒测试由质量保证团队完成，他们将在不了解解决方案的代码的情况下评估预期输出。例如，这将通过改变输入值来评估 Power BI 最终用户界面上的结果。

在无代码/低代码环境中创建的数字孪生体解决方案遵循类似的功能测试方法。但它不能在代码级别执行单元测试，而是在无代码环境中的功能块上执行。

测试无代码/低代码数字孪生体解决方案

无代码/低代码应用程序开发平台为编码能力有限的最终用户提供了配置环境。它主要针对的是了解业务需求但不具备软件开发技能的中小企业或工程师。

在无代码/低代码环境中的单元测试只能测试应用程序引入的外部模型（如 Python 中的故障预测模型），而不能测试核心数字孪生体应用程序。

故而，此类数字孪生体应用程序的功能测试通常仅限于集成测试和黑盒测试。图 7.7 展示了针对我们在第 6 章中使用 XMPro 低代码平台创建的风力涡轮机数字孪生体的集成测试和黑盒测试。

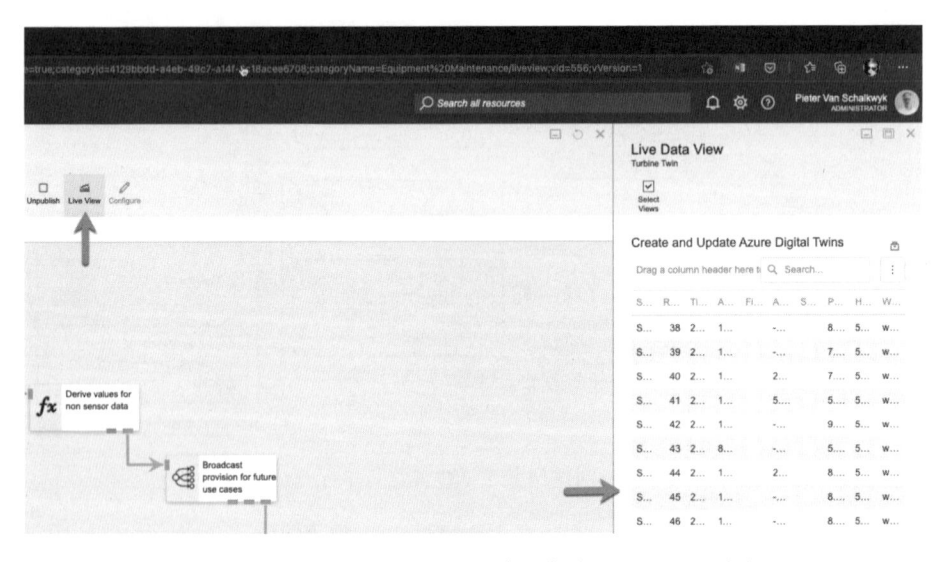

图 7.7　无代码/低代码应用程序的集成测试和黑盒测试

单击顶部菜单中的 Live View（实时视图）选项卡会在应用程序右侧打开一个窗口，该窗口将显示发布数据流时数据流最后一个块中的数据值。它提供了从集成源流出的数据的简单功能测试视图以及沿途对数据的操作。如图 7.8 所示，此功能可以展开包含该数据的窗格以清楚地显示值，所以非常适合黑盒测试。

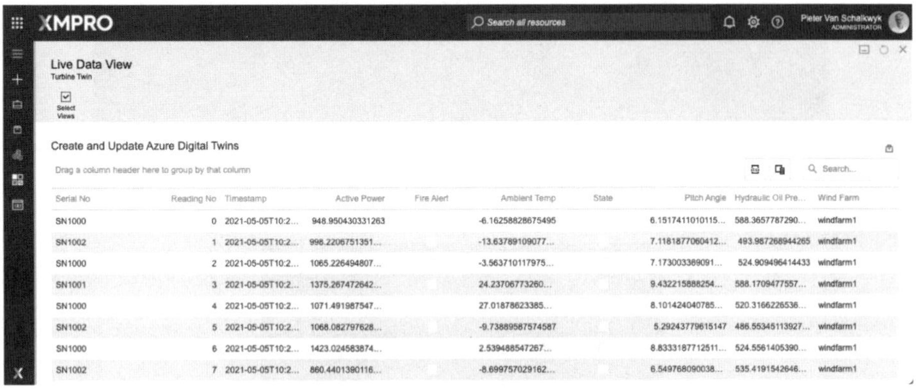

图 7.8　扩展的实时视图数据

在用户验收测试中，测试用户需要与数字孪生体应用程序交互，以检查解决方案逻辑的结果的有效性以及在桌面浏览器、移动设备和增强现实 / 虚拟现实等不同基础设施上的性能。图 7.9（a）和（b）分别展示了桌面浏览器和移动端浏览器上的用户验收测试情况。

本节概述了测试数字孪生体原型的典型方法。实际操作方法取决于你创建解决方案时遵循的编码或无代码 / 低代码方式。

一旦完成了基础设施和应用程序功能测试，即可试点运行我们的数字孪生体原型。

7.2　试点运行

数字孪生体项目流程遵循：首先进行概念证明，然后是原型设计，再进

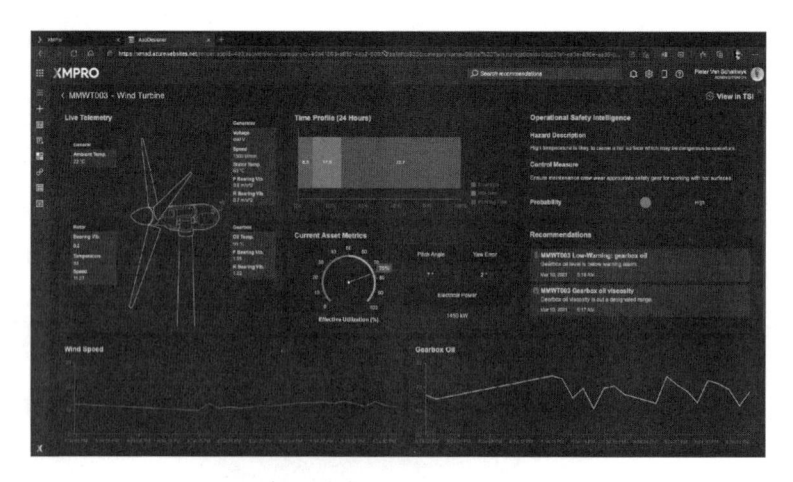

（a）桌面端浏览器上的用户验收测试

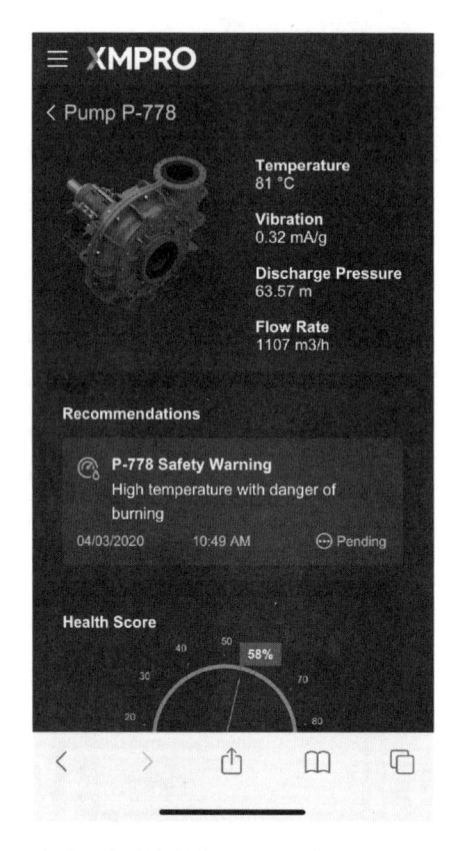

（b）移动端浏览器上的用户验收测试

图 7.9 用户验收测试

行试点运行，最后是全面部署。其中每个阶段都有其特定意义。

图7.10展示了从概念到全面部署的过程以及随着时间推移的范围的演变。

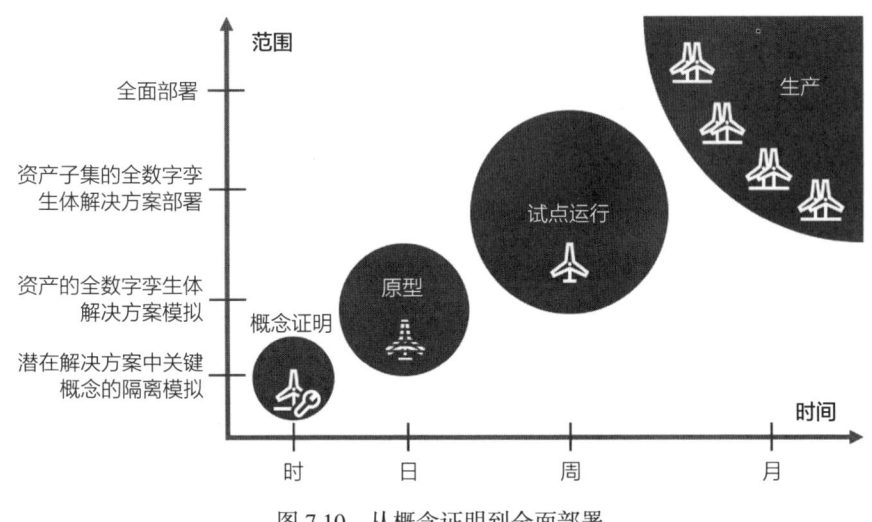

图7.10 从概念证明到全面部署

在最初的概念证明（Proof Of Concept，POC，也称为概念验证）阶段，目标是证明特定技术或设计组件的可行性。此阶段将验证这些概念在开发的生产系统中的适用性，以判定特定解决方案是否可以进入原型设计阶段。在风力涡轮机示例中，可以使用概念证明来确定我们从传感器接收到的数据是否足以创建机器学习模型以进行预测性维护。

在第6章"构建数字孪生体原型"中，我们重点介绍了配置支持多个风力涡轮机的风电场的数字孪生体原型。该原型是整体解决方案的完整模型，并使用模拟数据展示关键能力。它将若干个概念证明元素整合到数字孪生体的配置中。

一旦成功创建并测试了原型，即可转向数字孪生体应用程序的试点运行。试点推广的范围将取决于试点环境（如风电场、工厂或物理资产）是否可用。

7.2.1 试点实施范围

在大型风电场示例中，我们可能会使用一个风电场作为试点，或者也可能以单个涡轮机为试点。最初的问题陈述也将推动试点实施的要求：如果评估单个涡轮机的故障预测，则需要为试点运行提供一个风力涡轮机实例；如果优化风电场中一组涡轮机的发电，则需要在风电场中进行试点推广。

试点范围取决于我们对数字孪生体的看法。在第 3 章"确定第一个数字孪生体"中，我们描述了数字孪生体用户的不同视角以及他们各自用例的区别。在我们第一个数字孪生体的原型中，选择的视角是提供维护服务的原始设备制造商。

我们应就试点范围与内部和外部利益相关者达成协议，该协议应涵盖以下维度：

- 地理范围——试点将在哪个特定地理区域进行？
- 组织范围——企业的哪些部门或职能将参与试点？
- 解决方案——解决方案范围应与第 4 章"从第一个数字孪生体开始"中的精益数字孪生体画布中记录的解决方案要求相匹配。
- 集成范围——我们需要与哪些系统集成？
- 信息技术——我们的数字孪生体试点部署需要哪些技术和基础设施，例如公共云服务和其他许可软件？
- 培训和文档——我们需要为试点阶段提供哪些培训和文档？
- 变革领导——我们对变革管理有什么责任？

图 7.11 为我们清楚地展示了每个维度的范围。

在这个假想的公司的示例中，地理范围仅限于风电场 XYZ，它位于绿色

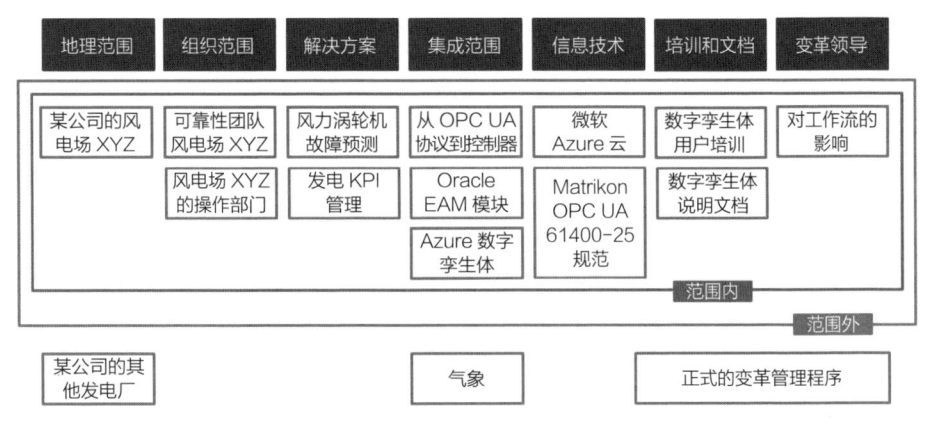

地理范围	组织范围	解决方案	集成范围	信息技术	培训和文档	变革领导
某公司的风电场 XYZ	可靠性团队风电场 XYZ	风力涡轮机故障预测	从 OPC UA 协议到控制器	微软 Azure 云	数字孪生体用户培训	对工作流的影响
	风电场 XYZ 的操作部门	发电 KPI 管理	Oracle EAM 模块	Matrikon OPC UA 61400-25 规范	数字孪生体说明文档	
			Azure 数字孪生体			

范围内

范围外

| 某公司的其他发电厂 | | | 气象 | | 正式的变革管理程序 | |

图 7.11 风电场解决方案试点推广范围图示例

矩形内。图 7.11 排除了该公司运营的其他风电场，因而将其放置在红色的超出范围的矩形之外。

使用与地理范围类似的方法可以轻松识别所有其他范围维度。这种可视化的表示方式为范围提供了清晰的边界，而无须编写过多的文档来描述每个元素。它很容易向项目发起人展示责任领域及其对组织资源的影响。

一旦就试点实施的范围达成一致，你还必须确定试点阶段的成功标准。预先确定措施和 KPI 可确保目标不会随着试点的进展而不断改变。你还必须与项目发起人就这些成功标准达成一致，并为项目的所有利益相关者以简单明了的方式说明这些标准。

7.2.2 试点阶段的成功标准

建议你将试点运行的成功标准分为三个简单的类别，如图 7.12 所示。

第一个成功标准是确定技术和工具是否按预期工作。在风电场示例中，我们可以评估数字孪生体提供的预测故障、异常事件和警报的数量。如果我们确信技术和应用程序正在发挥作用，即可进入对下一个成功标准的判断。

第二个成功标准需要衡量解决方案的价值，这与我们在第 4 章 "从第一

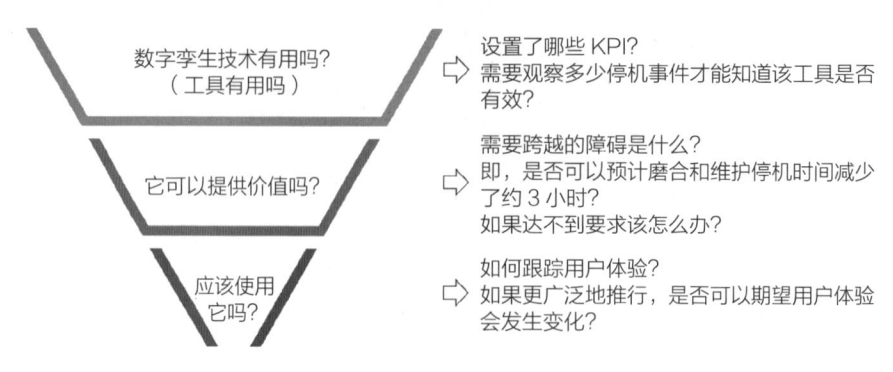

试点成功标准	如何在期中评审期间进行评估
数字孪生技术有用吗？（工具有用吗）	设置了哪些 KPI？ 需要观察多少停机事件才能知道该工具是否有效？
它可以提供价值吗？	需要跨越的障碍是什么？ 即，是否可以预计磨合和维护停机时间减少了约 3 小时？ 如果达不到要求该怎么办？
应该使用它吗？	如何跟踪用户体验？ 如果更广泛地推行，是否可以期望用户体验会发生变化？

图 7.12　创建试点成功标准

个数字孪生体开始"中定义的预期业务成果相关联。这一成功标准在试点阶段至关重要，因为它将表明在试点阶段完成后大规模部署时的预期投资回报率。在通过第一道门槛之后，价值问题成为项目发起人是否为全面推出解决方案开绿灯的重要考虑因素。

最后一个成功标准是变更管理和组织中应用程序的使用。一个解决方案在技术上可能是可行的并能提供商业价值，但用户可能没有意愿改变现有的工作方式。监控用户访问系统或响应数字孪生体生成的警报和操作的频率可量化资产的性能提升，从而更好地说服用户采用新的工作流程。此外，这一成功标准还应包括数字孪生体原型和集成点是否能得到持续维护。

在试点运行开始时设置这些标准，可以很轻松地在试运行期间判断解决方案的成功与否。它还消除了利益相关者的情感影响，因为这些标准是在开始时设定的，并且不会随着试点的推进而改变。

7.2.3　试点解决方案的时间表和阶段

试点推出的时间表和阶段将随你的数字孪生体原型的范围和复杂性而变化。我们为数字孪生体的试点评估提出了一个三阶段计划：阶段 1 侧重于解决方案开发周期，阶段 2 侧重于原型评估，阶段 3 用于记录试点运行的结果和反馈。

图 7.13 展示了这三个建议的阶段，每个阶段的典型持续时间以周为单位。具体时间依你的项目和环境而定。

阶段 1			阶段 2	阶段 3
冲刺 1 设计	冲刺 2 构建和扩张	冲刺 3 部署	评估和改进试点	回顾和范围扩大
2 周	4 周	1 周	12 周	1 周

图 7.13　试点推出阶段的建议

图 7.14 提供了阶段 1 期间对每个冲刺周期中操作的一些指导。

第 3 章"确定第一个数字孪生体"提到过的敏捷开发方法和 Scrum 中的冲刺周期非常适合数字孪生体项目的原型设计阶段。

图 7.14 提出了每个冲刺周期中的特定可交付成果，它展示的操作需要根据项目的具体情况进行调整。

IT、集成和数据的可交付成果包括阶段 1 的冲刺 1 中的集成计划和目标架构。阶段 2 如图 7.15 所示，提供了比较简明的范围和可交付成果，以方便与利益相关者沟通。

接下来，让我们看一下阶段 3 的可交付成果，如图 7.16 所示，它是优化和实现阶段。

结合使用范围示意图、成功标准和每个试点阶段的可交付成果来设定期望并管理试点的实施，能增加试点成功的可能性。

试点阶段的主要目标是根据成功标准评估解决方案，并找到可能影响全面部署的风险。试点阶段是进入 / 不进入下一个阶段的门槛，在该阶段我们需要向包括项目发起人在内的所有利益相关者展示试点实施的情况。如果试点结果符合成功标准，则下一步将是在开始全面部署之前评估试点实施的经验教训。

阶段1：设计、构建和扩展				
	项目管理	IT、集成和数据	培训和变革管理	操作功能

冲刺1：设计	**描述**
	• 为一个单元/资产设计逻辑
	  ■ 资产级数字孪生体可视化（离散孪生体）
	  ■ 数据流逻辑
	• 设计如何扩展多个单元/资产的逻辑
	  ■ 资产组合级别的数字孪生体可视化（复合孪生体）
	  ■ 数据流逻辑
	• 建立基线
	• 部署软件			

	可交付成果			
	• 测试计划 • 设计规范 • 签结	• 集成计划 • 数据映射 • 目标架构		• 用户界面原型 • 数据流 • 建立基线

冲刺2：构建和扩展	**描述**
	• 构建离散孪生体
	  ■ 配置数据流
	  ■ 可视化数字孪生体
	  ■ 根据测试计划进行测试
	• 构建复合孪生体
	  ■ 配置数据流
	  ■ 可视化数字孪生体
	  ■ 根据测试计划进行测试			

	可交付成果			
	• 签结	• 测试结果	• 材料大纲	• 数据流 • 应用程序页面

冲刺3：部署	**描述**
	• 部署
	  ■ IT治理
	  ■ 用户培训
	  ■ 上线后支持
	  ■ 开始评估			

	可交付成果			
	• 签结 • 开始评估反馈	• IT治理签结	• 用户材料	• 实时运行的生产系统

图 7.14 阶段1：设计、构建和扩展

阶段 2：90 天评估试点期限			
项目管理	IT、集成和数据	培训和变革管理	操作功能
描述			
• 监控代表成功的 KPI • 监控定义的基线 • 评估和细化： 　■ 数据流 　■ 集成 　■ 监控数据质量 • 评估并优化数字孪生体可视化的用户体验 • 优化建议（设定微调点） • 转移正式知识/技能			
可交付成果			
• 由项目所有者和项目协调员签署 KPI • 根据基线量化改进		• 用户材料	• 操作优化建议

图 7.15　阶段 2：评估试点

阶段 3：优化和实现
描述
• 项目回顾 • 确定此解决方案功能的扩展范围以获取更多功能 • 将此解决方案部署到其他地方

图 7.16　阶段 3：优化和实现

7.2.4 展示试点结果

项目发起人喜欢看到简单直接的试点结果，因此，建议将这些结果展示在一张演示幻灯片中，并为每个成功标准提供演示幻灯片。图 7.17 提供了一个定义成功标准的演示幻灯片示例。

我们还建议你向项目发起人提供一些实际运营中的关键指标的对比数据。例如，图 7.18 显示了试点开始时的绩效指标，图 7.19 显示了试点阶段结束时的绩效指标。

图 7.18 的示例中维护团队未响应若干个已预测的故障，因为维护计划

显示试点取得积极成果的指标

它有效吗?

- 指标仪表板
  □ 通知的通知数
  □ 关闭的通知数
  □ 分配的工作请求数
  □ 转换为工单的工作请求数

- 技术和信息技术
  识别至少 90% 的设备问题（包括齿轮箱轴承振动、发电机温度和转子振动等），最大 5% 的误报触发

- 与公司的 EAM 实例和维护数据库集成的解决方案

它提供价值吗?

- 通知系统
  按照解决方案的规定创建和发送通知（通过电子邮件或短信消息）

- 配置
  使用数据创建建数字孪生体实例，并允许可靠性团队配置设定点

它提供价值吗?

- 至少识别 30% 因齿轮箱轴承问题而导致的停机事件（如果执行工单，则停机时间将减少 9 小时）

- 至少识别 50% 因齿轮箱油或润滑水平导致的停机事件（如果执行工单，则停机时间将减少约 2.5 小时）

- 优先推动可操作的结果是执行手动计算和数据监控（绕过每周约 8 小时的"管理"任务）

应该使用它吗?

- 使用时间和用户数

- 87% 的工单已完成

- 用户调查

- 定性评估以捕捉用户体验、用户行为、决策因此工具而发生的变化、改进的建议等

图 7.17 展示试点结果

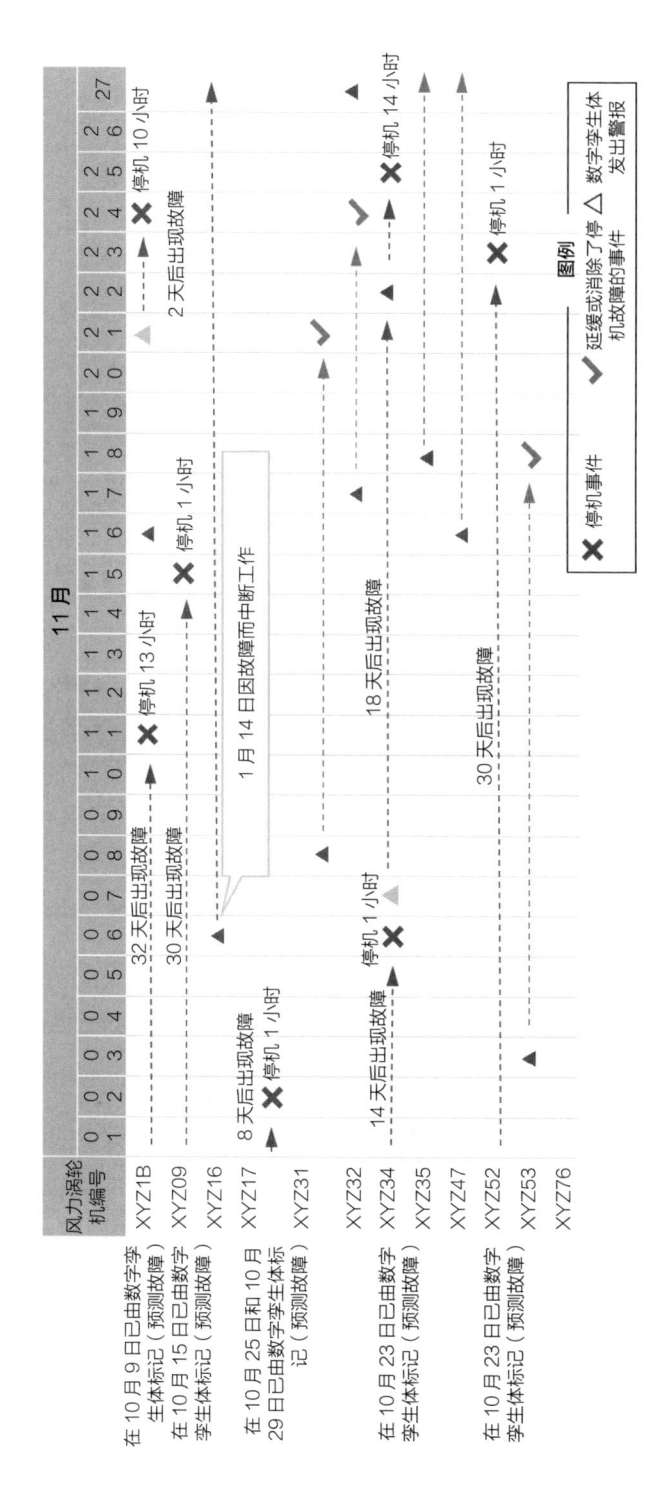

图 7.18 试点开始时的 KPI

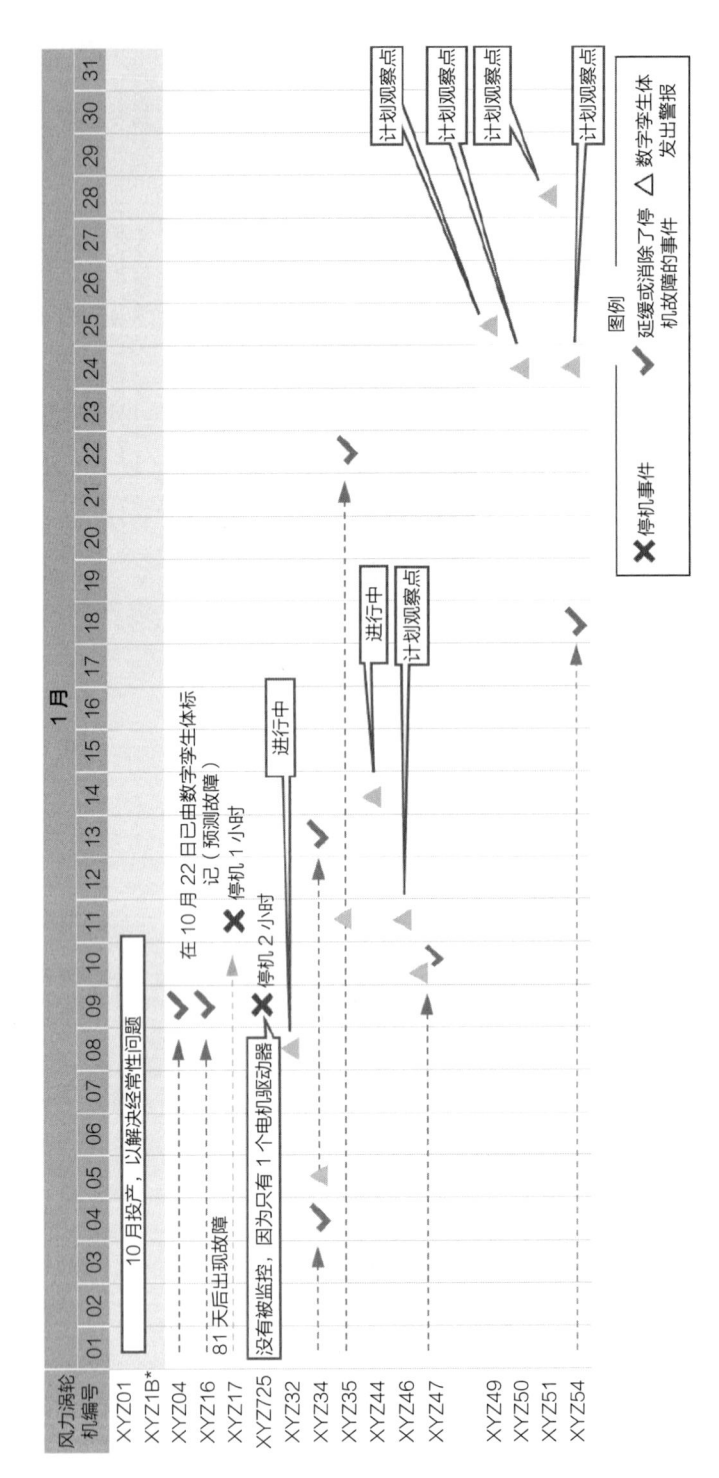

图 7.19 试点结束时的 KPI

人员的业务流程尚未适配数字孪生体的预测。

图 7.19 的示例中对故障预测的响应做了改进，显示了几乎所有工作都提前安排好了，这将计划外故障排除了 90% 以上。

根据我们的经验，比较应用数字孪生体前后的绩效差异可以很好地展示其价值，从而影响高管的决策，使其同意你的数字孪生体项目从试点推广到全面部署。

此解决方案可以为你的第一个数字孪生体原型的实际价值提供证明。出于这个原因，我们才提供了对该过程的详细解释以及在试点推出期间要采取的步骤。

如图 7.10 所示，当你的试点证明该技术有效并能提供价值之后，接下来你就要对数字孪生体方案进行全面部署。

7.3 全面部署

现在我们已经完成了数字孪生体解决方案的原型开发和试点运行，接下来即可进入全面部署阶段。

我们经常听到试点炼狱（Pilot Purgatory）这个词，它表示现有方案在试点阶段表现良好，但却无法推广使用。物联网世界论坛在 2017 年报告称，60% 的物联网计划在概念证明和试点阶段即停滞不前。

这个统计数据令人震惊，但实际上，它恰恰表明图 7.10 的分阶段开发方法是有意义的，因为它过滤掉了可能在规模上不成功的项目。这些被过滤掉的项目无法满足工作技术、商业价值或用户接受度的标准。因此，最好在财务投资和业务影响有限的早期阶段让项目中止，而不是在全面部署之后被迫接受代价高昂的失败，进而严重损害个人和组织的声誉。

当然，下一阶段是在新项目范围内全面推广那些通过所有门槛的项目。在全面部署时，我们需要大规模部署数字孪生体解决方案。许多图 7.11 中显示为超出试点范围的项目都将进入全面推广的范围。

这个新范围还可定义将数字孪生体解决方案部署到多个位置的多个资产的最佳方法，例如我们在风电场示例中的场景就是如此。

接下来，我们将深入研究实现方法。

7.3.1 全面实现方法

大型分布式软件项目通常遵循两种扩展部署方法中的一种。这两种方法在部署复杂的解决方案的情景下很流行，但它也为大规模软件解决方案部署方面提供了出色的指导。以下是两种常用的方法：

- 大爆炸式方法
- 分阶段方法

现在让我们看看每种方法的细节。

7.3.2 大爆炸方法

大爆炸方法（Big-Bang Approach）描述了一种场景，在该场景中你的数字孪生体解决方案的所有功能都部署在所有位置的所有资产中。这种方式意味着所有的数字孪生体实例将同时上线，它一般在以下情况下使用：

- 试点运行已通过，没有任何技术问题的基本数字孪生体功能。
- 有限的地域范围。
- 有限的安装数量。

需要广泛集成的复杂数字孪生体不适合大爆炸方法。地理范围应限制在一个地点的接近程度。例如，对于在某个省或县拥有有限数量的风电场的较小公司来说，可能会从这样一个方法中受益。但是，对于具有两个或三个以上数字孪生体实施地址的项目，则不建议采用大爆炸方法。

大爆炸方法比分阶段方法的风险更高，但它也能使组织从数字孪生体中获得更快的商业价值和成果。

在大爆炸或分阶段方法之间进行选择时，还需要考虑其对组织的影响：大爆炸方法通常对资源可用性以及业务用户在数字孪生体系统上花费的时间有很大影响（可能因此而改变他们的业务流程）。

大爆炸方法更适合规模较小、范围有限的项目，但我们的首选方法仍是分阶段部署，因为它能降低项目风险和对组织的影响。

7.3.3 分阶段方法

分阶段方法的部署方式正如其名称所示。根据范围元素，我们将决定是逐个场地推出所有功能，还是将其分解为不同用例的子阶段。

解决方案的复杂性将决定你能否以基于场地的分阶段方法实施完整的数字孪生体解决方案。分阶段方法的好处之一是你可以根据不同的场景或变量设置里程碑，例如：

- 数字孪生体用例
- 业务部门或工厂/场地
- 地理位置

这种方法唯一的缺点是推广时间长，这意味着你需要更长的时间才能看到数字孪生体项目的业务影响。

当然，这种方法最明显的好处之一是提高了可用性和采用率。员工可以在长时间的推广过程中逐步建立自己的能力，该效果在分阶段方法不仅按场地而且还按数字孪生体用例完成时表现得尤为明显。

图 7.20 是一家全球矿业公司的示例，该公司按矿场和用例分阶段实施其数字孪生体项目。我们可以看到该矿业公司有六个孪生体用例，并根据可行性和可复制性对其进行排名。

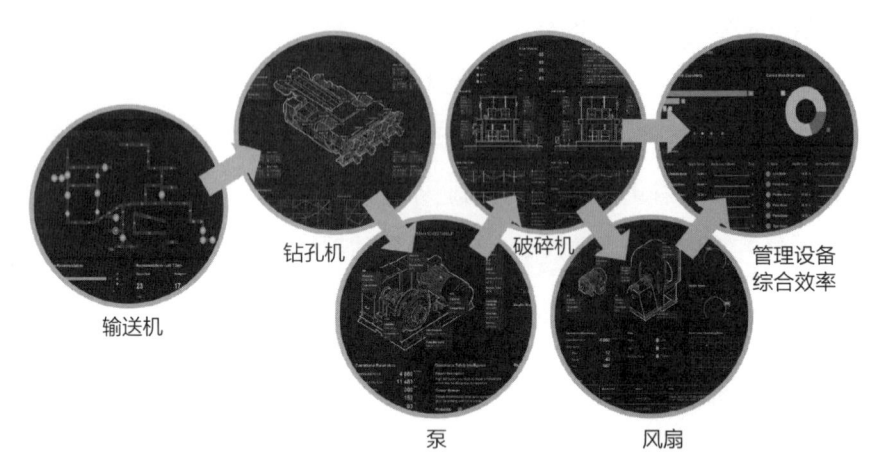

图 7.20　按地理和数字孪生体用例分阶段实施（来源：XMPro 公司提供）

该试点项目仅限于输送机，从该项目汲取的经验教训将被推广到六个用例中。

输送机试点的现场将继续使用钻孔机、泵、破碎机、风扇和其他数字孪生体用例，而另一个矿场则以类似的分阶段方法开始实施输送机带数字孪生体。

并非所有矿场都拥有与最初试点场址相同的基础设施、传感器和系统。因而它们具体的推出计划需要添加缺少的基础设施组件。这提醒我们：分阶段部署计划仍然需要根据特定地点的可行性进行定制，因为大规模部署的技术环境总是不同的。

图 7.21 提供了一个简单的单张幻灯片演示，你可以使用它来向项目发起人和企业高管解释该策略。

图 7.21 中的圆圈代表特定资产类别或用例。对于采矿示例，A1 表示传送带，S1 表示初始试点场地。成功完成试点后，初始场地将部署钻孔机数

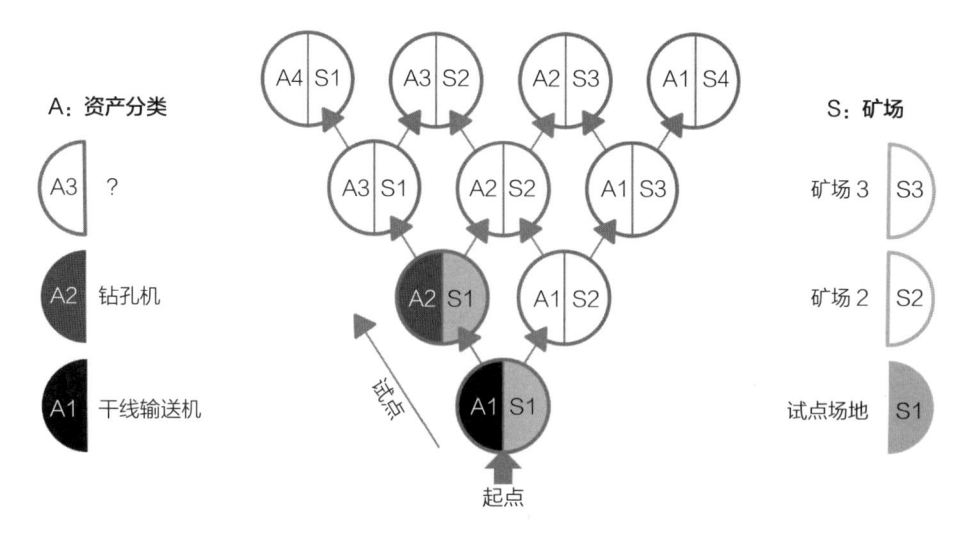

图 7.21 分阶段推出的计划

字孪生体用例。如图 7.21 左侧的箭头所示，它们在分阶段推出下一个用例的轨道上移动（形成的图案类似保龄球的摆放方式）。

矿区 2 用 S2 表示，它从输送机数字孪生体开始实施，图 7.21 右侧的箭头表示了分阶段推广输送机数字化部署的顺序。

在此基础上，我们可以轻松地安排用例和矿场的推广时间表，安排示例如表 7.1 所示。

表 7.1 按矿区分阶段推出的时间表

数字孪生体用例	第 1 月	第 2 月	第 3 月	第 4 月	第 5 月	第 6 月
输送机	矿场 1	矿场 2	矿场 3	矿场 4	矿场 5	矿场 6
钻孔机		矿场 1	矿场 2	矿场 3	矿场 4	矿场 5
泵			矿场 1	矿场 2	矿场 3	矿场 4
破碎机				矿场 1	矿场 2	矿场 3
风扇					矿场 1	矿场 2
设备综合效率						矿场 1

这不是唯一可用于实施你的数字孪生体解决方案的分阶段实施方法，但它是推广大型复杂数字孪生体项目的有效方法。还有一种方法是，在推广到下一个矿场之前，在单个矿场中推广所有数字孪生体用例。组织资源、业务案例和用户接受情况都将影响你的方法选择。

分阶段的方法风险较低，但实现其商业价值则需要更长的时间；它通常对组织的影响较小，但更长的实施时间也可能会让人产生挫败感。因此，你需要综合考虑这两种方法的优缺点，并确定最适合你的数字孪生体项目实施的方法。

接下来，让我们看看试点推广的问题。

国际标准 IEC 61400-25——用于监测和控制风力发电厂的通信（*Communications for monitoring and control of wind power plants*）为风电场和风力涡轮机的信息交换提供了标准化的数据模型。该标准规定了可用于风力涡轮机和风电场管理的风力涡轮机、控制器和气象学的许多逻辑信息节点。规范的第 2 部分描述了风力涡轮机和资产信息模型，而第 6 部分则定义了风电场的状态监测信息模型。

图 7.22 显示了 IEC 61400-25 标准所描述的信息模型中的逻辑节点。它列出了风力涡轮机和控制器单元的组件、警报信息和气象数据。

传输（WTRM）逻辑节点规定了数据模型，如图 7.23 所示。图 7.23 提供了一个标准化的类名（WTRM），在这个例子中定义了三种类型的数据，具体如下：

- Common information（常见信息）
- Status information（状态信息）
- Measured and metered values（测量值和计量值）

它进一步定义了每个逻辑节点的强制（Mandatory, M）和可选（Optional,

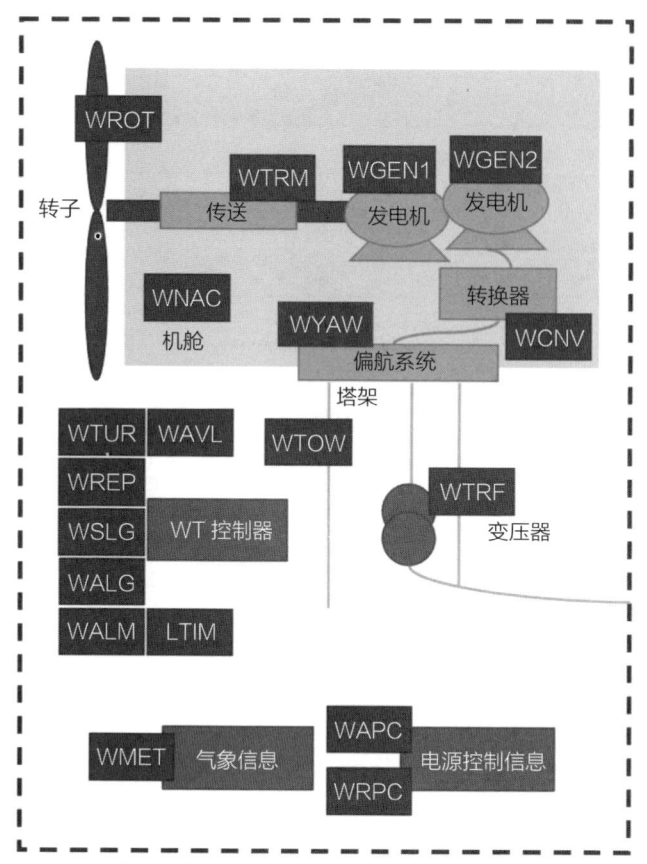

示意图改编自 IEC 61400-25-2：用于监测和控制
风力发电厂的通信的信息模型

图 7.22　IEC 614100-25 信息模型逻辑节点

O）信息，并描述了类与整个数据模型的关系。

该模型和后续的数据定义语言（Data Definition Language，DDL）模型比我们在初始数字孪生体配置中使用的示例更先进。当然，对于生产系统，我们仍建议你采用基于 IEC 61400-25 标准的方法来确保微电网和配电网的互操作性。

至此，我们已经介绍了图 7.10 所示部署过程的整个演变，从概念证明构想开始，到原型实现，再到试点实施，最后是全面推广指南。演变的最后一步不是一个独特的阶段，而是跟踪数字孪生体解决方案从概念到运营系统所产生的价值。

WTRM 类				
数据对象名称	常见数据	解释	强制 / 可选
		逻辑节点（LN）类应继承风力发电厂公共逻辑节点的所有强制数据	强制
数据			
常见信息			
状态信息			
BrkOpSt	STV	轴制动器状态	可选
LuSt	STV	齿轮箱润滑系统状况	可选
FilSt	STV	过滤系统状态	可选
ClSt	STV	齿轮箱冷却系统现状	可选
HtSt	STV	供暖系统状况	可选
OilLevSt	STV	齿轮箱油底壳油位状态	可选
OfFilSt	STV	离线过滤器污染状态	可选
InlFilSt	STV	在线过滤器污染状况	可选
测量值和计量值			
ShftBrgTmp	MV	轴承温度测量值	可选
GbxOilTmp	MV	齿轮箱油的测量温度	可选
ShftBrkTmp	MV	轴制动器实测温度（表面）	可选
GbxVbr	MV	齿轮箱振动测量值	可选
GsLev	MV	用于润滑主轴轴承的油位	可选
GbxOilLev	MV	齿轮箱油底壳中的油位	可选
GbxOilPres	MV	齿轮油压力	可选
BrkHyPres	MV	轴制动器液压	可选
OfFil	MV	离线过滤器污染	可选
InlFil	MV	在线过滤器污染	可选

图 7.23　IEC 614100-25 WTRM 逻辑节点信息模型

我们在第 4 章"从第一个数字孪生体开始"中已经定义了问题陈述和结果。这项工作的最终任务是将其移交给支持组织以继续维护和操作。

7.4 价值主张和跟踪

在第 1 章"数字孪生体简介"中，我们根据数字孪生体的以下能力描述了其价值主张：

- 降低复杂性以提高理解。这可以导致：提高态势感知能力，改进业务成果。改进的业务成果将体现在：增加收入，降低成本，改善客户和员工体验，提高合规性并降低风险。
- 转型价值，这体现在以下两个方面：通过数字化转型实现业务转型，获得新产品或改进产品。
- 潜在价值，这体现在以下两个方面：对行业的价值，可以是价值迁移或增值；对社会的价值，可以是经济和社会效益，例如提高技能或打造更安全的工作环境，还有对环境的影响，如减少碳排放等。

所有这些价值指标的关键元素都可在第 4 章"从第一个数字孪生体开始"中的精益数字孪生体画布中捕获，并呈现给项目团队、执行发起人和其他利益相关者。在数字孪生体项目的每个阶段跟踪这些指标的值至关重要。它是一个持续监控（Continuous Monitoring，CM）的流程，在整个开发和操作生命周期中与所有其他活动并行执行。

由于人们对社会可持续性发展的认识的提高和环保立法的进步，项目发起人不仅对财务上的投资回报率感兴趣，还越来越重视环境、社会和治理 KPI。很多组织中的高级管理人员正在就可持续发展目标发表公开声明，而对实现这些目标的持续跟踪和预测对于组织的管理人员来说非常重要。

我们建议将价值跟踪指标构建到数字孪生体的功能和报告中，即实现一个实时、自我验证的数字孪生体，提供对操作的持续洞察，并减少通过人工跟踪价值指标的工作。总之，使用数字孪生体，不仅可以提供价值，还可以持续量化数字孪生体的价值。

7.5 小结

本章详细介绍了数字孪生体解决方案在操作环境中的部署和扩展。我们提出了将数字孪生体原型转变为完全可操作的数字孪生体解决方案的四个关键方面。

第一个关键方面是数字孪生体解决方案的功能测试。该测试过程是为了确保数字孪生体解决方案执行指定的功能。本章简要讨论了各种功能测试过程，例如单元测试、集成测试、白盒测试和黑盒测试等，以说明如何测试数字孪生体以进行全面部署。

第二个关键方面是进行试点运行，其目的是降低项目的风险，同时证明实际应用程序的功能和价值。

第三个关键方面是基于试点阶段获得成果规划和执行全面部署。我们评估了大爆炸方法和分阶段方法的优缺点，并提出了一个分阶段方法的模型，作为从试点推广到全面部署的首选方法。

最后一个关键方面则是持续跟踪数字孪生体解决方案所产生的价值，以评估它是否取得成功。潜在价值模型和跟踪价值的过程在第 1 章"数字孪生体简介"中也有介绍。

在下一章中，我们将重点讨论对数字孪生体及其生态的强化，描述系统的系统（System of Systems）数字孪生体方法，并为规划这些复合孪生体提供一些指导。

7.6 思考题

请你基于对本章内容的理解思考以下问题：

（1）应该为数字孪生体项目选择哪些不同的功能测试方法？

（2）数字孪生体试点范围需要包含哪些维度？

（3）数字孪生体试点项目的成功标准是什么？如何向项目利益相关者展示这些标准？

（4）全面推广需要什么方法？

（5）如何跟踪和展示数字孪生体原型的价值？

DIGITAL TWIN

第三篇

增强
数字孪生体

DIGITAL
TWIN

作为本书的最后一部分，本篇将介绍如何改进数字孪生体和规划孪生体的孪生体，并探讨未来的改进。

▶ **本篇包括以下章节：**

第 8 章 强化数字孪生体

CHAPTER 8

第 8 章 强化数字孪生体

在第 7 章"部署和价值跟踪"中，我们讨论了如何执行功能测试，以及如何规划数字孪生体试点的部署和推广。我们研究了跟踪 KPI 和风力涡轮机数字孪生体的整体价值的方法。数字孪生体在成功试点运行之后，后续的步骤通常就是大规模部署以实现业务目标。

本章将探讨在试点阶段之后强化数字孪生体的方法。我们将从不同组织的视角来推动其经济上的成果。

本章包含以下主题：

- 定义孪生体的孪生体
- 评估整个系统中的第一个数字孪生体
- 识别相关的数字孪生体
- 规划复合孪生体
- 增强功能和后续步骤

让我们从数字"孪生体的孪生体"概念开始。

8.1 定义孪生体的孪生体

复合孪生体（Composite Twins），也称孪生体的孪生体（Twin of Twins）或系统的系统。我们可以通过能源生态系统示例来解释这个概念。在能源生态系统中，我们可以看到逐级分解的层次结构如下：

- 一个能源价值链包括：
  - 发电
  - 输电
  - 配电
  - 消费
- 发电来源可大致分为：
  - 化石燃料或不可再生能源
  - 可再生能源
- 对于可再生能源，可以研究：
  - 风能
  - 太阳能
  - 水能
- 风电场（风能）可以位于：
  - 陆上
  - 海上
- 每个风电场通常由多个涡轮机组成。
- 每个风力涡轮机都有若干个子系统或子组件。

如图 8.1 所示，电网可以有一个或多个发电源。

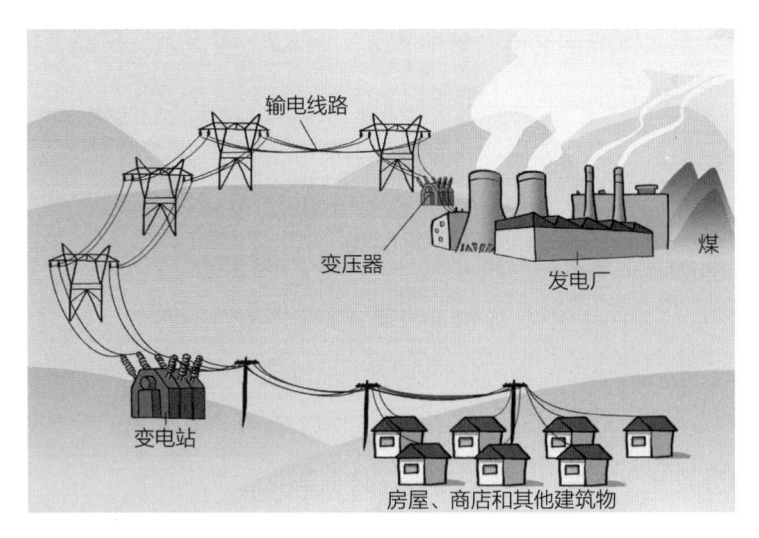

图 8.1 能源价值链包括发电、输电、配电和消费

风力涡轮机子系统有转子系统、齿轮箱、叶片、机舱、发电机、液压系统、制动器和偏航系统等。在第 6 章"构建数字孪生体原型"的图 6.3 中对此已有所介绍。风力涡轮机的整体可靠性或正常运行时间将取决于子系统的可靠性和正常运行时间。

我们在图 8.2 中可视化孪生体的孪生体的这种层次结构。

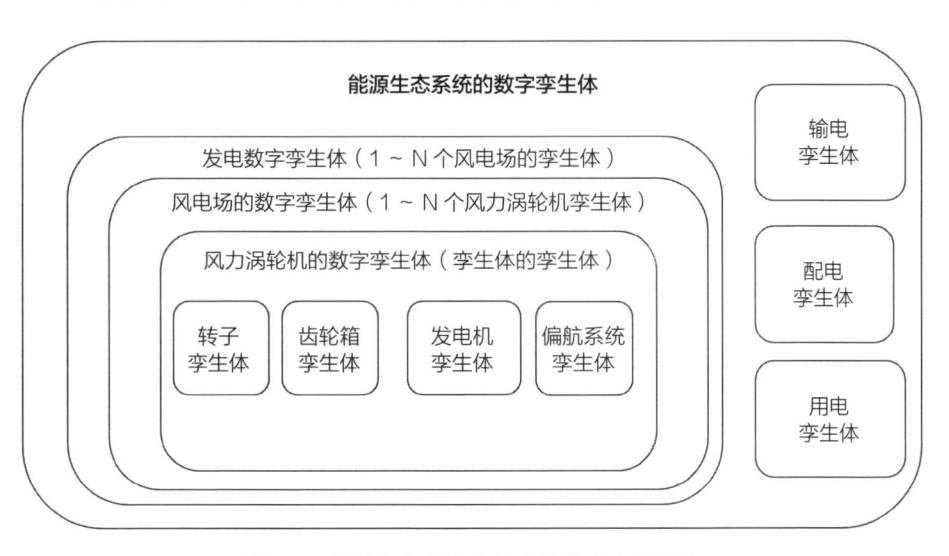

图 8.2 能源生态系统中孪生体的孪生体概念

第三篇　增强数字孪生体

了解"孪生体的孪生体"这一概念（图8.2）对于大规模部署风力涡轮机的数字孪生体的计划也非常重要。

例如，如果从较高的层次（能源公用事业公司）来看待能源生态系统，那么风电场只是其可再生能源手段之一。现在降低一个层次，从其他形式的发电厂（除风力发电厂以外的发电厂，如太阳能发电厂或燃气轮机发电厂）的角度来看，它们也可能具有相关的数字孪生体的孪生体。

因此，我们将这个问题陈述视为一个系统的系统。从理论上讲，这似乎是一种递归关系，但不同设备的不同工程制造商可能有不同的数字孪生体系统，这将导致复合解决方案中数字孪生体面临互操作性的挑战。

8.1.1 标准的作用

要解决孪生体的互操作性问题，比较好的方式之一是建立专业标准。

例如，有一个机构是 SC 41 小组，它是 JTC 1 下的一个小组委员会。JTC 1 是国际标准化组织和国际电工委员会（International Electrotechnical Commission，IEC）的联合组织。SC 41 正在制定物联网和数字孪生体相关标准。

图 8.3 显示了 SC 41 在此背景下的工作范围。

SC 41 小组与标准相关的工作包括：

- ISO/IEC 21823-2，描述了物联网系统信息交换的框架和要求。它涵盖了物联网系统之间和物联网系统内的通信要求。
- ISO/IEC TR 30164，描述了物联网系统应用边缘计算的一般概念。我们的应用场景——风力涡轮机的计算，可以被认为是物联网系统的边缘计算。
- ISO/IEC TR 30166，涵盖工业物联网系统和环境的功能和非功能方面。与物联网和数字孪生体相关的标准仍在不断发展，因此我们建议数字孪

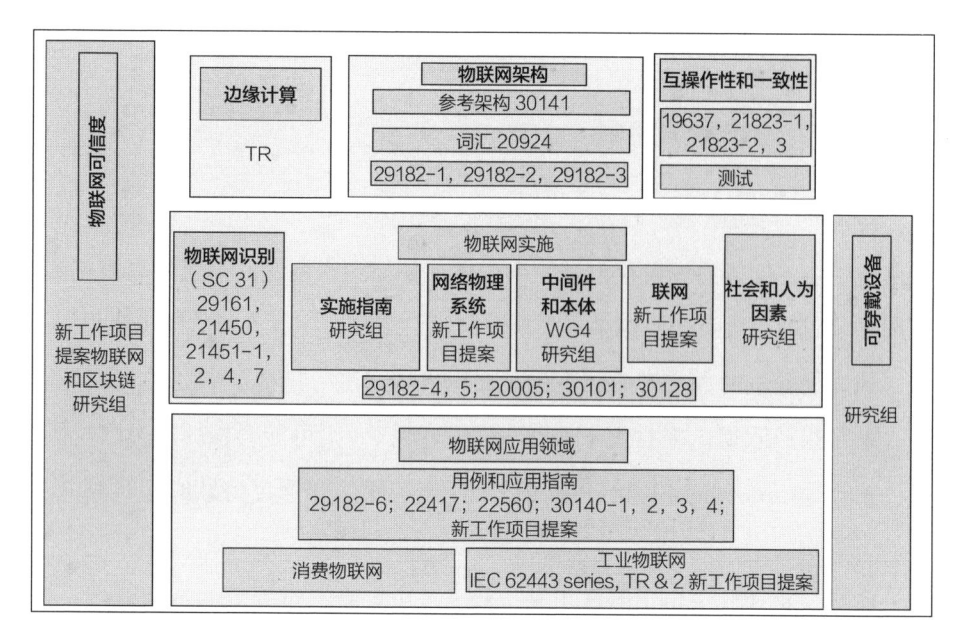

物联网可信度	边缘计算 TR	物联网架构 参考架构 30141 词汇 20924 29182-1, 29182-2, 29182-3		互操作性和一致性 19637, 21823-1, 21823-2, 3 测试	
新工作项目提案物联网和区块链研究组	物联网识别 （SC 31） 29161, 21450, 21451-1, 2, 4, 7	物联网实施			可穿戴设备
		实施指南研究组	网络物理系统新工作项目提案	中间件和本体 WG4研究组	联网新工作项目提案	社会和人为因素研究组	
		29182-4, 5; 20005; 30101; 30128			研究组
	物联网应用领域 用例和应用指南 29182-6; 22417; 22560; 30140-1, 2, 3, 4; 新工作项目提案				
	消费物联网		工业物联网 IEC 62443 series, TR & 2 新工作项目提案		

图 8.3　SC 41 小组的工作范围

生体计划的利益相关者密切关注诸如数字孪生体参考架构 PWI JTC1-SC41-5 项目之类不断发展的标准。利益相关者可以将它们纳入自己的规划中，以实现与其他系统的互操作性。

美国国家标准与技术研究院（National Institute of Standards and Technology, NIST）也在研究和数字孪生体技术相关的 NISTIR 8356 标准。

基于信任考虑（trust considerations）的这份草案认为当数字孪生体由不同实物对象的孪生体组成时，源自底层孪生体的数据中的错误和损坏可能会传播并对孪生体的孪生体产生不利影响。因此，该文件建议"底层孪生体应该用前置条件和后置条件进行包装，以判断一个孪生体的输出是否可以作为另一个孪生体的输入"。

本小节关于数字孪生体的新兴标准可提供实现孪生体的孪生体系统的注意事项和最佳实践。建议数字孪生体解决方案的利益相关者密切关注它们，以使其解决方案稳定可靠且可互操作。

接下来让我们看看如何为孪生体的孪生体设定发展愿景。

8.1.2 设定发展愿景

在上一小节中，我们了解了孪生体的孪生体。图 8.4 展示了我们的第一个数字孪生体（即风力涡轮机的数字孪生体）如何融入系统的系统的高级视图。该图显示了利用数字孪生体来提高能源部门效率和数字收入流的整个流程。

风力涡轮机的数字孪生体有助于对以下场景进行建模：

- 如果风吹得比平时大（如飓风或龙卷风），则可能会损坏风力涡轮机。
- 当风以每小时 40~48 千米（约 25~30 英里）的速度持续时，对发电的影响。
- 风速长期低于每小时 8 千米（约 5 英里）时，对发电的影响。

这些关于数字孪生体效用的场景可帮助我们将风力涡轮机和风电场定位在能源发电网的大背景下。图 8.1 显示了整个电力价值链；图 8.4 进一步描述了公用事业公司如何规划不同能源（可再生能源和不可再生能源）生产模式的数字孪生体模型；同时，公用事业公司需要查看输配电网络的数字孪生体。

在能源生产、交通运输和航空等多个领域开展业务的工业制造公司，例如通用电气、霍尼韦尔和西门子等，接下来可以关注交通运输和航空领域的数字孪生体。

现在我们已经将数字孪生体的更大背景设置为一个系统的系统，接下来不妨在此背景下评估风力涡轮机的第一个数字孪生体。

8.2 评估整个系统中的第一个数字孪生体

在第 7 章"部署和价值跟踪"中，我们讨论了两种推广方法：大爆炸方法，分阶段方法。

大爆炸方法适用于成熟的技术，例如 ERP 软件的推广，因为利益相关

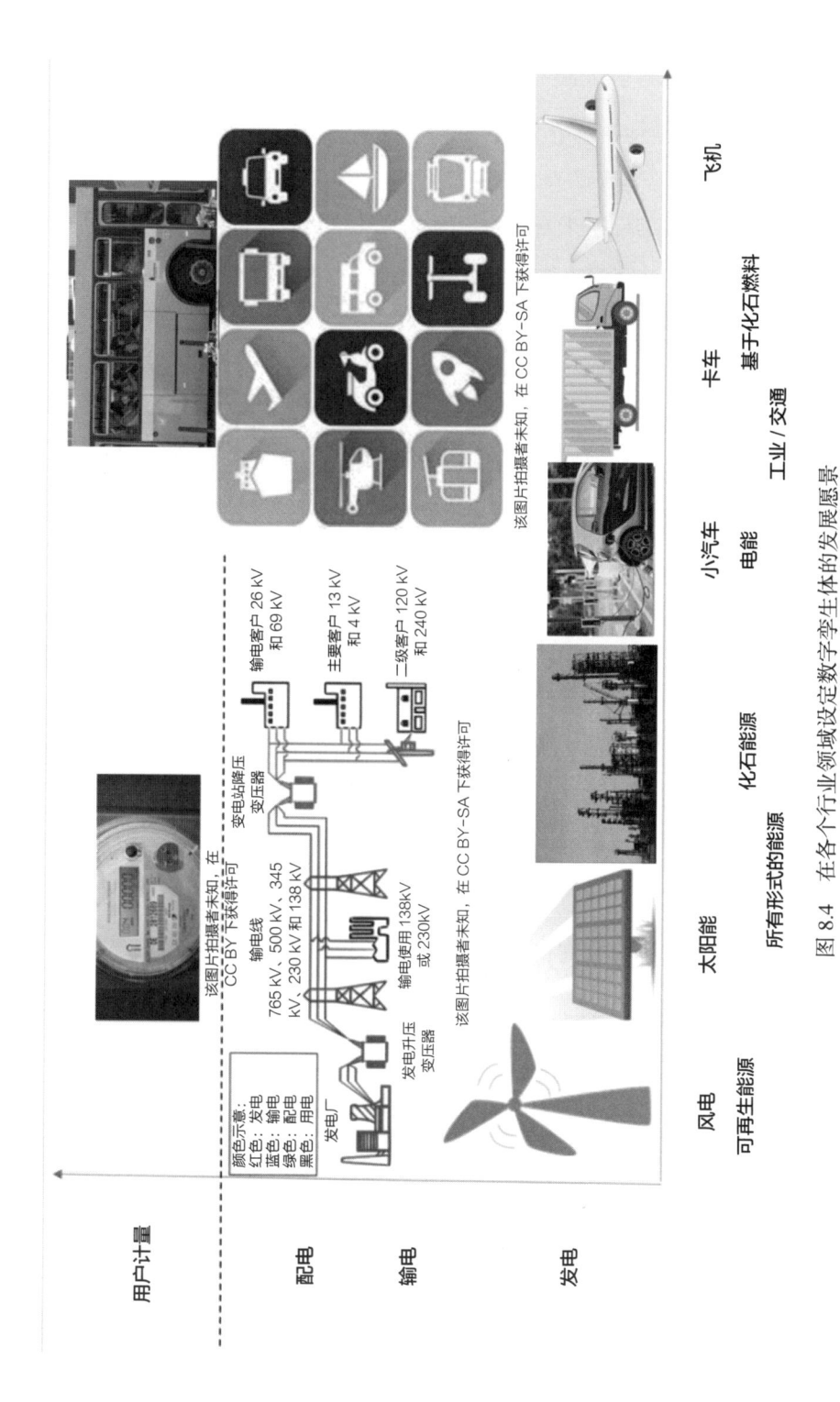

图 8.4 在各个行业领域设定数字孪生体的发展愿景

第三篇 增强数字孪生体

227

者非常了解成熟技术和功能。但是，对于新兴技术来说，采用大爆炸方法将增加技术和经济风险。因此，为了在整个系统的大环境下评估第一个数字孪生体，我们将讨论分阶段方法。

让我们从更高的层次来看看一个完整的系统是怎样的。图 8.5 显示了向风电场分阶段推广数字孪生体解决方案的方法。

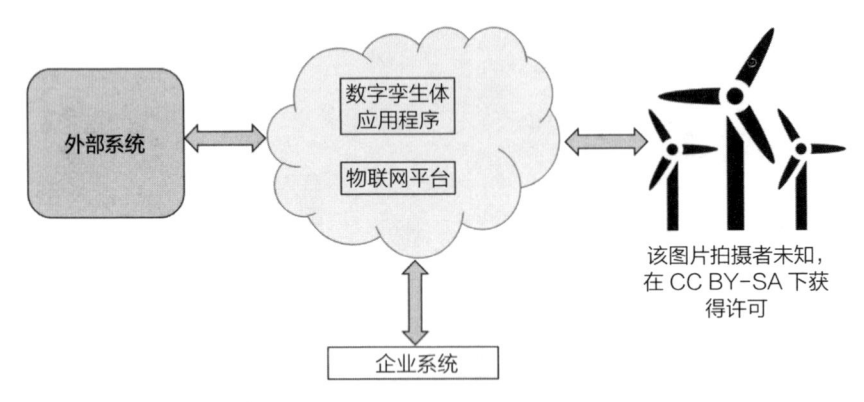

图 8.5　在更高的层次上看待数字孪生体部署

在分阶段方法中，数字孪生体被推广到单个风电场中三分之一的风力涡轮机。这样，就可以评估同一风电场中的其他风力涡轮机数字孪生体的性能和结果。这提供了一个良好的基线，因为一般来说，同一风电场中的风力涡轮机有相同的年限和型号，且处在相似的环境中，例如相似的风速和温度。

接下来，让我们看看为什么要建议分阶段推出数字孪生体解决方案。

8.2.1　分阶段方法的理由

图 8.6 描述了我们支持分阶段方法的原因。

根据图 8.6 中的数字，数字孪生体和物联网平台等技术将在 3～6 年内完全成熟。另外，低代码应用程序开发已经相当成熟。这意味着仅使用低代码应用程序开发的大爆炸方法的风险要低得多，并且易于理解。但是，使用物联网平台和数字孪生体技术的大爆炸式方法由于技术尚未成熟，因此无法得到很好的理解，风险自然也更高。所以，对于涉及数字孪生体的企业级解决方案，建议使用分阶段方法。当然，随着行业的成熟，我们也可以对解决方案进行调整。

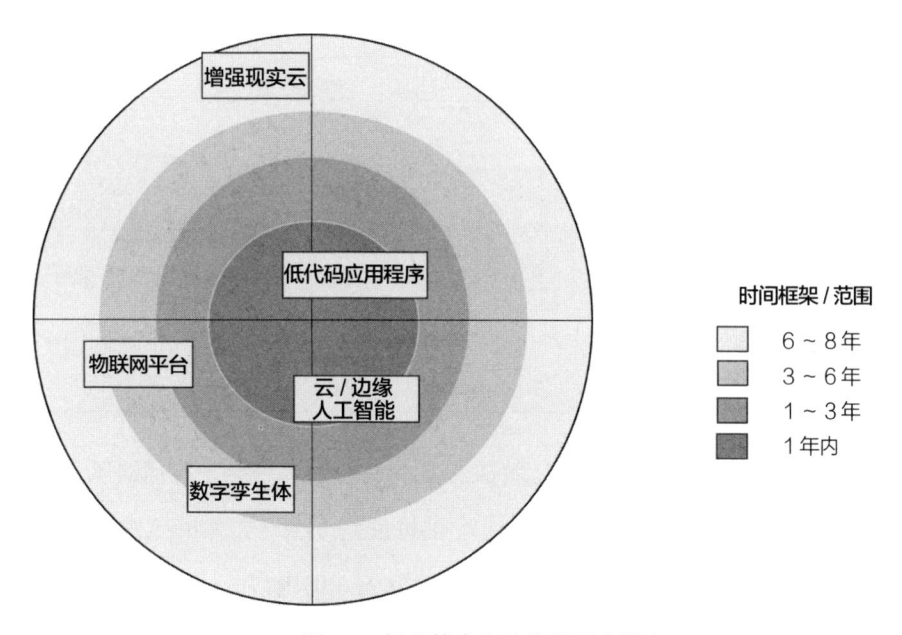

图 8.6　新兴技术和趋势的影响雷达

接下来，让我们看看如何量化数字孪生体解决方案的优势。

8.2.2 收益量化

为了定量评估分阶段推广数字孪生体解决方案对风电场的好处，我们假设该风电场拥有 150 台风力涡轮机（接近行业平均水平），每台风力涡轮机记为 1 兆瓦的平均发电量和每年约 45000 美元的平均操作和维护成本。因为分阶段推广的数字孪生体是针对 50 台风力涡轮机的，所以在投资回报率模型中，我们只需要比较三分之一（即 50 台涡轮机）的成本。这个计算如表 8.1 所示。

表 8.1 量化数字孪生体分阶段推出的好处

	项目	基线成本	数字孪生体成本	利润	投资回报率
1	当前操作和维护系统成本	50×45000美元/年	50×5000美元/年	50×15000美元	50×10000美元/年
2	数字孪生体/云计算的开销成本	0	50000美元/年		-50000美元
3	人力成本	0	50000美元/年		-50000美元
				净利润>	400000美元/年

让我们来看看部署数字孪生体解决方案如何获利：一台 1 兆瓦的风力涡轮机在利用 35% 装机容量的情况下可产生价值约 61300 美元的电力，在利用 50% 装机容量的情况下可产生价值约 87600 美元的电力。

由于部署了数字孪生体，我们的目标是每台风力涡轮机每年增加约 12000 美元的电力。对于可再生能源，发电成本没有可变燃料成本，所以风力涡轮机能够更有效地运行并减少停机时间，我们预计每年可减少 3000 美元的预测性维护成本。这相当于每年每台风力涡轮机的净收益增加了 15000 美元。

我们在计算中使用了可变成本而不是固定成本。虽然建造 1 兆瓦风力涡轮机的成本可能在 150 万美元左右，但在处理现有风电场（通常称为棕地项目）时，这是一笔沉没成本。由于我们建议使用云计算以及其他 Azure 服务作为主要支持服务，因此我们可以通过订阅的成本模型计算投资回报率。类似地，我们以每年每台风力涡轮机为基础估算管理费用，例如集成的成本、企业软件和人力成本，这使得该模型保持简单且可重复用于其他分阶段部署场景，例如 50% 的风电场，以最终实现数字孪生体的全覆盖。

让我们进一步看看数字孪生体在推广之后获得的业务收益影响和衡量了

什么样的真实世界指标。通用电气可再生能源（GE Renewable Energy）公司的一篇文章在海上风力涡轮机之一 Haliade 150-6MW 风力涡轮机的背景下讨论了这一主题：风力涡轮机偏航电机的温度是提高其性能的关键。偏航电机通过风力涡轮机的偏航系统控制水平方向。为了最大限度地发电，偏航系统需要使转子保持面向风的方向。在我们的投资回报率模型中，我们假设数字孪生体系统部署将有助于增加发电量并将其效率从 35% 提高到更高的水平，并且我们可以衡量增加的发电量对经济的影响。

使用数字孪生体将允许开发应用程序来监控温度，并决定是否允许冒着更高的工作温度的风险（这会缩短材料寿命）发电，或稍微减少发电量。这是通过使用偏航电机根据风向对齐涡轮机来完成的。使转子保持面向风的方向有助于通过在安全区域运行风力涡轮机来实现更高的运行效率以及降低维护成本。这是我们在表 8.1 中计算投资回报率时的两个主要假设。

前文研究了风力涡轮机数字孪生体提供的业务成果。值得一提的是，随着风力涡轮机数字孪生体技术的成熟，美国能源部（United States Department Of Energy，DOE）也在此方向上进行了投资。2019 年 9 月，美国能源部先进研究计划署（Advanced Research Project Agency-Energy，ARPA-E）向 DIGIFLOAT 项目授予了 360 万美元的研究补助金，以寻求浮动海上风力涡轮机（Floating Offshore Wind Turbine，FOWT）的数字孪生体技术的创新。

接下来，我们将研究相关数字孪生体的识别问题。

8.3 识别相关的数字孪生体

在图 8.1 中，我们研究了电力系统，关键部分如下：

- 发电——可再生能源和不可再生能源
- 输电

- 配电
- 消费

    这个能源价值链，有助于我们在风力涡轮机的初始数字孪生体解决方案推广后确定未来的数字孪生体。

    下面，让我们来研究一下图 8.7，这是能源网格的数字孪生体定义语言本体。在这里，本体可以描述能源价值链中的一组概念和类别。此外，它也有助于可视化能源网格主要组件之间的属性和关系。

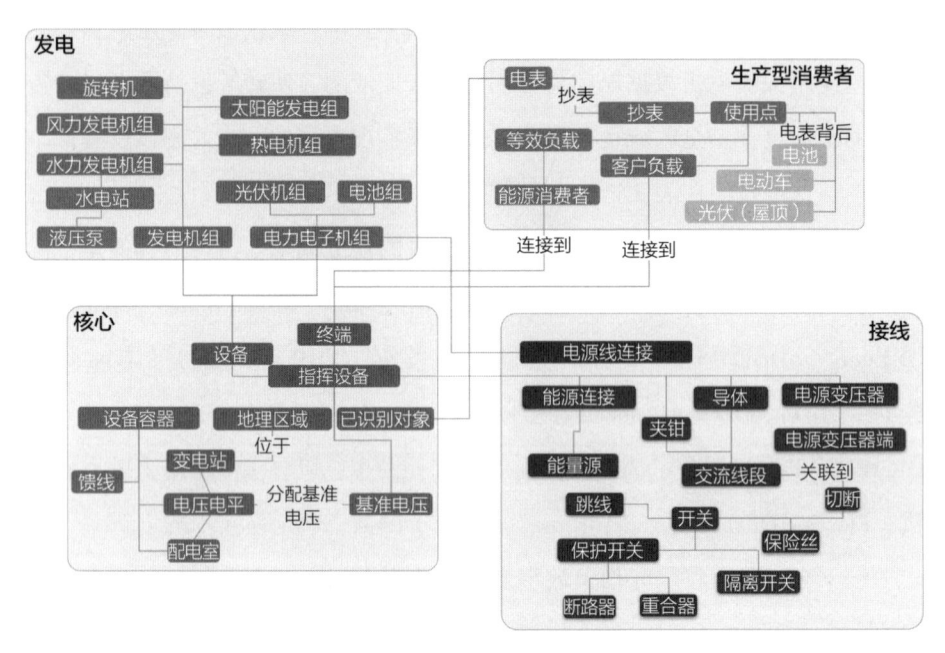

图 8.7 能源网格的数字孪生体本体

    本书中的重点是风力涡轮机的数字孪生体，它属于能源生态系统的发电部分。可再生能源发电中的相关数字孪生体包括：

- 海上风电场的数字孪生体
- 太阳能电站的数字孪生体

- 水电站的数字孪生体

考虑到人们对可再生能源的日益关注，我们建议从公用事业公司的角度进一步探索这些数字孪生体。为了最大限度地提高发电量并满足高峰需求，它必须可靠地优化其所有发电资产的发电量。我们假设某公用事业公司拥有风能、太阳能和水力发电厂。

这并不是一个不现实的场景。美国最大的公用事业公司之一爱克斯龙即拥有"平衡的天然气、水力、风能和太阳能"发电组合。

而在2020年夏天，北加州在炎热的日子里却遭遇电力短缺的问题。原因之一就是一些发电厂的产能不足。

我们的目的是为这些发电厂（如风能、太阳能和水力发电厂）部署数字孪生体以确保这些资产得到妥善维护，并能够在需求较高的日子（例如炎热的夏季）以峰值水平提供能源。换言之，数字孪生体解决方案可以显著提高现有发电资产的发电效率。

在前文中，我们已经确定了与风力涡轮机的第一个数字孪生体相关的数字孪生体。这些数字孪生体将共同为公用事业公司带来变革，提高其发电资产的生产力，并通过提高预测性维护的效率来降低运营成本。

接下来，让我们看看复合孪生体的规划。

8.4 规划复合孪生体

在开始规划复合孪生体之前，让我们先了解一个简单的复合资产。一架商用飞机，如可容纳410人的波音747-8，由多达30个国家/地区的约550家供应商制造的600万个零件组成。

图8.8展示了这个复合资产（商用飞机）的简化视图。飞机的每个主要部分都由许多子组件和单个零件组成。

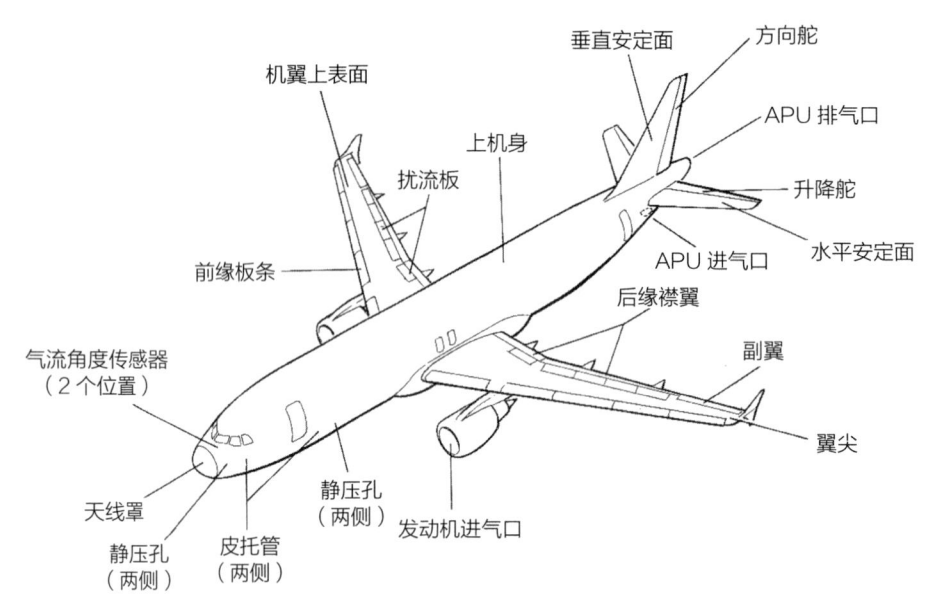

图 8.8 商用飞机主要部件的简化视图

图 8.9 显示了飞机的喷气发动机。波音 747-8 这类宽体飞机的机翼上安有四个喷气发动机。请注意，飞机发动机也可以从飞机上取下进行检查和维护，并更换为备用发动机。一些飞机甚至允许使用来自不同制造商的发动机，而平均每个喷气发动机可以有来自多个供应商的 25000 个零件。

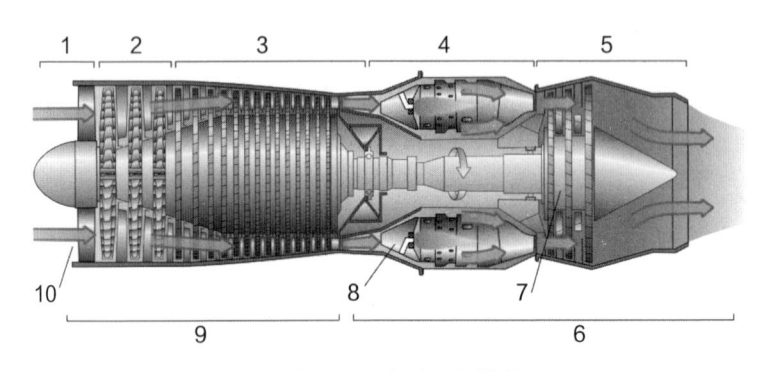

图 8.9 商用飞机发动机的横截面图

综上所述，飞机等现实世界的资产本质上非常复杂，它们由大量的小部件组成。类似地，从更高的等级来看，例如航空公司的飞机机队，它又可能不仅包括不同的飞机，还包括不同的型号和制造商。此外，航空公司可能不仅拥有飞机，还拥有其他资产，例如除冰机、行李手推车、地面动力装置、喷气机桥等，整个网络是多种资产的组合。

所以，在航空公司看来，其整个航空公司网络的数字孪生体将是一个复合数字孪生体，包括其主要枢纽、主要航线、飞机机队和其他关键资产的运营。

发电示例也是类似的道理，我们从风力涡轮机和风电场的数字孪生体开始，然后将其扩展到可再生能源发电的不同数字孪生体。接下来，一家大型公用事业公司的整个发电系统将包括可再生能源和不可再生能源的数字孪生体。此后，公用事业公司还将研究输电、配电和智能电表等消费者级资产的数字孪生体。

按照上述顺序，让我们先来看看水电的数字孪生体。

8.4.1 水电数字孪生体

水电（图 8.10）是在缺乏用于存储能量的电池的情况下，一种可按需提供大量电力的可再生能源。相比之下，风力涡轮机容易受到低风速或多云天气的影响，太阳能容易受到时间的影响，而水电数字孪生体则弥合了这种缺点。

水电的潜在发电规模巨大，例如拥有丰富的湖泊和河流的加拿大魁北克省，水电可以满足 700 万魁北克人 95% 的电力需求。水电装机容量约为 46 吉瓦（Gigawatts）。

通用电气绿色创想（GE Ecomagination）计划前全球执行董事德布·弗罗德（Deb Frodl）表示，由于停机时间减少，数字水电站的运营可靠性提高了 1% 或更高。在全球范围内，这相当于每小时增加约 413 吉瓦的水力发电量——约等于一个拥有 700 台涡轮机的风电场所产生的电力。

水力发电厂通常使用混流式涡轮机，这是一种反应式涡轮机。当水流过

图8.10 水电可再生能源

涡轮机时，它会改变压力，释放能量，即，将水能转变为旋转机械能，从而带动发电机发出电能。这种水力涡轮机的简化视图如图8.11所示。

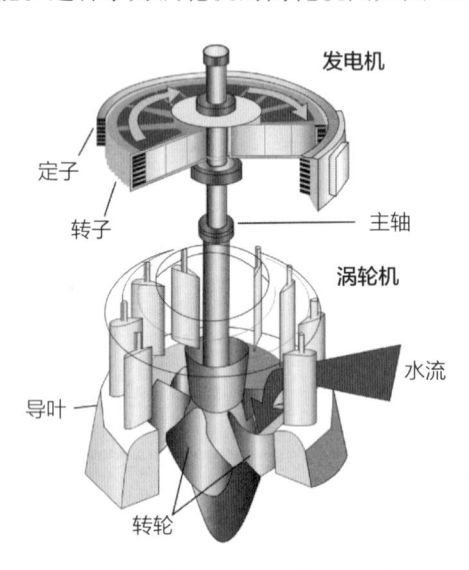

图8.11 水力涡轮机的简化视图

涡轮机位于高压水源和低压水出口之间，通常位于大坝底部。这使我们能够将水系统动力学和机械扭矩用于涡轮轴方程，以创建基于物理的初始水电数字孪生体。

有关水电数字孪生体的功能和技术的基础知识的讨论至此结束。接下来，让我们走进太阳能发电厂的数字孪生体。

8.4.2 太阳能发电厂的数字孪生体

我们经常在家庭中看到屋顶太阳能电池板，如图 8.12 所示。美国加利福尼亚州出台了加州太阳能法令，要求从 2020 年 1 月 1 日起，所有低于四层楼高的单户和多户住宅都安装太阳能电池板。该指令旨在将温室气体排放量减少到相当于 115000 辆汽油动力汽车被淘汰。这一任务后来被放宽，允许建筑开发商用场外太阳能发电厂来增加屋顶太阳能电池板。

图 8.12　住宅的太阳能系统

本小节将主要关注商业太阳能发电厂。2020 年，太阳能占美国加利福尼亚州能源需求的 15.4%。据加州能源委员会称，他们通过太阳能光伏和太阳能热电厂产生了约 30 吉瓦时（GW·h）的能量。图 8.13 就是一个典型的太阳能光伏电站。

图 8.13　太阳能光伏电站

太阳能发电厂可以通过并网太阳能光伏逆变器和变压器连接到电网，如图 8.14 所示。风电场和水电站也是如此，它们都将为电网提供可再生能源，最大限度地减少使用化石燃料发电的需求。

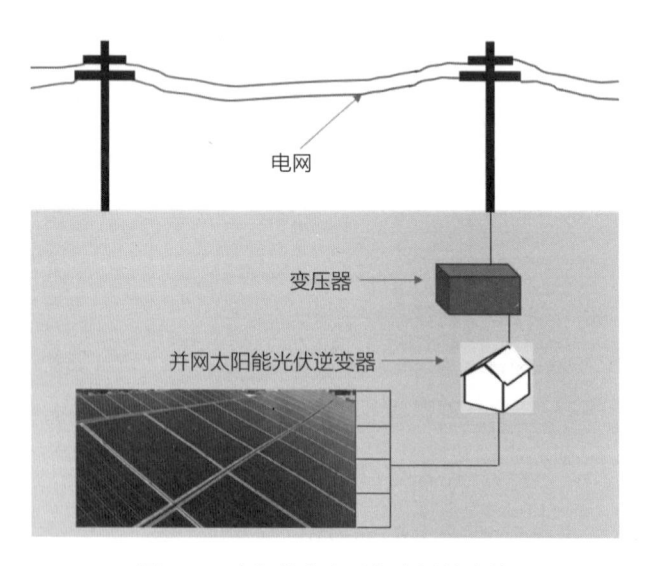

图 8.14　太阳能发电厂与电网的连接

本书作者纳特曾参与过作为测试平台的早期计划之一的在工业互联网联盟下构建太阳能发电厂的数字孪生体。

数字孪生体可用于使用太阳辐照度（Irradiance）信息确定太阳能发电厂的理想位置。其中辐照度是在给定时间间隔内到达特定区域的太阳辐射能的量度。

数字孪生体也被用于基础设施扩建的可行性研究。

数字孪生体还可用于预测性维护和操作优化，它包括以下主要组件（图8.15）：

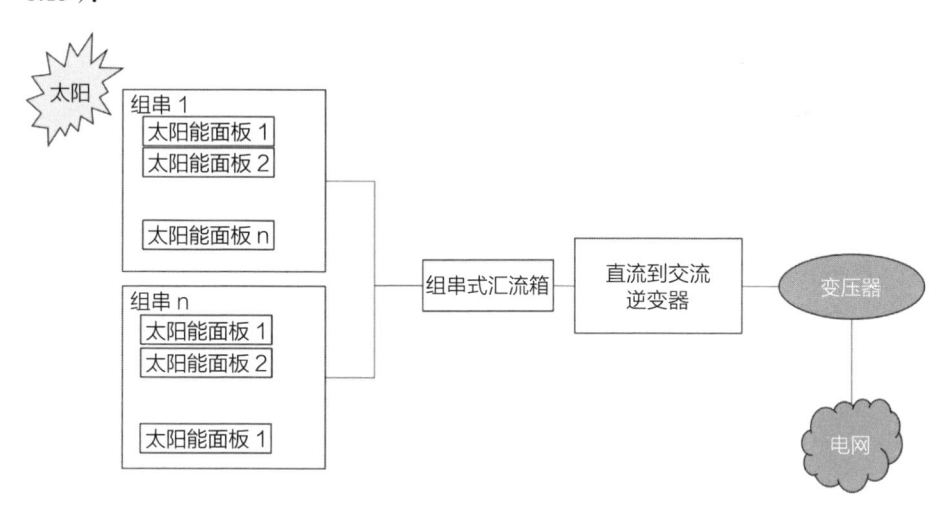

图 8.15　太阳能发电厂框图

- 太阳能光伏板——商业级太阳能光伏板的尺寸约为 2 米 ×1 米，包含约 72 个太阳能电池。它们重约 18 千克，成本约为 250000 美元。
- 电池板组串——一个 200 兆瓦的太阳能发电厂有大约 100000 块电池板排列成 2000 个组串。理想情况下，每个电池板和组串的数字孪生体都需要作为孪生体的孪生体进行维护。
- 组串式汇流箱（String Combiner Box，SCB）——用于组合多个太阳能电池板或电池板组串。

- 逆变器——在连接到电网之前将太阳能电池板产生的直流电转换为交流电。

太阳能发电厂的数字孪生体可以决定何时更换太阳能光伏板以增加能量输出。而在事故发生前一周，数字孪生体的一项试点部署能够提前一周检测到多达 83% 的逆变器故障。这种故障模式覆盖率的增加和生产时间的增加是数字孪生体解决方案的关键性能指标。对太阳能发电厂使用数字孪生体解决方案正在推动该行业从安装即忘（Install and Forget，即安装之后就不管了）行为转向更积极地管理能源基础设施。

太阳能发电厂效率低下的原因可能有多种，例如：

- 太阳能光伏的设计和安装存在缺陷。
- 光伏组件串联与并联的组串组件不匹配，导致系统性能降低。
- 随着时间的推移，由于降雨不足，太阳能光伏面板上的污垢会越来越多，尤其是在安装角度不正确的情况下。
- 由于预期寿命不同而导致的更换周期不匹配，例如逆变器为 5～10 年，太阳能光伏板为 20～25 年。

水电数字孪生体将模拟发电、输电和配电系统，其在水电方面的主要应用包括：

- 操作和维护——目标是增加正常运行时间，从而增加发电量。
- 网络安全——检测任何入侵行为以保护基础设施。2021 年 6 月，美国东海岸的科洛尼尔管道运输公司（Colonial Pipeline，美国最大燃油管道运营商）遭受勒索软件攻击，这提高了人们保护能源基础设施的意识。

- 投资和市场规划——帮助计算投资回报率，以做出初始投资决策、扩张决策。

以上就是太阳能发电厂数字孪生体需要监控和修复的实际问题。

8.4.3 太阳能光伏和风力涡轮机混合发电厂

太阳能发电厂的发电水平取决于阳光的持续时间；风电场在夏季的风速可能低于冬季，这取决于其位置。它们各有优劣并且可能相互补充，这为开发混合动力发电厂提供了机会。

图 8.16 显示了太阳能光伏和风力涡轮机混合发电厂。这种混合发电系统今天仍然只是以小规模出现，但将来可能会以商业规模出现。开发混合发电厂的数字孪生体将需要更高水平的跨领域专业知识。

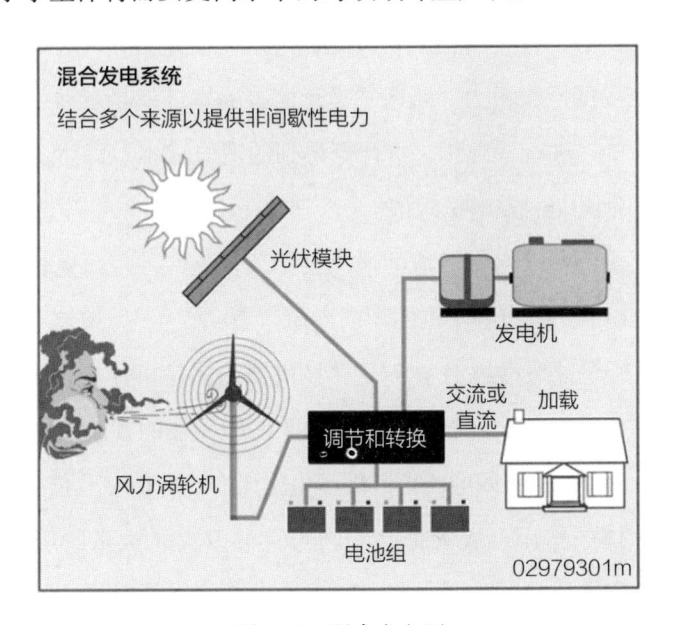

图 8.16 混合发电厂

至此，我们已经研究了可再生能源的主要来源，并探讨了每一种可再生能源的数字孪生体需要考虑的因素。这些信息有助于从以下两类公司的角度规划复合数字孪生体：

- 基于可再生能源和不可再生能源发电的大型公用事业公司。
- 制造各种能源生产设备的工业制造公司。

接下来，让我们从风力涡轮机和太阳能发电厂的创新角度来了解数字孪生体的作用。

8.4.4 可再生能源发电的创新

创新之一是捕风技术。风主要由太阳光照射地球表面导致各处受热不同，产生的温差引起大气对流运动而形成，因此，风能是太阳能的形式之一，只要太阳不灭，它就取之不尽，用之不竭。正因为如此，风力发电场建成后维护成本较低，且无污染，具有降低平准化度电成本（Levelized Cost of Energy, LCOE）的巨大潜力。所谓平准化度电成本，就是对项目生命周期内的成本和发电量先进行平准化，再计算得到的发电成本，即生命周期内的成本现值除以生命周期内发电量现值。

图 8.17 展示了一个海上风能的捕风设计。它是一种寿命更长的浮动装置（预期寿命为 50 年，风力涡轮机的预期寿命为 20~25 年）。该技术占用的空间更少，且当风速超过每秒约 12 米时，传统的风力涡轮机往往会通过改变叶片的俯仰角以减少磨损来限制能量输出，因此，捕风器的预计发电量将随风速呈指数增长，它可以从相同的覆盖区域产生比风力涡轮机多几倍的能量。

数字孪生体的作用会大大提高，因为它可以提供大量的历史数据来进行预测性维护和优化能源生产。基于物理的模型将以捕风器实验室测试的产品设计和数据为基础，可以从捕风器建立的第一天开始就部署它的数字孪生体。随着时间的推移，这些孪生体将逐渐成熟并提供关键信息，以帮助人们增强对捕风器的理解。

图 8.17　海上安装的捕风设计

创新之二是浮动太阳能发电厂。2021 年 7 月，新加坡就启动了一个大型浮动太阳能发电场。它有 122000 块太阳能电池板，大小约相当于 45 个足球场。这个漂浮的太阳能发电厂可以为五个水处理厂供电。

图 8.18 是该浮动太阳能发电厂的概念图。由于采用水冷却且没有附近建

图 8.18　浮动太阳能发电厂（注：该照片作者为 KYOCERA CORP，在 CCBY 下获得许可）

筑物的阴影，这种漂浮式太阳能发电厂具有很高的效率。随着资产的创新，它们的数字孪生体也将在有效管理中发挥重要作用。

接下来，让我们看看增强数字孪生体解决方案的注意事项。

8.5 增强功能和后续步骤

8.5.1 企业级数字孪生体解决方案推广所涉及的主要系统

图 8.5 已经展示了在高层次上看待风电场数字孪生体解决方案部署的视图。现在让我们看一个更详细的视图。如图 8.19 所示，企业级数字孪生体解决方案推广所涉及的主要系统将包括：

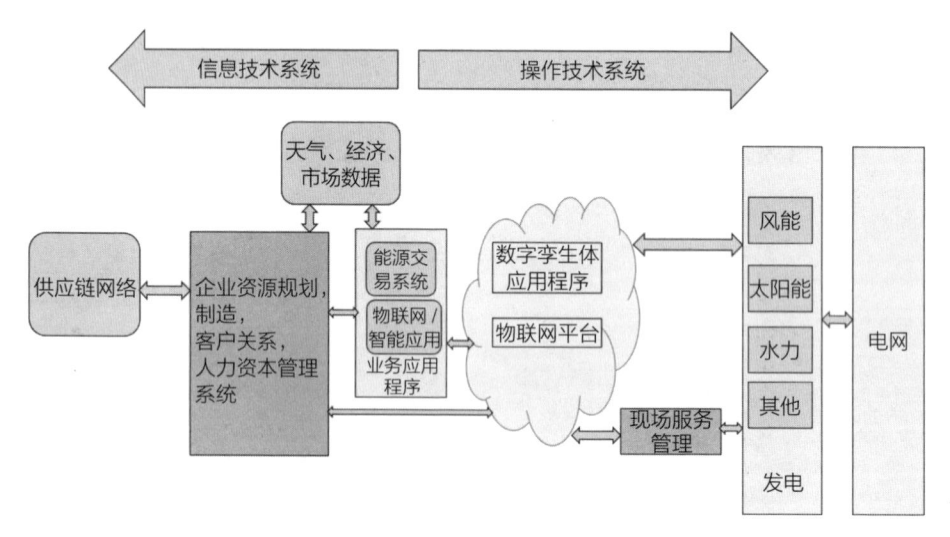

图 8.19 数字孪生体解决方案部署的企业图景

- 供应链网络——供应链生态系统的外部网络，由供应商、分销商和物流供应商组成。考虑到新冠疫情期间全球供应链的中断，该领域在不久的将来将产生成熟的供应链和物流数字孪生体。
- 企业系统——包括企业的信息技术系统，例如甲骨文公司的 ERP 系统、CRM 系统或 MES 系统等。
- 经济、天气和市场数据的外部系统——这些是可靠数据的外部来源，其他系统可以订阅和使用它们产生的数据来做出决策。
- 业务应用程序——通常是新兴的以工业为中心的应用程序和数字平台组，将有助于推动下一次工业数字化转型。

此类应用程序通常位于数字孪生体和物联网平台之上，并可提供业务见解。它们可能存在也可能不存在于相同的公共云平台或相同的供应商技术中。例如，来自甲骨文公司的物联网智能应用程序可以连接到基于 Azure 数字孪生体的解决方案。

其他示例包括通用电气的资产绩效管理或更专业的能源交易咨询解决方案。

- 数字孪生体和物联网平台——数字孪生体解决方案的组成部分，提供与发电源的连接，例如与风电场中的风力涡轮机的连接。随着更多能源的引入，复合数字孪生体将在这里部署。
- 现场服务管理——工业资产密集型行业（例如公用事业公司或风力涡轮机制造商）通常需要管理大量现场服务人员。现场服务管理应用程序提供了管理此类劳动力的操作和维护活动的有效方法。劳动力的数字孪生体是未来的机会领域。
- 发电源——这是发电厂和系统中实际发电资产的集合，包括边缘系统、监督控制和数据访问系统，它们用于连接和数据收集。
- 电网——所有商业级发电资产都连接到管理输电和配电的电网。

接下来，我们将推荐一个组织结构，以确保此类与数字孪生体相关的计划在大型企业中取得成功。

8.5.2 数字孪生体卓越中心

卓越中心通常是一个共享设施，它拥有专门的团队，以在业务优先领域开发、收获和推广最佳实践。通用电气于2012年创建了专注于工业互联网的软件卓越中心。

该软件卓越中心后来发展为通用电气数字集团。本书作者纳特在2013年至2018年曾先后是通用电气软件卓越中心和通用电气数字集团的员工。通用电气数字集团现已成为工业物联网和数字孪生体技术的先驱之一。

通用电气数字集团将支持通用电气可再生能源公司作为其业务线之一。目前，通用电气可再生能源已成为世界上最大的风力涡轮机制造商之一。

卓越中心已开始在私营企业和公共部门（如明尼苏达州能源卓越中心）流行起来。

另一个例子是挪威艾奎诺（Equinor）公司的数字卓越中心，其活动范围也包括数字孪生体。

该公司构建卓越中心以推动数字化转型的策略可总结如下：

- 在合适的数字领导者领导下组建具有技术知识的合适团队。
- 提供清晰的自上而下的章程和操作指南。
- 提供正确的技术和业务培训，同时重点关注文化创新。
- 制定治理方法并实施衡量标准，牢记初创公司式的创新和执行自由。

由于数字孪生体是一项新兴技术，因此强烈建议领导者考虑建立一个可以宣传数字孪生体计划并确保从投资中获得业务收益的卓越中心。就公用事业公司而言，数字孪生体解决方案将提高整体生产力和效率，而对于工业制造公司而言，可以通过将数字孪生体解决方案销售给公用事业部门和其他公司来推动内部生产力和效率的提升，并获得新的数字收入。

8.6 小结

本章从企业的角度研究了部署数字孪生体解决方案的好处。我们探讨了如何将数字孪生体从一台风力涡轮机扩展到风电场,再扩展到不同的可再生能源。此外,我们还研究了孪生体的孪生体以及如何规划和部署复合数字孪生体。总体而言,本章讨论的是如何从最初的试点部署阶段增强数字孪生体解决方案。

我们相信本书将为你构建第一个工业资产数字孪生体并使其投入生产提供强大的技术支持。这种构建技能将在未来几年改变工业数字化转型的游戏规则。感谢你阅读本书,并祝你在构建数字孪生体的事业旅程上取得成功。

8.7 思考题

请你基于对本章内容的理解思考以下问题:

(1)什么是孪生体的孪生体?

(2)大爆炸和分阶段推出数字孪生体解决方案有什么区别?

(3)可再生能源的常见来源有哪些?

(4)什么是混合发电系统?

(5)卓越中心在推广数字孪生体解决方案中的作用是什么?

附录

联实数字公司首席执行官威廉的数字孪生体主题专访记录

↗ 人物小传

拥有35年软件和互联网行业经验的威廉·鲁（William Ruh）先生是联实数字（Lendlease Digital）公司的首席执行官，以及麦格纳国际（Magna International）集团和CADMakers公司的董事会成员，也是美国商务部数字经济顾问委员会的成员。威廉还是4本书的作者。

在加入联实公司之前，威廉是通用电气数字集团的首席执行官和通用电气的首席数字官。在任职期间，威廉负责为工业界开发第一个基于云的平台，并建立了通用电气数字业务部门。作为新兴工业物联网领域公认的专家，他帮助建立了工业互联网联盟，并经常就工业互联网、物联网、工业人工智能和机器学习以及数字产业战略等主题发表演讲。目前，他正在为联实数字开发一项新业务——开发世界上第一套自动化建筑产品，以实现设计、供应链、施工和运营的自动化。

↗ 专访记录

（1）请分享你的"人物小传"中未提到的方面。

我是数字孪生体联盟的主要创始人。创建一个可以帮助引领世界发展技术的组织是一项真正的爱心劳动，我相信这是建立一个更环保、更高效的世界并实现更好业务成果的关键。数字孪生体相当于魔法师的水晶球，让我们能够看到未来或评估的替代结果。这是世界需要的技术，它可以帮助处理我们在社会、商业和政府治理中所面临的复杂问题。

（2）请分享贵公司在过去 1~2 年的工作重点。

房地产和建筑行业还没有利用数字技术的力量。联实将在云、人工智能/机器学习和分析方面引领行业进步，以自动化住宅、商业和零售空间的设计、运营。对那些拥抱这一变化的人来说，机会是巨大的——开发成本降低了 20% 以上，并且能够创造更安全、更高效、更快乐的工作场所和零售环境。我们正处于行业转型的初期。联实正在通过开发 Podium Platform 引领未来。

（3）你对数字孪生体的定义是什么，或者你对数字孪生体有什么独特观点？

什么是数字孪生体？我喜欢将其视为物理对象在软件中的精确表示，无论是风力涡轮机、建筑物还是人类，该软件都可以使用实时数据来创建该对象的模型，但更重要的是允许进行假设分析，以查看给定各种场景的所有替代结果。

你可以想象一个零件永远不会损坏的世界，因为数字孪生体可以预测何时会发生故障并在标准维护期间进行修复。或者你也可以假想在一个世界中，将建筑物的设计自动化到具体细节，从而优化成本、质量和可持续性。

我认为未来每个人都将拥有一个数字孪生体，它会使用有关我们生活的所有数据，尽早预测重大的健康问题，并引导我们过上更健康的生活。

（4）贵公司如何为数字孪生体做出贡献或拥抱数字孪生体？

当我在 2019 年初加入联实时，已经尝试使用数字孪生体技术进行自动化大型房地产开发的设计。随着时间的推移，我们帮助建立了数字孪生体联盟，创建了十多个我们正在开发的项目的数字孪生体，最重要的是，我们创建了 Podium Platform，使我们的公司能够自动化设计和运营建筑物。我们在

Building 4.0 CRC 上处于技术领先地位（Building 4.0 CRC 是澳大利亚的一项研究计划，旨在颠覆开发和建筑行业，实现智能建筑设计与协作）。数字孪生体是我们数字活动的中心。

（5）数字孪生体是否已可用于生产和试点？它是前沿概念还是仅仅是概念炒作？

数字孪生体已经存在了 20 年，它们此前主要用于军事和航天工业。当然，在过去的十年中，它们已经开始在产品设计和维护活动方面进入高科技制造业。数字孪生体联盟现在拥有来自各行各业的数百家成员公司。所有主要的云服务提供商也都在构建与数字孪生体相关的服务。数字孪生体正在成为主流。随着该行业的发展，未来 20 年将是令人兴奋的。

（6）对于那些志在探索新兴技术以在其业务中采用数字孪生体的人有何建议？

数字孪生体拥有从自动化设计到预测性维护的巨大潜力。对于任何企业来说，我的建议都是从以下三方面入手：

首先是确保组织正在探索和试验该技术，以便能够理解其可能性。我在加入联实时就很欣喜地发现，他们已经在试验和培养该方面的人才。

其次是研究数字孪生体可能产生的业务成果。在通用电气公司时，因为该行业的计划外停机是一个重大问题，容易造成较大的经济损失，所以我们的重点是预测性维护。数字孪生体是减少停机时间的完美解决方案。

最后，专注于在若干个问题上使用该技术。不要去尝试不可能的任务。虽然该技术非常强大，但你需要确保对该技术的追捧不会导致盲目冲动。这是一场马拉松，而不是短跑。

通用电气可再生能源公司的数字服务首席技术官安瓦尔·艾哈迈德的数字孪生体主题专访记录

↗ 人物小传

安瓦尔·艾哈迈德（Anwar Ahmed）拥有印度卡卡提亚（Kakatiya）大学的工程物理学硕士学位和德维阿希利亚（Devi Ahirya）大学的仪表与控制系统硕士学位。他是一位经验丰富的工程和技术领导者，一直领导着软件产品和数字平台开发，在能源领域的工业物联网平台、数据、分析和数字孪生体方面拥有丰富的经验。

↗ 专访记录

（1）请分享你的"人物小传"中未提到的方面。

我在相关领域拥有以下两项专利：用于运营风电场的数字孪生体接口（US9995278B2），用于管理耦合到电网的多个风力涡轮机的风电场的数字系统和方法（US10132295B2）。

（2）请分享贵公司在过去 1～2 年的工作重点。

在通用电气可再生能源我们的工作重点是设计高效可靠的风力涡轮机。为了实现这一目标，我们从涡轮机的设计、制造到高效运行充分利用了软件技术。

我们构建的数字风电场软件从传感器生成数据开始，这些数据在边缘收集并流传输到云端进行存储和分析。这使我们能够实时监控涡轮机并维护其正常运行时间，以便在出现电气安全方面的问题时能采取快速有效的行动。通过分析历史数据检测涡轮机的问题并预测可能的组件故障，使我们能够摆脱计划外停机时间，从而提高整体涡轮机的可用性。

过去几年，我们的重点一直是通过机器学习对多年来收集的涡轮机操作数据进行分析，并利用对涡轮机部件物理特性的理解为客户提供帮助。

（3）你对数字孪生体的定义是什么，或者你对数字孪生体有什么独特观点？

数字孪生体是物理资产的软件复制品。它是涡轮机在云平台上的一个数学模型，它通过机器学习不断了解其物理孪生体。随着越来越多的数据从真实资产流向它，模型将变得更加智能，帮助我们更轻松地模拟可能导致组件故障的恶劣条件或情况。

现在，机器学习可以作为优化的控制算法，也可以通过手动采取行动（例如更换模型识别出的即将失效的组件）转移物理资产。

每项资产在其自身意义上都是独一无二的，因为它可能会在运营中处于不同的物理条件，因此对每项资产进行单独建模至关重要。

（4）贵公司如何为数字孪生体做出贡献或拥抱数字孪生体？

数字孪生体的概念并不新鲜，但"数字孪生体"这一术语本身却是新事物。很长一段时间以来，我们一直在进行基于模型的控制，其中学习模型有助于驱动控制算法。数字孪生体是一项进步，它将建模提升到一个新的水平，你无须对特定的控制回路进行建模，而是对整个资产进行建模并不断训练该模型。

我们需要为新设计的涡轮机创建软件模型，并模拟实际涡轮机在运行时处于的各种物理条件，以了解模型的行为并调整设计，从而帮助我们制造出性能更可靠且经久耐用的更好的涡轮机。我们还可以使用数字孪生体来计算剩余的组件寿命并执行基于寿命的维护工作，而不是固定的维护计划。

（5）数字孪生体是否已可用于生产和试点？它是前沿概念还是仅仅是概念炒作？

底层技术的可用性正在帮助数字孪生体成为现实。强大的 CPU 和多核 GPU 现在每秒可以执行 15 TeraFLOPS 的计算并且已经成为主流（TeraFLOP

是衡量计算机性能的一个重要单位，表示每秒 1 万亿次浮点运算）。微软的 Azure 和亚马逊的 AWS 都提供基于 GPU 的虚拟机或容器，可以轻松运行计算密集型数学模型，还提供执行机器学习和人工智能所需的所有软件和预置算法。

如今，物联网硬件甚至可以在边缘运行繁重的计算，从而方便地构建孪生体，以在优化和运行资产方面翻开新的一页。

在我看来，构建完整和大型物理资产的机器学习模型的成本目前仍然是很高的。当前的重点是确定问题的高价值部分，并尝试通过数字孪生体解决一些特定问题，例如通过构建数字孪生体来提前检测潜在组件故障，以减少计划外停机时间或优化发电量，提高风力涡轮机的整体可用性。

（6）对于那些志在探索新兴技术以在其业务中采用数字孪生体的人有何建议？

技术已经出现，很多事情都变成可能。但重点是确定你想要解决的问题和你想为客户带来的结果。不要试图去构建一个寻找问题的解决方案，而是确定你想要解决的问题，然后针对性地构建你的解决方案。